Dr. med. Josef A. Winter
Seele und Körper

Dr. med. Josef A. Winter

Seele und Körper

Psychosomatische Störungen erkennen behandeln heilen

Ariston Verlag

Die Deutsche Bibliothek – CIP-Einheitsaufnahme

WINTER, JOSEF A.
Seele und Körper – Psychosomatische Störungen
erkennen, behandeln, heilen / Josef A. Winter.
7. Aufl. – Kreuzlingen ; München :
Ariston Verlag 1996
Einheitssacht.: The origins of illness and anxiety ‹dt.›
Bis 5. Aufl. u. d. Titel: Winter, Josef A.:
Überwindung von Krankheit und Angst
ISBN 3-7205-1920-1

THE ORIGINS OF ILLNESS AND ANXIETY
Original English language edition published
by The Julian Press, Inc. Publishers, New York

Aus dem Amerikanischen übertragen
von Dr. med. Helmuth Leonhardt

Die ersten fünf Auflagen erschienen ebenfalls im Ariston Verlag
unter dem Titel »Überwindung von Krankheit und Angst«.

Gestaltung des Einbandes:
Studio Höpfner-Thoma, GraphicDesign BDG, München

Gesamtherstellung: Ueberreuter Buchproduktion

Siebte Auflage: Juni 1996

ISBN 3-7205-1920-1

Inhaltsverzeichnis

Vorwort

In den letzten fünfzig Jahren hat die praktische Medizin gewaltige Fortschritte gemacht. Zum Beispiel wurde bis vor kurzem noch der Gedanke, daß körperliche Leiden wie etwa ein Magengeschwür teilweise durch Aufregungen hervorgerufen sein können, als äußerst phantastisch betrachtet. Jetzt hat sich, die seelische Gleichgewichtsstörung als einen der Faktoren für die Verursachung von Krankheiten anzusehen, als nützliche Auffassung von Tragweite und Gewicht menschlicher Leiden erwiesen. Glücklicherweise ist dieser Gedanke – die psychosomatische Betrachtungsweise – von skeptischen Ärzten so gut wie von zweifelnden Laien nahezu völlig akzeptiert worden.

Es ist jedoch überraschend, wie viele gebildete Menschen meinen, daß der Terminus „psychosomatisch" gleichbedeutend sei mit „psychologisch" oder „psychogen". In Wirklichkeit bezieht er sich auf die Wechselwirkung und die gegenseitige Abhängigkeit geistiger und physischer Faktoren beim Entstehen von Symptomen. Daher ist es nicht verwunderlich, daß der moderne Arzt sich nicht mehr an die Betrachtungsweise des „Entweder-Oder", sondern vielmehr des „Sowohl-Als-auch" hält.

Es kann nicht mehr bestritten werden, daß auf schädlichen und verdrängten Erinnerungen beruhende Gedanken die fein abgestimmten Anpassungen, die helfen, das Gleichgewicht der Körperfunktionen aufrechtzuerhalten, stören können. Auch ist nicht zu bezweifeln, daß viele Patienten zu ihrem Arzt mit Symptomen kommen, die ihre tiefverwurzelten seelischen Konflikte zum Ausdruck bringen. Da viele glauben, daß ihre Symptome einen körperlichen Ausgangspunkt haben, werden neurotische Konflikte verewigt. Der Leidende ersehnt das häufig, da es die Auseinandersetzung mit einer unangenehmen Lebenslage unnötig macht.

Dr. Winter erklärt einleuchtend, wie zahlreiche symptomatische Erscheinungen das Ergebnis des „Protestrufs" der Organe sind, der nur dann vernehmbar wird, wenn man ihre „Sprache" hört, sie versteht und beachtet. Insofern die Heilkunde auf die verschiedenen Spezialfächer aufgeteilt und beschränkt wurde, ist selbst der gutgeschulte Facharzt nicht in der Lage, die psychosomatische oder Ganzheitsmedizin zu praktizieren. Dies soll nicht heißen, daß eine solche doppelte Perspektive alle Krankheiten der Menschheit erklären würde – sie wird es nicht. Die Vernachlässigung der zweiseitigen Betrachtungsweise zum Verständnis und zur Behandlung des Krankheitsverlaufes kann jedoch, wie Dr. Winter in so bewunderungswürdiger Weise klarstellt, die Wiedergesundung ernstlich gefährden.

Der Verfasser dieses Buches ist sich wohl bewußt, daß die Gesundungskräfte zum Teil im Patienten selbst schlummern. Er beschreibt, was der Patient tun kann, um von diesen „vergessenen Kräften" zu zehren. Dr. Winter betont, daß der Patient sich selbst krank macht, wenn er fortgesetzt seine Seele mit negativen, zerstörerischen Gedanken bombardiert, die eine verwirrende Vielzahl von zu psychosomatischen Störungen führenden Ängsten und Spannungen hervorrufen können. Somit ist es offensichtlich, daß sich die Umkehrung dieses ungesunden Prozesses durch eine Art „wissenschaftliche Kraft des positiven Denkens" bei der Verminderung des Überdrucks der als „psychosomatisch" klassifizierten Krankheiten als höchst wirksam erweisen würde.

Dr. Winter zeigt nicht nur, warum, wann und wie wir Symptome entwickeln, sondern sagt uns auch, was wir dagegen tun können. Von seiner vielseitigen klinischen Erfahrung ausgehend, beschreibt er, wie wir feststellen können, ob unsere Symptome psychosomatisch sind oder nicht. Seine These lautet, daß erhöhte Aufnahmebereitschaft für positive therapeutische Ratschläge durch Entspannung und Konzentration erreicht werden kann, die beide größere Ansprechbarkeit, Selbsterkenntnis und ein besseres Verständnis für die in den eigenen Symptomen sich manifestierenden Bedürfnisse zur Folge haben.

Auch erläutert Dr. Winter, wie der Organismus fortwährend Wechselwirkungen in einem durch Umweltfaktoren produzierten Kräftefeld hervorbringt. Demzufolge legt er besonderen Wert auf verbale Kommunikationsprozesse und deren Bedeutung für die Erzeugung und Freisetzung von angsterregenden Spannungen. Er weiß auch sehr wohl, daß, obgleich zwar Geist und Körper nicht voneinander zu trennen sind, ersterer dennoch gezielt durch Kommunikationen innerhalb und außerhalb des Organismus beeinflußt werden kann, um die schädlichen Erregungsfaktoren, die zu psychosomatischen Störungen führen, auszuschalten.

Wer mehr als dreißig Jahre psychosomatische Medizin praktiziert hat, ist nicht überrascht, daß sexuelle Probleme wie Frigidität und Impotenz gemeinhin die Folge einer großen Vielfalt psychosomatischer Störungen sind. Die geschickte Behandlung dieser Probleme durch Dr. Winter entspricht den Grundsätzen der modernen dynamischen Psychiatrie. Es ist zu begrüßen, daß er die gemeinhin nur auf recht komplizierte Weise erklärbaren Zusammenhänge außergewöhnlich leicht verständlich macht.

Zur Herausgabe der zweiten Auflage dieses fesselnden und zur rechten Zeit erscheinenden Buches, das bestimmt ist, die „Bibel" aller zu werden, die sich für die psychosomatische Medizin interessieren, sind Autor und Verleger zu beglückwünschen. Ich betrachte die Auszeichnung, das Vorwort für dieses epochemachende Buch zu schreiben, als eine große Ehre.

Dr. med. William S. Kroger *

* Expräsident der Academy of Psychosomatic Medicine; Beratender Redakteur von „Psychosomatics", „Western Journal Surgery", „Obstetrics & Gynecology".

Einleitung

Oft heißt es, daß es nichts Neues unter der Sonne gibt. Gewiß sind Menschen nichts Neues, und nichts ist besonders erstaunlich oder neuartig an „Beschwerden“. „Psychosomatisch“ ist jedoch ein so neuartiges Wort, daß es nur die jüngst erschienenen Wörterbücher enthalten, und es bedeutet natürlich „sowohl Geist wie Körper betreffend“.

Die Behandlung der Krankheiten von diesem Gesichtspunkt aus scheint gegenüber einigen der älteren Methoden erhebliche Vorteile zu bieten. Ein Mensch ist in erster Linie ein Individuum; mitunter wird er zu einem kranken Individuum. Wir Mediziner sind zu oft zu schnell dabei, das Leiden oder die Krankheit an sich zu behandeln und übersehen die Tatsache, daß der Patient ein Individuum und das Kranksein nur eine Seite seines Lebens ist. Wohl stimmt es, daß dadurch oft sein ganzes Leben bedroht erscheint, aber wenn ihm nicht auch die Mittel zur Verfügung stünden, gesund zu sein, würde unser Berufsstand schnell verkümmern.

Daraus entsteht oft eine Art Paradox, mit dem sich dieses Buch beschäftigt – das Paradox, daß viele oft irrtümlich versuchen, die Daseins- und Überlebensprobleme durch Krankwerden zu lösen.

Wie in diesem Buch ausgeführt, ergibt es sich, daß es im Endeffekt gar kein Paradox ist. Es werden einige Erklärungen vorgebracht. Wichtiger ist jedoch, daß praktische Vorschläge zum Verständnis der Krankheit und einige Ratschläge zu ihrer Überwindung angeboten werden.

In diesem Buch werden Dinge besprochen werden, von denen Sie nie zuvor gehört haben mögen; Sie werden aber auch Feststellungen von solcher Handgreiflichkeit lesen, daß es scheinen mag, als ob wir Ihre Intelligenz beleidigten. Es werden die Ergebnisse langwieriger wissenschaftlicher Experimente besprochen wie auch Altweibergeschichten, Aberglauben und Folklore.

Daher wird es leichter sein zu erklären, was dieses Buch nicht ist, anstatt zu sagen, was es sein wird. In erster Linie wird es *kein* Ersatz für die Dienste Ihres Hausarztes sein. Viele der Begriffe und Behandlungsmethoden, die besprochen werden, können im Gegenteil nur von jemand angewandt werden, der eingehend für die Heilkunst ausgebildet worden ist. Aber wir meinen, daß Sie darüber Bescheid wissen sollten, denn mit diesen Kenntnissen werden Sie besser auf Ihren Arzt eingehen können, falls es sich als notwendig erweisen sollte.

Ferner ist nicht beabsichtigt, daß dieses Buch Sie befähigen soll, ein Praktiker der psychosomatischen Medizin zu werden. Schließlich werden Sie auch kein Kraftfahrzeughandwerker, nur weil Sie wissen, wie ein Verbrennungsmotor arbeitet. Es ist jedoch gut, wenn Sie einiges über Ihren Wagen wissen, weil Sie dann eher Betriebsfehler entdecken und besser entscheiden können, ob eine sofortige Nachprüfung erforderlich ist oder nicht. Dasselbe gilt für dieses Buch. Wir beabsichtigen, Ihnen einen Begriff von psychosomatischen Krankheiten zu geben, damit Sie fähig sind, ihr Vorhandensein gegebenenfalls zu vermuten und dann jemanden zu konsultieren, der ausgebildet wurde, sie zu erkennen und am wirksamsten zu behandeln. Wir hoffen jedoch, daß Sie viel Wissenswertes finden, um es für sich selbst zu nützen.

Kapitel 1

Krankheit und Angst

Was bedeutet „psychosomatisch"? · Struktur und Funktion · Die Merkmale einer psychosomatischen Krankheit

Was bedeutet „psychosomatisch"?

In allen Schriften, die seit Urgedenken erschienen sind, war der Gedanke vorherrschend, daß es Körper und Geist gibt und sie zwei verschiedene Dinge sind. Diese Konzeption ist so alt, daß niemand weiß, wie sie entstand.

Man hat angenommen, daß die Vorstellung einer „Seele" oder eines „Geistes", oder einer „Psyche", wie die Griechen sagten, oder des „Ka", wie es die Ägypter nannten, mit dem prähistorischen Menschen entstanden sein könnte. Irgend jemand stellte sich vor, daß ein Höhlenmensch einst in seiner Höhle schlief und träumte, daß er den Säbelzahntiger jage, ihn erlege und nach Hause, in seine Höhle, schleppe. Am Morgen, als er erwachte, fragte er seine Frau (oder vielleicht eine seiner Frauen), was mit dem Tiger geschehen sei, den er erlegt habe.

„Welchen Tiger?" fragte sie.

„Den, welchen ich vergangene Nacht erlegte."

„Du bist in der Nacht nicht auf der Jagd gewesen. Ich bin im Morgengrauen aufgestanden, um Feuer zu machen, und du schliefst wie ein Höhlenbär. Wenn du mehr jagen und weniger schlafen würdest, ginge es deiner Familie besser. Sieh mal, ich trage immer noch den Wolfspelz vom vorigen Jahr."

Wahrscheinlich verschloß der Höhlenmensch, so wie sein modernerer Nachfahr, an dieser Stelle seine Ohren der Tirade seiner Frau und dachte über wichtigere Dinge nach. Wie konnte er dies erklären? Es war ihm, als ob er tatsächlich gejagt habe; er konnte sich an alles erinnern, was geschehen war; aber seine Sinne und die der anderen bezeugten, daß er die Höhle die ganze Nacht nicht verlassen hatte.

Uns ist es möglich zu verstehen, wie ein primitiver Denker versucht haben könnte, dies zu erklären. Es mußte einen Teil des Menschen geben, dem es freistand, sich von dem fühlbaren Fleisch des Körpers zu trennen und umherzuwandern. Natürlich konnte der Wilde dieses Ding nicht sehen – es war unsichtbar, nicht materiell.

Doch halt – was war mit dem Atem? Er konnte das, was er atmete, nicht sehen, und doch hing das Atmen mit dem Leben zusammen. Wer nicht atmete, lebte nicht. Vielleicht war diese „geisterhafte" Sache ähnlich wie der Atem.

Wir Modernen wissen, daß der Primitive „Atem" und „Seele" miteinander identifizierte. Das griechische Wort „Psyche" bedeutete einst Atem; das lateinische „Spiritus" („Geist") erscheint in Wörtern, wie „Exspiration" und „Inspiration", die beide auf den Atmungsvorgang bezogen sind.

Diese Konzeption des „Geistes" ist, wie man sehen kann, ziemlich einfach. Sie kann von einem Primitiven leicht begriffen werden. Natürlich ist sie nicht völliger Erklärung zugänglich, und sie hat viele geheimnisvolle Aspekte – aber das gesamte physische Universum hat so viele geheimnisvolle und unerklärliche Seiten für die primitive Mentalität, daß es auf ein Geheimnis mehr oder weniger nicht ankommt.

Man kann auch sehen, wie vermittels eines etwas beweglicheren Denkvermögens diese Konzeption des „Geistes" erweitert werden kann. Es kann jemand vom Sterben träumen und erwachen, um festzustellen, daß er noch lebt, oder er kann von den Toten träumen, und sie erscheinen ihm so wie zu der Zeit, als sie noch lebten. Daher wäre zu folgern, daß der Geist unsterblich ist, daß nur der Körper stirbt, der es dem Geist überläßt, in seinem unfaßlichen jenseitigen Dasein zu verharren.

Auf dieser Konzeption des vom Körper unterschiedenen „Geistes" beruhen die meisten unserer Religionen. Einige Religionen versichern, daß ein „Geist“, sobald er durch den Tod von seiner fleischlichen Hülle getrennt ist, in einen anderen Körper übergehen kann, um als ein anderer Mensch oder als Tier reinkarniert zu werden. Andere Religionen weisen darauf hin, daß sich der „Geist“ auf eine andere Daseinsebene begibt, um dort die Belohnungen oder Bestrafungen zu erhalten, die während seines irdischen Daseins nicht verabfolgt werden konnten.

Über diesen Gedanken soll nicht gestritten werden. Er wird fast überall akzeptiert, und zwar so sehr, daß nur mit größter geistiger Bemühung eine andere Denkrichtung eingeschlagen werden kann. Die Konzeption des Geistes oder der Seele oder der Psyche ist ein Grundelement im Denken über uns selbst – sie ist ein so tiefgründiger, ein so fest verankerter Bestandteil unseres Denkens, daß wir oft vergessen, daß ihre Existenz weder bewiesen noch widerlegt werden kann.

Unser Leben schließt den Prozeß der andauernden Prüfung (oder des „Beweises“) unseres Wissens ein, und wir prüfen, indem wir unser Gedankengut mit unseren sinnlichen Wahrnehmungen vergleichen. Es gibt manche Dinge, die wir prüfen können und andere, bei denen es nicht möglich ist.

Es ist schwierig zu sehen, wie wir vermittels einer sinnlichen Erfahrung die Existenz des „Geistes“ beweisen könnten. Wir können auch nicht die Existenz der Atome beweisen; aber was sich in Hiroshima und Nagasaki ereignete, zeigt, daß – wenn es keine Atome gibt – doch ein Etwas vorhanden ist, das jedenfalls in der mächtigen Weise wirksam wird, wie wir es von den Atomen annehmen.

Somit wollen wir in diesem Buch den Gedanken von der besonderen Wesenheit einer „Seele“ oder eines „Geistes“ als unbewiesene Annahme betrachten. Sie kann richtig sein oder auch nicht.

Wir werden sehen, ob es nicht möglich ist, auf andere Weise von Körper und Geist zu sprechen, auf eine Weise, die gleichfalls richtig oder unrichtig sein, aber praktisch auf das Wohlbefinden der Menschen angewandt werden kann. Wir wollen versuchen herauszufinden, ob es nicht eine Betrachtungsweise der Körper-Geist-Konzeption gibt, die durch unsere eigenen sinnlichen Erfahrungen überprüft werden kann. Wenn wir dies können, werden wir vielleicht ein besseres Mittel zur Erklärung des menschlichen Verhaltens finden.

Struktur und Funktion

Um diese neue Konzeption zu erörtern, könnten wir mit einer Analogie beginnen. Nehmen wir an, wir gingen in einen Raum, in dem eine sich dauernd drehende Stahlwelle aus einer Wand ragte. Wir könnten diese Umdrehungen beobachten; wir könnten die Anzahl der Umdrehungen in der Minute zählen; wir könnten Gewichte an der Welle befestigen und sehen, ob die Umdrehungen pro Minute zu- oder abnehmen; wir könnten die Welle anhalten und sehen, ob sie sich wieder bewegen würde. Wir könnten dies alles und noch viel mehr tun, ohne die geringste Idee zu haben, was die Umdrehungen verursacht, ob die Welle von einem Elektromotor, einer Dampfmaschine, einem Eichhörnchen in einem Käfig oder von der gleichen Kraft, die Josuas Rad drehte, angetrieben würde.

Mit anderen Worten: wir könnten die *Funktion* der Umdrehung studieren, ohne das geringste über die *Struktur* zu wissen, die sich dreht. Wir stellen auch fest, daß wir nicht das eine ohne das andere haben können; es kann keine Drehfunktion geben ohne eine Struktur, die sich dreht, und eine Struktur, die nicht funktioniert, ist in einem gewissen Sinne tot.

Wir gebrauchen die Worte „Funktion“ und „Struktur“ bei unserer Betrachtung des menschlichen Körpers und des menschlichen Geistes. Wir werden das Wort „Körper“ benutzen, um es auf die *Struktur* einer Person anzuwenden – auf die Muskeln, Knochen, Organe, Nervenzellen, auf alle die kleinen Strukturen, aus denen der Mensch besteht. Wenn wir das Wort „Geist“ gebrauchen, werden wir auf die *Funktion* dieser Struktur oder jeden ihrer Teile Bezug nehmen. „Geistig“ wird daher die Funktion betreffen; in dem Sinne, in dem dieser Begriff in diesem Buch verwendet werden wird, ist der Vorgang der Blasenentleerung eine geistige Funktion ebenso wie das Sehen, Hören, Fühlen, wie Phantasie und jeder andere Vorgang, dessen der Mensch fähig ist.

Man könnte fragen, was denn erreicht wird, wenn man das Wort „Geist“ auf diese Weise seinem gewöhnlichen Gebrauch entzieht. Warum nicht überhaupt ein anderes Wort verwenden? Der Grund dafür ist sozusagen der Brückenschlag zwischen der alten und der neuen Verwendung. „Geist“ ist ein gutes Wort, das ganz richtig gebraucht wird. Da ist zum Beispiel ein Arzt, der von Zeit zu Zeit einen Patienten untersucht, wobei es ihm nicht gelingt, irgendwelche strukturelle Veränderungen in einem von dessen Organen festzustellen; er neigt dann dazu, dem Patienten zu sagen, daß dessen Krankheit nur in seiner geistigen Vorstellung bestehe. Die meisten Leute verübeln diese Feststellung, weil sie sie so auslegen, daß ihre Leiden eingebildet und daher nicht wirklich seien, und daß der Arzt glaube, sie simulierten absichtlich.

Die Diagnose, daß *„alles* nur auf Ihrer geistigen Vorstellung beruht“, ist jedoch in dem Sinne, in dem wir das Wort „Geist“ in diesem Buch verwenden, keine ganz genaue, da der Arzt meint: Das Leiden beruht auf einer Funktionsstörung, und es scheinen keine strukturellen Veränderungen zu bestehen, die es verursachen.

Andere Anwendungen des Wortes „Geist“, die den alten Begriff mit dem neuen verbinden, geben der alten Anwendung eine neue Bedeutung. Da ist zum Beispiel der als Redensart gebräuchliche Ausdruck „Es kam mir aus dem Sinn“, welcher bedeutet: „Ich vergaß es.“ Bei unserer Verwendung des Wortes würden wir sagen, daß das vergessene Erlebnis dem Sinn entfallen ist – der Geist ist vorübergehend keine nützliche Funktion. Wir möchten auch darauf hinweisen, daß Vergessen auch eine „geistige“, oft absichtliche Funktion ist.

Davon ausgehend, daß in diesem Buch das Wort „Geist“ gleich Funktion ist, sind wir bereit, die erste Sprosse zur Definition des Wortes „psychosomatisch“ zu erklimmen. Wir können sagen, daß bei einer psychosomatischen Krankheit Funktionsveränderungen gegenüber den Veränderungen der Struktur dominieren. Das soll nicht heißen, daß es bei einer psychosomatischen Erkrankung keine Strukturveränderungen geben kann. Wir betrachten ein Magengeschwür als typisches Beispiel einer psychosomatischen Erkrankung, und bei diesem Leiden sind gewiß strukturelle Veränderungen vorhanden – Veränderungen, die vermittels der Röntgenaufnahme, des Gastroskops (ein Instrument, mit dessen Hilfe man das Mageninnere besichtigen kann) oder bei einer Operation beobachtet werden können. Die Strukturveränderungen scheinen jedoch auf die Funktionsveränderungen zu folgen. Die Funktionsveränderung scheint zuerst aufzutreten, und sie wiederum scheint die Strukturveränderung zu verursachen.

Es gibt einige andere Aspekte der psychosomatischen Krankheit, die erörtert werden sollten, bevor wir zum gründlichen Verständnis gelangen. Um dies zu tun, müssen wir zuerst die Konzeption des entsprechenden Erregungsfaktors und der ihm angemessenen Reaktion klären.

Angenommen, es schlägt Sie jemand mit dem Baseballschläger auf den Kopf. Die Aussicht, daß sich kurz darauf Kopfschmerzen einstellen, ist sehr groß. Dies wäre ein Beispiel für einen entsprechenden Erregungsfaktor, dem eine angemessene Reaktion folgt. Der Schlag auf den Kopf wäre ein ausreichend verletzender Erregungsfaktor, um die Reaktion der Kopfschmerzen hervorzurufen, und die Kopfschmerzen würden eine gewöhnlich genügende Reaktion auf die Verletzung sein, um sie wahrscheinlich oder angemessen zu machen.

Aber angenommen, einer sagte zu Ihnen: „Du bist dumm!“ und Sie bekämen daraufhin Kopfschmerzen. In diesem Fall ist der Erregungsfaktor unangemessen, weil die Form der Schallwellen, die wir als die Mitteilung „Du bist dumm“ interpretieren, nicht an sich eine Verletzung darstellt. Und doch reagieren Sie auf diesen Erregungsfaktor, als sei er angemessen, und bringen daher eine nicht entsprechende Reaktion hervor. In der gleichen Weise wie auf eine eindeutige Verletzung würden Sie auf die Schallwellenform „Du bist dumm“ reagieren, obwohl es offensichtlich ist, daß beide sich nicht gleich sind.

Wir behaupten, daß irgendwann in Ihrem Leben beide dasselbe *waren*, insofern als sie zur gleichen Zeit vorkamen. Mit anderen Worten nehmen wir an, daß ein- oder mehrmals früher in Ihrem Leben die Worte „Du bist dumm“ und die Empfindung, die wir Kopfschmerzen nennen, *gleichzeitig* in Erscheinung traten und damit gleichbedeutend wurden.

Diese Reaktion kann auch anders erklärt werden. Diese zweite Erklärung ist wahrscheinlich wichtiger als die erste, insofern, als sie der Mechanismus zu sein scheint, der in der Mehrheit der Fälle wirksam wird. Sie hat mit der emotionalen Reaktion auf Erregungsfaktoren und mit den Reaktionen, die den emotionalen Veränderungen folgen, zu tun. Wir nehmen an, daß Sie einmal zornig waren und Kopfschmerzen hatten – daß Sie sozusagen lernten, daß Kopfschmerzen und Zorn zusammen auftraten. Die Redensart „Du bist dumm“ kann die Reaktion des Zorns hervorrufen; aber Zorn ist gleichbedeutend mit Kopfschmerzen, weshalb Sie entweder zornig werden oder Kopfschmerzen bekommen können. In unserer Gesellschaftsordnung wird man nicht ermutigt, Zorn zu zeigen, sondern davon abgeschreckt; in einem gewissen Sinne ist es leichter oder sicherer, Kopfschmerzen zu bekommen als zornig zu werden – und so entstehen die Kopfschmerzen.

Diese Erörterung der Rolle der Emotionen bei psychosomatischen Krankheiten dient nur zur Einführung in den Begriff. Sie wird später im Buch ausführlicher behandelt werden.

Kehren wir zur Erörterung der unangemessenen Reaktion auf den nicht entsprechenden Erregungsfaktor zurück. Wir stellen fest, daß die Reaktion unangemessen im Rahmen des Hier und Jetzt, daß der Erregungsfaktor nicht dem Hier und Jetzt angemessen zu sein scheint – aber daß die starke Möglichkeit besteht, daß *einst* Erregungsfaktor und Reaktion gleichzeitig auftraten. Ein Kind könnte zum Beispiel die Katze am Schwanz gezogen und die Katze könnte es gekratzt haben. Das „Katze" genannte Objekt würde mit dem Schmerz eines Kratzers assoziiert werden – und der Widerwille gegenüber der Katze, die bei dieser Erfahrung gleichbedeutend mit Schmerz ist, wäre angemessen. Für einen Erwachsenen ist es nicht angemessen, Widerwillen gegen eine Katze zu hegen, nur weil er vor zwanzig Jahren von einer anderen Katze gekratzt wurde; es weist auf eine Verwechslung der jeweiligen Katzen sowie der betreffenden Zeitpunkte hin – und Verwechslung ist das Wesen der psychosomatischen oder seelischen Erkrankung.

Die Tatsache, daß eine Verwechslung besteht, gestattet uns jedoch, die Patienten zu behandeln. Es stimmt offensichtlich, daß man durch Erfahrung, und nur durch sie, lernt. Wer die Katze von heute, die keinen Schmerz verursacht, mit der Katze vor zwanzig Jahren verwechselt, die Schmerz verursachte, dem können wir zu einer Neubewertung der Katzen verhelfen. Wir tun dies, indem wir ihm helfen, sich der Empfindungen bei dem Ereignis, durch das Katze und Schmerz gleichbedeutend gemacht wurden, wieder zu erinnern und sie wieder zu erleben – und indem dies geschieht, wird das fixierte Verhältnis aufgelöst. Auch dieser Punkt wird im weiteren Verlauf ausführlicher erörtert werden.

Die Merkmale einer psychosomatischen Krankheit

Jetzt wird es möglich darzulegen, was zu einer psychosomatischen Krankheit gehört. Wir definieren ein psychosomatisches Leiden als eine Krankheit mit folgenden Merkmalen:

1. Anstatt der Struktur ist die Funktion gestört, obwohl strukturelle Veränderungen später auftreten können.
2. Sie wird durch einen unangemessenen Erregungsfaktor herbeigeführt.
3. Die Reaktion entspricht nicht dem Erregungsfaktor.
4. Sie beruht auf einem früheren, gewöhnlich schmerzhaften Erlebnis.
5. Sie beruht auf fixierten Assoziationen; ein gewisser Erregungsfaktor wird fast immer eine unveränderliche Reaktion auslösen.
6. Es scheint ein Mangel an Bewußtsein des Hier und Jetzt zu bestehen; die Reaktionen des Patienten scheinen die Gegenwartssituation zugunsten einer früher erlebten zu übergehen oder zu ignorieren.

Nun wollen wir sehen, ob wir dasselbe mit einfacheren Worten unter Ausschaltung der wissenschaftlichen Terminologie sagen können. Wir können sagen, daß bei einem psychosomatischen Leiden eine Person auf den ersten Blick gesund aussehen mag; sie *verhält* sich jedoch krankhaft – und wir können keinen guten Grund für ein solches Verhalten finden. Später, wenn sie einige Zeit krank gewesen ist, können Veränderungen eintreten, die sich medizinisch feststellen lassen. Krankheiten scheinen aus Problemsituationen und durch Worte zu entstehen, anstatt durch wirkliche Verletzungen oder durch Infektion. Der Kranke verhält sich oft nicht so, wie wir es von ihm erwarten – er neigt mehr dazu, sich wie ein Kind zu benehmen. Gewöhnlich können wir herausfinden, daß er in der Vergangenheit eine ähnliche Krankheit hatte, während der er sich so verhielt wie jetzt. Auch stellen wir fest, daß das Verhalten des Kranken fixiert und unveränderlich ist. Wenn er zornig wird, hat er immer Kopfschmerzen; wenn er unglücklich ist, überißt er sich immer, wenn er nicht ißt, bekommt er immer Magenschmerzen. Schließlich verhält sich der Kranke so, als ob es ihn nicht kümmere, was um ihn vorgeht; er ist viel mehr mit seinen Ideen und Gedanken beschäftigt als mit den Empfindungen des Hier und Jetzt.

Es sollte klar verstanden werden, daß diese Liste unvollständig ist, insofern, als wir von psychosomatischen Krankheiten unter sehr vielen anderen Aspekten neben den hier erwähnten sprechen können. Dies sind nicht die einzigen Unterscheidungsmerkmale, auch ist unser Gesichtspunkt nicht die *einzige* Art, das Problem zu betrachten, es gibt andere, gleichermaßen gültige Betrachtungsweisen. Dies ist nur *eine* Art, über die Sache zu sprechen; eine Art, die gewählt wurde, weil sie zum erhöhten Verständnis der Krankheit und zur größeren Fähigkeit, sie zu mildern, geführt hat.

Und welche Krankheiten werden als psychosomatisch betrachtet? Zunächst wollen wir uns mit den verschiedenen Zuständen befassen, die von anderen Experten auf diesem Gebiet als psychosomatisch klassifiziert werden. Natürlich gibt es eine ziemliche

Anzahl von Büchern über den Gegenstand, von denen wir nur einige erwähnen.

Frau Dr. H. Flanders Dunbar führt in ihrem Buch „*Mind and Body*" als solche Leiden Allergien, die gewöhnliche Erkältung, Tuberkulose, hysterische Erblindung, Arthritis, Herzkranzgefäßerkrankungen, rheumatische Herzerkrankungen, hohen Blutdruck, Fettleibigkeit, Geschwüre der Verdauungsorgane, Migräne, Diabetes, Dickdarmkatarrh, Asthma, Heufieber an – die alle, wie sie meint, entweder psychosomatischen Ursprungs oder mit „geistigen" und emotionellen Störungen verbunden sind.

Dieser Liste fügt Dr. Franz Alexander Verstopfung, Menstruationsschmerzen, Epilepsie, Kropf, Frigidität, Impotenz, eingebildete Schwangerschaft, paroxysmale Tachycardia (der medizinische Ausdruck für plötzlich auftretende außerordentlich beschleunigte Herzschläge) und Hautausschlag hinzu.

Mit diesen Listen sind wir völlig einverstanden. Wir könnten sogar so weit gehen, noch einige weitere Leiden einschließlich der Parkinsonschen Krankheit (Paralysis agitans), der multiplen Sklerose und des Krebses hinzuzufügen. Wir *wissen* weder mit einem größeren Grad an Gewißheit, ob sie psychosomatischen Ursprungs sind, noch ist uns der Grad des emotionellen Anteils bekannt – die Zeit oder Gelegenheit für eine erschöpfende Untersuchung ist noch nicht gekommen. Wir vermuten jedoch, daß die Anwendung der Psychotherapie bei diesen Leiden nützlich sein könnte. Bestimmt lassen die konventionellen medizinischen und chirurgischen Behandlungsweisen viel zu wünschen übrig, wie jeder Arzt zugeben wird.

Zusammenfassend können wir somit sagen, daß in einem gewissen Ausmaß *jedes* Leiden einen psychosomatischen Ursprung hat, daß jedes Leiden, was auch immer seine offensichtliche Ursache sein mag, psychosomatische Aspekte besitzt.

Kapitel 2

Die Bedeutung des Krankseins

Warum wir krank werden · Warum wir krank bleiben · Warum sich unsere Krankheiten wiederholen · Wie Krankheitsformen überwunden werden können

Warum wir krank werden

Jede Krankheit hat eine Ursache. Jede Krankheit ist das Ergebnis irgendeines Kontakts mit etwas in der Welt außerhalb des Körpers. Der Kontakt kann mit Bakterien in verunreinigtem Wasser, durch einen außerordentlich heißen oder kalten Gegenstand, oder durch eine Rute in der Hand eines zornigen Elternteils oder durch die Stimme eines zornigen Elternteils erfolgen. Immer handelt es sich um einen Kontakt.

Aber – und hier ist eine der Beobachtungen, auf denen die psychosomatische Medizin beruht – *der Kontakt braucht nicht jetzt stattzufinden.* Man kann heute Magenschmerzen bekommen, weil man heute irgendwelche verdorbene Nahrung gegessen hat; man ist auch imstande, heute Magenschmerzen zu bekommen, weil man vor zehn Jahren verdorbene Nahrung aß.

Wir erwarten nicht von Ihnen, daß Sie diese Feststellungen akzeptieren, nur weil sie hier getroffen werden. Aber es besteht Grund, diese Feststellungen zu treffen. Wir wollen sie einstweilen beiseite lassen und später darlegen, weshalb wir sie treffen.

Der Lebensprozeß ist der Prozeß der Kontaktaufnahme mit unserer Umwelt. Wir und die Umwelt wirken aufeinander ein; es gibt keine andere Art zu leben, als aufeinander einzuwirken.

Um zu leben, müssen wir zum Beispiel die Luft einatmen. Die Luft ist ein Teil unserer Umwelt, ebenso ist es unsere Nahrung.

Wir bewegen uns in unserer Umwelt. Wir leben in unserer Umwelt; wir können dieser Tatsache nicht entgehen.

Gewöhnlich ist dieser Kontakt mit unserer Umwelt einfach und schmerzlos; wenn es der Fall ist, nennen wir ihn Gesundheit. Wir können ihn auch Wachstum nennen.

Was ist dann Krankheit? Wie paßt sie dann ins Bild? Wir nehmen an, daß auch Krankheit eine wechselseitige Beeinflussung zwischen uns und unserer Umwelt darstellt. Sie ist ein natürlicher Vorgang, ein Teil des Wachstums und der Veränderung. Wohl ist sie ein „Fehler" – aber nur in dem Sinne, daß sie nicht der *einzige* Vorgang ist. Wir könnten sogar sagen, daß sie ein Mittel ist, um gesund zu werden.

Zunächst mag es sich absurd anhören, daß Gesundheit und Krankheit einander ähnlich seien. Wir wissen, daß sie verschieden sind – aber worin besteht der Unterschied?

Man überlege: Wir wissen, daß es notwendig ist, Nahrung zu haben, um zu wachsen und gesund zu sein, aber daß uns übel wird, wenn wir zuviel essen. Wir brauchen Sonnenschein – aber zuviel Sonne macht uns krank.

Mit anderen Worten: Es ist notwendig, daß wir im Austausch mit unserer Umwelt leben – aber das Maß und die Art der Reaktion bestimmen den Unterschied zwischen Gesundheit und Krankheit.

Wir alle versuchen, das Maß unserer Reaktionen auf die uns umgebende Welt zu kontrollieren. Wir nennen diese Kontrolle Anpassung, und je erfolgreicher wir uns anpassen, um so gesünder sind wir.

Dies scheint ein Teil der natürlichen Ordnung der Dinge zu sein. Wenn wir mit unserer Umwelt in Kontakt kommen, passen wir uns ihr an. Es gibt verschiedene Arten, wie wir uns anpassen können; einige davon scheinen erfolgreicher zu sein, andere offensichtlich weniger erfolgreich. Mitunter verändern wir unsere Umwelt, mitunter müssen wir uns selbst ändern.

Zur Veranschaulichung nehmen wir unsere Anpassung an ein Leiden, Malaria genannt. Malaria entsteht, wenn ein bestimmter Mikroorganismus durch den Stich eines Moskitos in unseren Körper gelangt. Wir scheinen nicht fähig zu sein, gut mit dem Malariaparasiten zusammen zu leben, und passen uns daher an, indem wir ihn mit Chinin und Atebrin austreiben und die Brutplätze der Moskitos vernichten.

An die Pockenerkrankung passen wir uns auf eine andere Art an. Wir haben gefunden, daß wir uns ohne ein Anzeichen der Krankheit an die Pocken anpassen können, wenn wir uns absichtlich mit einer anderen Krankheit, Kuhpocken oder Vakzine genannt, impfen und daran erkranken.

Krankheit ist daher eine Methode der Anpassung an die Umwelt.

Wir wollen sehen, wie sich dies auf ein neugeborenes Kind anwenden läßt. Während der vorausgegangenen neun Monate hat es seinen Sauerstoffbedarf durch die Nabelschnur erhalten. Plötzlich wird es in die Welt gestoßen, die Nabelschnur wird abgetrennt und es ist nun für seine eigene Atmung verantwortlich. Es scheint unglücklich darüber zu sein – oft ist es fahlblau verfärbt, würgt und schreit seinen Protest heraus. Wir könnten sagen, daß es krank ist. Wir könnten auch sagen, daß es im Begriff ist, sich seiner veränderten Umwelt anzupassen.

Wir wollen weiter einen Säugling beobachten, wie er lernt, feste Nahrung zu sich zu nehmen. Seine gesamte bisherige Erfahrung war, daß Nahrung eine Flüssigkeit ist, die ihm vermittels der Brustwarze oder des Saughütchens verabreicht wurde. Nun hat er etwas Festes im Mund – und er speit es aus. Die Mutter ist besorgt; das Baby ist krank – es will nicht essen.

Natürlich besteht hier eine weitere Komplikation: Zu dieser Zeit ist es fähig, emotionelle Veränderungen bei seiner Mutter zu entdecken, und das Ausspeien der Nahrung erhält dadurch eine zusätzliche Bedeutung. Doch darüber später mehr.

Ja, wir können sagen, daß das Baby krank ist; aber wir können auch sagen, daß es im Begriff steht, zu lernen, sich mit etwas Neuem in seiner Umwelt auseinanderzusetzen – mit fester Nahrung. Es lernt jetzt, sich mit dieser neuen Art der Ernährung unter den Bedingungen des Kauens, Schluckens und Verdauens zu befassen. Auch diese Art zu lernen ist Wachstum.

Nehmen wir ein weiteres Beispiel. Angenommen, ein Mann bricht sich ein Bein. Er ist krank; aber er setzt sich mit einer neuen Situation auseinander, einer wirklichen Situation, der er sich anpaßt. Auf dieser Stufe der Wirklichkeit ist die Ursache seiner Fraktur verhältnismäßig unbedeutend. Was auch immer die Ursache sein mag, die Zellen, die mit der Knochenwiederherstellung zu tun haben, sind eifrig am Werk, die bisherige Funktionsfähigkeit seines Schenkelknochens wiederherzustellen. Kurz, er macht einen natürlichen Anpassungsprozeß durch – der zumindest unter diesen Umständen natürlich ist.

Noch ein anderes Beispiel: Angenommen, man reißt sich einen Splitter in die Hand ein. Nach ein paar Tagen der leichten Entzündung beobachtet man Eiterbildung; es wird ein Abszeß entstehen, der aufbrechen und sowohl den Eiter wie den Splitter ausscheiden wird. In diesem Fall „paßt" man sich dem Splitter „an", indem man ihn isoliert. Der Eiter enthält Tausende weißer Blutkörperchen, die die mit dem Splitter eingedrungenen Bakterien aufzehren; sie arbeiten sich auch zur Hautoberfläche durch, die sie durchstoßen, so daß der Splitter einen Ausgang findet. Der Abszeß ist nicht gerade angenehm, aber er ist ein Mittel – ein natürliches Mittel – zur Behandlung eines Fremdkörpers.

Wir könnten viel mehr Krankheitsbeispiele bringen und zeigen, wie Krankheit als ein Anpassungsprozeß betrachtet werden kann. Wir könnten einige der „populären" Krankheiten anführen, an denen die meisten zu erkranken scheinen, nur weil andere erkranken, nur weil man sie „gehabt haben muß". Aber auch dies ist ein Anpassungsprozeß, diesmal an die Menschen unserer Umgebung anstatt an Bakterien oder Viren.

Fassen wir zusammen. In diesem Abschnitt versuchten wir darauf hinzuweisen, daß Krankheit ein natürlicher Prozeß ist. Man muß jedoch genau im Gedächtnis behalten, daß Gesundheit ein gleichermaßen natürlicher Prozeß ist. Anstatt eine scharfe Trennungslinie zwischen Krankheit und Gesundheit zu ziehen, wollen wir festhalten, daß beide nur zwei Seiten der gleichen Münze sind.

Wir betonen diesen Gesichtspunkt, weil wir meinen, daß eine klarere Anschauung unseres Problems besser befähigt, uns damit zu befassen. Daher bitten wir, dies zu überdenken. Es könnte sich ergeben, daß eine solche Betrachtungsweise der Krankheit auch zur vernünftigeren Beurteilung der Gesundheit beitragen kann.

Warum wir krank bleiben

Wir wollen zurückkommen auf unser Beispiel von dem Mann, der sich das Bein gebrochen hatte. Man stelle sich ihn im Krankenhaus vor; sein Bein ist im Gipsverband, vielleicht mit einem oder zwei Gewichten vermittels eines ausgeklügelten Flaschenzugs daran befestigt. Er wird vom diensthabenden Arzt, vom Internisten, von der Krankenschwester, vom Krankenpfleger betreut. Seine Frau besucht ihn, so oft sie kann, und achtet darauf, ihn durch nichts, was sie tut oder sagt, zu beunruhigen. Seine geringsten Wünsche werden erfüllt. Wie man so sagt: Er wird wie ein rohes Ei behandelt!

Man vergleiche dies mit seinem gewöhnlichen Alltag, der mit einem hastigen Frühstück und der Hetzjagd ins Büro beginnt und an dem er oft Auseinandersetzungen mit seinem Chef, den Kunden oder seinen Mitarbeitern hat.

Wie groß ist sein Antrieb, gesund zu werden?

Oder man denke an das Kind, das eine Erkältung hat. Wenn sie auftritt, ist es frei von der Verpflichtung, in die Schule zu gehen; es liegt im Bett, umsorgt von seiner Mutter. Natürlich fühlt es sich nicht sehr wohl – aber es werden ihm auch Annehmlichkeiten zuteil, die es gewöhnlich nicht hat. Warum sollte es schnell gesund werden?

Selbstverständlich genest es; der menschliche Organismus akzeptiert nur ein gewisses Maß dieser trügerischen Freuden der Krankheit – aber die Versuchung, die Krankheit als geeignetes Mittel zu benutzen, um Pflichten zu entgehen, entsteht gerade aus solchen Erfahrungen.

Dies ist die angenehme Seite der Krankheit. Dies ist die Art Erfahrung, die einem die Krankheit annehmlich macht. Es gibt andere Arten von Situationen, die uns krank bleiben lassen, weil uns nicht gestattet ist, etwas anderes als krank zu sein.

Das Beispiel dafür ist der Patient, der seit vierzig Jahren Asthma hatte. Er konsultierte einen Arzt, der sich der psychosomatischen Methode bediente und der ihm an einer Stelle des Gesprächs sagte, daß er kein Asthma zu haben brauche.

Worauf der Patient antwortete: „Sehen Sie, Herr Doktor, Hunderte von Ärzten haben mir schon gesagt, daß ich Asthma *habe,* aber Sie sind der erste, der mir sagt, daß ich es nicht zu haben brauche."

Anders ausgedrückt, scheint es eine Menge Krankheiten zu geben, die andauern, weil die Möglichkeit der Genesung nicht erwähnt wird. Dem Patienten wird gesagt, daß er krank ist, daß er ein Leiden, daß er alle Arten von Symptomen habe – aber wo ist die Feststellung, daß er genesen kann, daß er genesen wird?

Wenn man sich die Mühe macht, darüber nachzudenken, kann man leicht erkennen, daß wir alle sehr zum Gehorsam erzogen wurden. Wir machen, was uns gesagt wird – eine häufig erteilte Lektion, oft durch den Schmerz der Bestrafung oder die Freude über das Lob unterstützt. Wenn der Arzt daher sagt, daß man Asthma habe, und man ein guter, folgsamer Mensch ist, dann hat man Asthma. Und wenn der Arzt vergißt, darauf hinzuweisen, daß man vom Asthma genesen kann, ist es durchaus möglich, daß man es weiterhin haben wird.

Dies hat einen weiteren Aspekt. Angenommen, man hat sich angewöhnt, ein bestimmtes Leiden wie den Krebs zu fürchten; weiter angenommen, man bemerkt an sich eines der Anzeichen des Krebses. Obwohl es auch auf zahlreiche andere Krankheiten zutreffen kann, deutet man es dennoch bei dieser Art der geistigen Reaktion unweigerlich als Krebs-Signal. Wenn man völlig überzeugt ist, dieses Leiden zu haben, dann wird man sich so verhalten, als ob man es hätte – und man kann immerhin vor Furcht sterben, wenn auch dann nicht am Krebs.

Diese Fähigkeit des Menschen, überzeugt zu sein, daß die Angst begründet ist, ist seit langem bekannt. Da gibt es den klassischen Fall des unbeliebten Professors, dessen Studenten beschlossen, ihm einen Streich zu spielen. Mitten in der Nacht holten sie ihn aus seinem Bett und brachten ihn an einen Ort, wo sie eine Guillotine aufgestellt hatten. Sie verbanden ihm die Augen und veranlaßten ihn niederzuknien und seinen Kopf an jene Stelle zu legen, wo das Fallbeil herunterschnellt. Dann strich einer der Verschworenen mit einem Stück Eis über das Genick des Professors und goß sofort warmes Wasser darüber. Prompt starb der Professor – überzeugt, daß er geköpft worden sei.

Wenn dies möglich ist, kann es dann nicht gleichermaßen möglich sein, vom Vorhandensein einer Krankheit überzeugt zu sein? Könnte es nicht möglich sein, daß jemand durch Angst so sehr überzeugt ist, daß er sich andauernd so verhält, als ob er das Leiden hätte, und damit den natürlichen Heilungsvorgang unterdrückt?

Es gibt einen weiteren Grund, krank zu bleiben: die Angst vor der Genesung. Es kann jene Art Emotion sein, die etwa so bekundet wird: Ich fürchte mich davor, morgen wieder zur Arbeit zu gehen. Sie kann sogar noch hintergründiger sein, wie im Fall des Mannes, der einen Herzanfall gehabt hatte. Er hatte zuvor verschiedene Fälle dieser Art in seiner Familie und bei seinen Freunden erlebt, und in jedem dieser Fälle schien es dem Kranken kurz vor seinem Tod bedeutend besser zu gehen. Warum sollte sich der Zustand des Mannes mit diesen Erfahrungen bessern? Wie er wußte, war die Besserung ein Vorbote des Todes; es war eben zu gefährlich, zu versuchen gesund zu werden.

Und wir wollen auch diesen Grund für beständige Krankheit betrachten: Krankheit als Mittel der Vergeltung. Da ist der Fall des kleinen Jungen, dem andauernd alles von seinen Eltern vereitelt wurde. Sein Leben war ein fortgesetztes Trommelfeuer mit „Jimmy, tu das nicht!" – „Sei ruhig!" – „Geh fort, ärgere mich nicht." Das Kind hatte in dieser Situation keine Möglichkeit, „ins reine zu kommen"; seine Eltern waren so viel größer und stärker als es selbst, so daß es hilflos war. Es entdeckte jedoch, daß es durch Husten bei seinen Eltern eine höchst dramatische Wirkung erzielte – und so legte es sich einen chronischen Husten zu. Dieser wurde besonders schlimm immer dann, wenn das Kind aufgefordert wurde, etwas zu tun, was es nicht tun wollte, wie zu Bett zu gehen oder einzuschlafen.

Natürlich könnten wir sagen, daß dieser Husten ein Mittel war, um Aufmerksamkeit zu erregen; das ist einer seiner Aspekte. Wir können aber auch sagen, daß Jimmy durch Husten befähigt wurde, etwas von seiner überschüssigen Energie loszuwerden, die wegen der Hemmungen durch seine Eltern nicht frei entfaltet werden konnte.

Hier muß betont werden, daß keiner dieser „Gründe" an sich für das Krankbleiben genügt, um jemand im Zustand des Nichtgesundseins zu belassen. Es erfordert zahlreiche Erfahrungen, von denen die eine jemanden in diese Richtung zieht, die andere in jene stößt, um das Ergebnis hervorzurufen, das chronische Krankheit heißt. Ein offensichtlich irrationaler Grund, um krank zu bleiben, genügt selten; wenn zahlreiche Gründe vorhanden sind, wirken sie durch die rein zahlenmäßige Überlegenheit. Die „Gründe" könnten einer nach dem anderen beseitigt werden, aber wenn es viele sind, ist es eben schwerer, gegen sie anzukämpfen.

Warum sagen wir dies alles? Wir tun es, um zu zeigen, daß der Kranke, wenn er die Krankheit als Mittel der Flucht vor der Verantwortung, als eine Art des Gehorsams, als Mittel der Vergeltung, wegen der Furcht vor der Genesung, kurz, als ein erfolgreiches Mittel der Anpassung benutzt, eine natürliche Funktion verfälscht.

Diese scheinbar erfolgreiche Verfälschung wiederum führt zu einer Verhaltensweise, die oft zur *einzigen* Art der Anpassung wird.

In den meisten Fällen der chronischen Erkrankungen sehen wir, daß starr geformtes Verhalten immer wieder ausgespielt wird. Es sieht aus, als ob der Patient gewohnt sei, krank zu bleiben – aber er braucht diese Gewohnheit nicht beizubehalten.

Es spricht sehr für unser angeborenes Streben nach Gesundheit, daß wir so schnell genesen, wie es der Fall ist. Der Krankheit wird eine so große Bedeutung zuerkannt, daß es den meisten viel klüger erscheinen könnte, dauernd krank zu sein. Aber wir scheinen dennoch instinktiv zu wissen, daß wir gesund sein wollen – das Streben nach Gesundheit und Leben, ausgerichtet auf eine wirklich befriedigende Wechselwirkung zwischen uns und unserer Umwelt, kann immer stärker sein als jene fehlgeleitete Anpassung, Krankheit genannt.

Warum sich unsere Krankheiten wiederholen

Es erfordert nicht viel Beobachtungsgabe, um festzustellen, daß die meisten Menschen eine bestimmte Form der Krankheit haben, die sich immer wiederholt. Da ist die Frau, die sagt: „Ich weiß schon, daß ich wieder einmal meine Kopfschmerzen kriege." Da ist der Mann, der (noch dazu etwas stolz) mitteilt: „Ich kann es eben nicht ertragen, in helles Licht zu blicken – es verursacht mir immer Kopfschmerzen." Und jede Mutter wird beobachten, daß ihr Kind auf stärkere Gefühlsbelastungen einzigartig mit Krankheit reagiert.

Wir sagten, daß diese Leute ihre Krankheit „spielen". Wir gebrauchten dieses Wort, um zu betonen, daß die Verhaltensweisen bei der Krankheit uns an eine Schallplatte erinnern, die immer und unvermeidlich die gleiche Melodie spielt. Und warum nicht? Auf diese Weise wurde sie einmal aufgenommen.

Wir vermuten, daß wiederholte, gewohnheitsmäßige Krankheiten das Ergebnis einer Art Aufnahmeverfahren sind. Dieses Aufnahmeverfahren hat viele Formen, von denen wir eine „Erinnerung" nennen.

Gewöhnlich beziehen wir uns, wenn wir von erinnerten Dingen sprechen, gemeinhin auf Ereignisse, die wir uns ins Gedächtnis zurückrufen können. Aber es gibt andere „Erinnerungen", die nicht leicht zurückrufbar sind. Solche „Erinnerungen" machen den Inhalt dessen aus, was verschiedene Autoren den unbewußten, den unterbewußten oder reaktiven Teil des menschlichen Geistes genannt haben usf. Es sind Erinnerungsaufnahmen von Ereignissen in Augenblicken der Belastung, da der Betroffene krank war oder Schmerzen hatte oder sich unter dem Einfluß einer heftigen Gemütsbewegung befand. Diese Aufnahmen scheinen alle Informationsarten zu enthalten – die Sinneswahrnehmungen, die Handlungen, die Worte, die Gefühle.

Höchstwahrscheinlich hat jedermann bemerkt, daß zu irgendeiner Zeit etwas dieser Art geschieht: Aus scheinbar trivialem Grund wird plötzlich jemand zornig. Während seines Zornesausbruchs könnte man bemerken, daß er Worte gebraucht, die nichts mit der Situation zu tun haben, daß er Dinge tut, die völlig unnötig und für das gegenwärtige Problem belanglos sind. Wenn man sorgfältig beobachtet und Gelegenheit hat, diese Person bei verschiedenen Zornesausbrüchen zu sehen, wird man bei jedem Ausbruch die gleichen Worte hören und die gleichen Handlungen wahrnehmen.

Wir glauben, daß dies am besten erklärt werden kann, wenn man es mit einer Schallplatte vergleicht – einer Schallplatte bezeichnet: Das ist zu tun, wenn du zornig wirst. Und jedermann hat seine eigene Schallplattensammlung, die er immer wieder abspielt. Und man beachte bitte, daß er sie nicht wieder abzuspielen brauchte – er tut nur so, als ob er es müßte.

Wenn wir darauf hinweisen, wird sich der Leser auch erinnern, daß manche Leute sagen: „Ich fühle, daß ich eine Erkältung kriege." Oder „Ich weiß bloß, daß ich krank werde"; oder „Meine Füße sind naß geworden – nun werde ich einen Krampf bekommen" oder „Nächste Woche wollte ich zum Ball gehen – und wie gewöhnlich kriege ich wieder meinen Gesichtsausschlag."

Wie werden diese Leute wohl „wissen“, daß sie eine Erkältung oder Krampf oder Ausschlag kriegen? Klingt es nicht in der Tat so, als ob eine Schallplatte abläuft – eine alte, bekannte Schallplatte, die man nach den ersten paar Takten erkennt? Und könnten wir wirklich nicht ohne das Wiederabspielen dieser Schallplatten auskommen?

Natürlich sind die von uns erwähnten Krankheits-Schallplatten trivial; aber die ernsten Krankheiten scheinen gleichfalls so abzulaufen.

Dennoch sind keine zwei Krankheiten jemals identisch, weder bei derselben noch bei verschiedenen Personen. Jeder Arzt lernt das schon auf der Universität. Wenn er ein bestimmtes Leiden, wie Blinddarmentzündung, studiert, lernt er den typischen Fall kennen. Wenn er in die Klinik kommt, erfährt er bald, daß es so etwas wie einen typischen Fall nicht gibt. Das Auftreten eines Falles von Blinddarmentzündung, der „genau wie im Buch“ verläuft, ist ein seltenes und aufregendes Ereignis.

Diese „Schallplatten“-Theorie wird als mögliche Erklärung für die Wiederholung von Krankheitsformen vorgebracht. Es gibt wahrscheinlich zahlreiche andere, gleichfalls zutreffende Erklärungen. Dennoch ist dies eine nützliche Erklärung. Wenn man ein wenig mehr darüber nachdenkt, wird man vielleicht erkennen, wie sich jemand beim Hervorbringen einer Krankheit benimmt. Und wie man die Krankheit hervorbringen kann, sobald man sich ihrer bewußt wird, kann man auch Gesundheit hervorbringen.

Wie Krankheitsformen überwunden werden können

Vor Jahrzehnten erfreute sich eine Art der „geistigen“ Behandlung beachtlicher Popularität. Sie ging von einem französischen Arzt namens Coué aus und bestand hauptsächlich darin, die Patienten Sätze wie „Jeden Tag geht es mir in jeder Weise besser und besser“ und „Es verschwindet, es verschwindet“ in bezug auf das unerwünschte Symptom wiederholen zu lassen.

Es wurde von zahlreichen „Heilungen", einige davon ziemlich dramatisch, berichtet. Die Mediziner neigten im allgemeinen dazu, diese Methode zu verspotten. Sie nannten sie „Besprechungen", „reine Hypnose", „Massenhysterie" und ähnliches.

Wir wollen den Couéismus weder verteidigen, noch wollen wir ihn empfehlen. Wir führen ihn nur als ein Beispiel für die Tatsache, daß „Heilungen" erzielt wurden, wenn der Kranke *sagte,* daß sich sein Zustand bessere.

Wir erwähnten zuvor, daß wir alle ziemlich gut zum Gehorsam erzogen wurden. Wir sind tatsächlich so wohlerzogen, daß wir sogar uns selbst gehorchen. Wenn einer sagt: „Ich werde krank werden", sind die Aussichten zu erkranken viel größer, als wenn er sagen würde: „Ich werde gesund bleiben."

Aber Gehorsam beinhaltet viel mehr als die bloße Wiederholung von Worten. Angenommen, ein Kind würde aufgefordert werden, die Kopfbedeckung abzunehmen, und es würde „ja" sagen – aber seinen Kopf weiter bedeckt lassen. Das wäre nur verbaler Gehorsam, der sinnlos ist.

Man hat das alles so oft erlebt. Es ist die Art, wie sich der Gewohnheitstrinker verhält, der jeden Morgen dem Alkohol abschwört und sich jeden Abend wieder betrinkt.

Nein, Gehorsam verlangt mehr als verbale Zustimmung; er verlangt *Taten.* Und daher meinen wir, daß es gar nicht so ein schlechter Gedanke ist, zu sagen: „Ich werde nicht länger krank bleiben", aber daß das Gesundheitsziel nur erreicht werden kann, wenn man etwas tut. Wenn man von Gesundheit spricht und sich krank verhält, wird man die Verwirrung nur vergrößern. Wenn man handelt, als ob man gesund wäre, besteht viel weniger Neigung, von Krankheit zu sprechen.

Die Mediziner haben seit langem eine Version dieses Gedankens genutzt, obwohl sie dies nicht als Psychotherapie bezeichnen würden. Wenn ein Patient mit einem verstauchten Fußknöchel kommt, wird der Arzt in der Gegend der Verstauchung ein örtliches Betäubungsmittel, Prokain, injizieren. Dann bringt er einen leichten

Stützverband mit Klebeband an und sagt dem Patienten, er solle gehen, als ob ihm nichts fehle. Das Betäubungsmittel ermöglicht es natürlich. Patienten, die sich danach richten, spüren, daß die Verstauchung in einigen Tagen behoben ist. Wenn sie die Verstauchung „pflegen", im Bett bleiben, an Krücken umherhumpeln, gehen, als ob der Fuß jede Minute abfallen könnte, verstreichen Wochen um Wochen, bis die Verstauchung ausheilt.

Zweifellos hat die medizinische Behandlung einige Wirkung; aber es ist auch wichtig, sich so zu verhalten, als ob man nicht krank wäre.

Wir erörterten zuvor den Gedanken, daß eine wiederholte Krankheit sich wie eine wieder abgespielte Schallplatte verhalte. Man möchte gern wissen, wie man die Schallplatte am Ablaufen hindert. Es ist nicht so schwer: Wenn man davon Abstand nimmt, eine Empfindung mit einer gesamten Krankheitsform zu assoziieren, kann man die Aktivierung des Leidens verhindern.

Nehmen wir zum Beispiel an, man fröstelt. Man kann sagen: „Mir ist kalt", was einfach eine Aussage über die Empfindung ist. Man kann auch sagen: „Mir ist, als ob ich eine Erkältung kriege", wobei man die Erwartung ausspricht, krank zu werden. Die Aussage über die Empfindung scheint es bei der Empfindung zu belassen. Bei der Erwartung einer Erkrankung scheint es, daß man die Assoziation zwischen „kalt" und „einer Erkältung" herbeiführt – und das setzt die Schallplatte mit der Aufschrift „Wie man eine Erkältung bekommt" in Gang.

Man könnte sogar versuchen, diesen Prozeß zu verlängern. Wenn man fröstelt, braucht man nur zu überlegen, *weshalb* dies so ist. Ist man ungenügend bekleidet? Ist man einem plötzlichen Absinken der Temperatur ausgesetzt gewesen? Gibt es etwas, um das Fröstelgefühl zu überwinden, wie etwa ein heißes Getränk oder mehr Bettzeug oder die Einstellung des Thermostaten auf einen höheren Wärmegrad? Wenn es zutrifft, kann man es tun.

Der nächste Schritt würde darin bestehen, über die Gründe für den Ausbruch einer „Erkältung" nachzudenken. Würde es vorteilhaft sein, wenn zu dieser Zeit die Atemwege erkrankten? Was würde geschehen, wenn man eine Erkältung bekäme? Was würde sein, wenn man sie nicht bekäme? Oft bringt solcherlei Nachdenken die Möglichkeit einer Art Absicht, krank zu werden, ans Licht, und – natürlich – wenn man glaubt, daß es am besten sei, zu dieser Zeit eine Erkältung zu kriegen, kann man sie haben.

Wenn man dergleichen denkt, findet man oft bei dem Ausdruck „Ich wünsche“ Zuflucht. Dieses Wort hat viele Bedeutungen. Eine davon ist: „Ich glaube, daß ich dies wünsche, aber ich werde nichts unternehmen.“ Somit hat man die Wahl, zu wünschen, gesund zu sein oder zu bleiben.

Wir bitten zu beachten, daß wir bei dieser Erörterung der Verhaltensweisen, die zur Gesundheit führen könnten, *nicht* sagen: „Man muß so denken“ oder: „Man denke nicht so.“ Dies sind Möglichkeiten *des Denkens, von denen man Gebrauch machen kann, wenn man es sich wünscht.* Sie können einem helfen oder auch nicht – der Versuch wird es zeigen.

Es sind ziemlich viele Selbsthilfe-Bücher erschienen, die für den Leser eine Liste von Geboten und Verboten enthalten. Vielleicht würde sich seine Gesundheit vermittels dieser Methoden bessern; aber es scheint eher, als ob er versuchen würde, gezwungenermaßen gesund zu sein. Er wird aufgefordert, sich zum Zustand der Gesundheit zu zwingen. Wir glauben weder, daß Zwang notwendig ist, noch, daß er Erfolg hat, es sei denn, um einen weiteren Zwang auszulösen.

Wir haben versucht, Denkweisen aufzuzeigen, unter der Voraussetzung, daß wir in das „Denken“ den gesamten Prozeß des Fühlens, Entscheidens und Handelns einbeziehen. Vollkommenes Denken verlangt Taten; wenn es Taten nicht mit einschließt, dann ist es kein Denken.

Kapitel 3

Die Bedeutung des Fehlermachens

Der Fehler als eine elementare Lernform · Der Fehler als Grundlage des Minderwertigkeitskomplexes · Der Fehler als Grundlage des Schuldkomplexes Wie wir aus unseren Fehlern das Beste machen können

Der Fehler als eine elementare Lernform

Haben Sie jemals ein Baby beobachtet, wie es lernt, mit einer Perlenkette zu spielen? Es ist eine Erfahrung, die man sich nicht entgehenlassen sollte, denn an diesen unvollkommenen, einfachen Bemühungen zu lernen können wir im kleinen den Lernprozeß des ganzen Menschengeschlechts erkennen. Wir können sehen, wie das Baby mit Glasperlen zu spielen lernt – und wir können auch sehen, wie dieser Lernprozeß in den nüchternen Laboratorien der Wissenschaft wiederholt wird.

Beobachten wir das Baby und sehen wir, was es macht, wenn es lernt. Wie geht es vor, wenn es versucht, mehr über Glasperlen zu erfahren? Nun, das erste scheint die Beobachtung zu sein. Lange Zeit sind die Perlen nur ein Teil des Blickfeldes, eines der Elemente in einem verwirrenden Durcheinander von Farben und Formen. Wir könnten sagen, daß es die Perlen betrachtet, sie aber nicht sieht. Dann plötzlich bemerkt es einen Gegenstand, der eine bestimmte Regelmäßigkeit der Form, einen Unterschied in der Farbe von den übrigen Gegenständen in seinem Gesichtsfeld hat – es sieht die Perlen.

Nun, es weiß nicht, daß es Perlen sind; es weiß bestimmt nicht, daß das Ding, das es betrachtet, eine „Perlenkette“ genannt wird. Es verhält sich nur so, als ob es mit dem neuen Ding, das es sieht, etwas tun wollte. Um etwas zu tun, muß es einen engeren Kontakt zu den Perlen herstellen, etwas mehr als lediglich den visuellen Kontakt. Natürlich können wir sehen, daß seine Aufmerksamkeit abschweift während der Zeit, in der das Verlangen nach engerem Kontakt wächst; es blickt eine Weile auf die Perlen, dann eine Weile auf etwas anderes – aber immer wieder scheint sein Blick zu den Perlen zurückzukehren.

So greift es schließlich nach der Perlenschnur – und man beachte, wie unzusammenhängend seine Bewegungen sind! Es greift in die ungefähre Richtung der Perlen, aber verfehlt sie mit großem Abstand. Es macht einen Versuch nach dem anderen, mit Pausen dazwischen, in denen seine Aufmerksamkeit abgelenkt ist, bis es schließlich die Perlen mit seinen dicken, kleinen Händchen umschließt.

Nun versucht es weitere Fühlungnahme und weitere Manipulationen. Die Perlen wandern in seinen Mund; sie sind hart, ziemlich kantig und haben nicht den Geschmack, den es mit seiner Nahrung assoziiert. Daher versucht es andere Arten der Manipulation oder – um einen gebräuchlicheren Ausdruck zu verwenden – des Spiels mit diesem eben entdeckten Gegenstand. Es schüttelt die Perlen und lauscht auf das klickende Geräusch, das sie machen, wenn sie aneinanderstoßen. Man beachte wieder, daß die Koordination seiner Bewegungen noch immer verbesserungsbedürftig ist; die Perlen sind in seiner rechten Hand, und wenn es seinen rechten Arm aufhebt und sinken läßt, bewegt es auch seinen linken Arm, obwohl zwischen diesem und den Perlen keine Verbindung besteht. In einem gewissen Sinne sind seine Bewegungen noch nicht sehr zweckentsprechend; es macht Bewegungen, die für die Manipulation, die es vornimmt, nicht notwendig sind.

Aber man beachte auch, daß es während des Lernens zweckentsprechendere Bewegungen macht und geschickter wird, um sein Ziel zu erreichen. Als es lernte, die Perlen zu ergreifen, setzte es seinen ganzen Körper ein; es griff nicht nur mit seiner rechten Hand und seinem rechten Arm danach, sondern mit seiner gesamten Muskelkraft und seinem ganzen Gefühl. Nach einer Weile lernt es, nur Hand und Arm zu benutzen; sein Blickpunkt ist genauer.

Dieser Lernprozeß des Säuglings gleicht erstaunlicherweise den Methoden, die der Wissenschaftler in seinem Laboratorium anwendet bei dem Versuch, der Gesamtheit der noch unbekannten Tatsachen, die wir Natur nennen, Informationen abzuringen. Wir können diesen Parallelismus klarer machen, wenn wir die Handlungen des Babys in Worte umsetzen, wobei wir annehmen, daß die verschiedenen Funktionen seines Körpers gewisse Dinge sagen würden, wenn sie sprechen könnten.

Die Augen des Babys: Ich sehe die Perlen.

Das gesamte Baby: Ich möchte die Perlen haben.

Die Muskeln des Babys: Ich greife nach den Perlen.

Die Augen des Babys: Mein rechter Arm bewegt sich in die falsche Richtung – die Perlen sind da drüben.

Die Muskeln des Babys: Ich werde den Fehler berichtigen; ist das besser?

Die Augen des Babys: Ja, aber meine Bewegungen folgen immer noch nicht der ganz genauen Richtung.

Die Muskeln des Babys: Ich werde etwas mehr nach rechts gehen – so. Nun komme ich näher heran. Ich werde meine Hand öffnen, damit ich die Perlen ergreifen kann. So ist's richtig – ich könnte sie nicht ergreifen, wenn meine Hand zur Faust geballt wäre. Nun habe ich sie.

Der Wissenschaftler kann sprechen. Daher können wir ihn direkt zitieren. Er würde sich so ausdrücken: „Ich habe eine Beobachtung gemacht, es wäre sicher interessant zu sehen, wie ich diese neu entdeckte Tatsache anwenden kann. Ich werde mit einer hypothetischen Feststellung beginnen und einige Experimente vornehmen, um die Hypothese zu beweisen oder zu widerlegen. Nun stellt sich heraus, daß sie nicht ganz korrekt ist. Daher werde ich meine Feststellung ändern. So, das ist besser – nun weiß ich, wie diese Beobachtung mit bisher bekannten Tatsachen zusammenhängt."

Man beachte die Art, wie beide ein gewähltes Ziel erreichen: Zuerst wird das Ziel angegeben, dann wird etwas unternommen. Es scheint keinen großen Unterschied zu machen, wie korrekt die ursprüngliche Maßnahme ist, solange sie berichtigt wird. Wenn die Fehler einer Bewegung zum Ziel hin fortgesetzt berichtigt werden, wird das Ziel schließlich erreicht. Oder anders ausgedrückt: Man macht einen Fehler; durch Berichtigung des Fehlers nähert man sich dem Ziel; der Prozeß wird so lange wiederholt, als es erforderlich ist.

Dies weist auf einen der Wege hin, auf denen wir als Gesellschaft für uns als Individuen unnötige Probleme geschaffen haben. Anstatt einen Fehler als einen notwendigen Teil des Lernprozesses anzusehen, betrachten wir ihn als etwas Vermeidbares. Wir mögen keine Fehler; wir tun, als ob wir uns fürchteten, Fehler zu begehen.

Haben Sie jemals einen kleinen Jungen beobachtet, der lernt, wie man einen Ball wirft? Er macht eine Menge Fehler – und er berichtigt sie auch. Wenn er keine Fehler machen würde, gäbe es nichts zu berichtigen, und er würde niemals werfen lernen.

Auch seine Einstellung gegenüber den Fehlern sollte beobachtet werden: Er ist fröhlich dabei. Ein ungestümer Wurf wird ihn zu sagen veranlassen: „Gar nicht gut – ich bin zu schnell gewesen." Bei einem gelungenen Wurf wird er grinsen und sagen: „Junge, das war wirklich gut!"

Man vergleiche das mit einem Erwachsenen, dem beigebracht wurde, daß Fehler schlecht, gefährlich und unrecht seien. Nehmen wir den Fall der Frau, die nicht aus dem Hause gehen wollte. Als sie nach einer Erklärung gefragt wurde, sagte sie: „Ich fürchte, daß ich ohnmächtig werde, wenn ich auf die Straße gehe." Vielleicht hatte sie recht – vielleicht würde sie ohnmächtig werden, sobald sie das Haus verließe. Und wenn es so sein würde, wäre es ungeheuer peinlich; es würde ein Fehler sein, auch nur das Risiko einzugehen. Und da sie fürchtete, einen Fehler zu begehen, hielt sie sich selbst im eigenen Hause gefangen.

Vielleicht hat der Leser bemerkt, daß wir das Wort „lernen" verwendeten, als wir von dem kleinen Jungen und seinem Ball erzählten; und als wir die Furcht vor Fehlern erörterten, verwendeten wir das Wort „beibringen". Wenn wir „beibringen" sagen, unterstellen wir, daß der Erwachsene die Lektion nicht aus eigenem Willen erlernte; es war vielmehr eine Lektion, die ihm aufgezwungen wurde. Die Bewertung von Fehlern als „schlecht" ist offensichtlich auf das „Beibringen", nicht auf das Selberlernen zurückzuführen – und oft ist die Lektion, die uns „beigebracht" wird, von Schmerzen begleitet.

Der Fehler als Grundlage des Minderwertigkeitskomplexes

Vielleicht können sich manche Leser an den Unterweisungsprozeß zur Fehlervermeidung erinnern. Vielleicht spielten sie als Kinder mit irgend etwas Interessantem, das einem Erwachsenen gehörte. Beim Versuch, mehr darüber zu erfahren, ging es entzwei. Sie lernten, daß das Spielzeug der Erwachsenen erheblich empfindlicher ist als die eigenen Bauklötzchen – und es ist möglich, daß sie bestraft wurden. Mit anderen Worten, die Lernversuche wurden mit Schlägen belohnt – und die Assoziation zwischen Fehlermachen und Schmerz war hergestellt.

In manchen Fällen ist es nicht einmal notwendig, daß wirkliche Schmerzen auftreten: Oft genügt die Schmerzdrohung, um das Betragen des Kindes zu ändern. Falls ihm gesagt wurde: „Tue das nicht – du wirst dich verletzen!", wurde es bestimmt nicht zum Lernen ermutigt.

Wir vermuten, daß Lernen, auf das Bestrafung (oder Strafandrohung) folgte, mit dem Entstehen des sogenannten „Minderwertigkeitskomplexes" zu tun hat. Wer sich allen anderen gegenüber dauernd unterlegen fühlt, wer darauf besteht, daß alle anderen ihm überlegen sind, ist unterwiesen worden, so zu denken und zu fühlen. Und wie könnte eine solche selbstverleugnende Haltung besser beigebracht werden als durch dauernde Zurechtweisung? Das Kind versucht etwas zu tun – und ein liebevoller Elternteil sagt: „Nein, Schätzchen, du machst einen Fehler – das ist falsch. Du solltest es so machen.“

Die Eltern versuchen aufrichtig zu helfen – aber die dauernde Wiederholung solcher Hilfe wird dem Kinde auch „beibringen“, daß es unrecht tut, daß andere recht haben. Und nach ein paar Jahren kommt das Kind zur Erkenntnis, daß es nicht sehr geschickt ist, und ein weiterer Minderwertigkeitsfall beginnt sich zu entwickeln.

Für Minderwertigkeitskomplexe ist es charakteristisch, daß jemand, der dieser geistigen Belastung ausgesetzt ist, zögert, etwas zu unternehmen. Er hält sich lieber zurück und läßt es erst einen anderen tun; denn dies ist ja die Lektion, die ihm beigebracht wurde. Indem er angeleitet wird, hinsichtlich seiner Handlungen unsicher zu sein, fürchtet er schließlich tätig zu werden. Tätigkeit ist für ihn gleichbedeutend mit Fehlermachen – und das möchte er nicht.

Ein extremes Beispiel dafür ist der Mann, der als ein Fall von festgestellter katatonischer Schizophrenie in eine Irrenanstalt eingewiesen worden war. Er tat nichts; er bewegte sich nicht; er versuchte nicht einmal, Nahrung zu sich zu nehmen. Er saß stundenlang, bis einer der Pfleger ihn wegführte, und dann verharrte er in der neuen Stellung, bis wieder etwas anderes von außen auf ihn einwirkte. Glücklicherweise gesundete dieser Mann wie nur wenige, die an dieser Art Psychose leiden. Nachdem er wieder normal war, erzählte er seinem Arzt, daß er geglaubt habe, von einem elektrischen Kraftfeld umgeben zu sein. Da er Elektroingenieur war, wußte er, daß ein in einem elektrischen Feld bewegtes Stück Draht oder ein anderer Stromleiter unter Strom gesetzt würde. Er sagte, daß er während seiner Geisteskrankheit absolut sicher gewesen sei, elektrischen Strom in sich zu erzeugen, wenn er sich bewege, und dadurch getötet zu werden. Anstatt etwas zu tun, was ein Fehler sein könnte, hatte er seine eigene Aktivität fast bis zum Nullpunkt eingeschränkt.

Jeden Tag sehen wir andere, weniger dramatische Beispiele, wie manche es vermeiden, etwas zu unternehmen, weil sie einen Fehler begehen könnten. Da ist die unglücklich verheiratete Frau, die sich weigert, die Ehescheidung zu erwägen, weil dies falsch sein könnte. Da ist der Mann, der nicht den Arzt aufsucht, weil dieser finden könnte, daß etwas bei ihm nicht stimme. Sie alle scheinen zu denken: „Nur nichts tun – es könnte ein Fehler sein!“

Der Fehler als Grundlage des Schuldkomplexes

Die Konsequenz des Fehlermachens ist in unserer Gesellschaft ein Schuldgefühl. Es ist recht schwierig, eine gute Definition des Schuldgefühls zu geben, weil dies ein so verworrener, desorganisierter Geisteszustand ist. Der Betroffene ist sich nicht immer klar, wessen er schuldig ist; er ist sich nur darüber klar, *daß* er schuldig ist. Andererseits ist er es vielleicht nicht. Er schwankt zwischen den beiden Ansichten hin und her und kann aus dieser Zwickmühle nur herausfinden, wenn er seine Schuld zugibt.

Vielleicht können wir den Begriff der Schuld etwas verständlicher machen, wenn wir sagen, daß sie das Ergebnis der Zurückweisung in jeder Beziehung außer der negativen ist. Wenn wir einen von Schuldgefühlen geplagten Erwachsenen sehen, nehmen wir an, daß er in seiner Kindheit für alle seine Fehler verantwortlich gemacht und im übrigen ignoriert worden ist. Er wurde fast immer gescholten und bestraft, fast nie gelobt oder ermutigt.

Ihm wurde eine außerordentlich enge Selbstbewertung beigebracht: Was immer er tut, ist schlecht; wie immer er sich verhält, ist es falsch. Es scheint keine Alternative zu geben.

Das Fehlen der Alternative führt bei dem Schuldgeplagten zu einer Zwangsstruktur der Persönlichkeit. Er verhält sich, als ob er nur immer unrecht haben könne: alles Gute, das sich aus seinen Handlungen ergibt, ereignet sich nur, weil er etwas Schlechtes plante – zumindest sagt er so. Er gibt offen zu, daß er etwas „schlecht“ machen wollte, und die guten Ergebnisse seien rein zufällig gewesen.

Weiter gehört zu dem Gefühl, dauernd schuldig zu sein, der Drang zu bekennen – und er kann leicht bis zum unsinnigen Extrem getrieben werden, wie in Alfreds Fall.

Alfred war ein ruhiger, zurückgezogen lebender Mann. Obwohl er eine höhere Bildung besaß, waren seine Arbeitsverhältnisse von niedrigster Art. Er hatte keine Laster – und andererseits keinen Ehrgeiz.

Er hielt sich nur für berühmt, weil er einmal gestanden hatte, ein offenkundiges Verbrechen begangen zu haben. Er behauptete, für den Brand in einem Heim für Schwachsinnige verantwortlich zu sein, bei dem zwanzig Insassen ihr Leben verloren hatten. Die Polizei brauchte nur oberflächlich zu ermitteln, um festzustellen, daß er die Tat nicht begangen haben konnte; natürlich waren die Beamten über ihn sehr verärgert.

Mehrmals danach versuchte Alfred, andere Verbrechen zu gestehen, aber die Polizei war hinsichtlich seiner „Geständnisse" mißtrauisch und maß seinen Schuldbezichtigungen wenig bei. Schließlich erkannte einer der Polizeibeamten, daß diese Phantasieverbrechen eines Tages zu einem wirklichen Verbrechen führen könnten, wenn sie ignoriert werden würden. Auf seine Veranlassung wurde Alfred psychotherapeutisch behandelt.

Es stellte sich heraus, daß Alfred ein uneheliches Kind war. Er war von den Eltern seiner Mutter erzogen worden, die ihn als bedeutenden Faktor der „Verkommenheit" seiner Mutter betrachteten. Sie sorgten nur widerwillig für ihn und waren streng mit ihren Forderungen für „gutes Betragen". Jede Abweichung von ihren Vorschriften endete damit, daß ihm gesagt wurde, er habe unrecht getan, er sei zu Unrecht geboren worden und würde niemals ordentlich werden, seine Mutter sei schlecht und er sei genauso wie seine Mutter.

Während Alfreds letztem Jahr in der Oberschule waren seine Großeltern gestorben. Er ging arbeiten und hatte eine Reihe von Beschäftigungen, die ein Minimum an Verantwortung erforderten. Er hatte keine Freunde; er war niemals liederlich und hatte keine sexuellen Erlebnisse mit Frauen. Erheblich später während der psychotherapeutischen Behandlung stellte sich heraus, daß Masturbation die einzige Form seines Sexuallebens war, die mit Phantasien über Notzucht, Sodomie, Bestialitäten und andere verbrecherische Handlungen einherging.

Was versuchte Alfred zu tun, als er sich eines Verbrechens bezichtigte, das er nicht begangen hatte? Den Grund, den er der Polizei angab, können wir übergehen: „Es war mir, als ob ich es tun müsse." Wir nehmen an, daß Selbstbezichtigung die einzige Art war, in der Alfred (und jedem anderen Schuldgeplagten) die Aufmerksamkeit, die Liebe und der Kontakt zuteil werden konnten, deren er bedurfte (wie wir alle ihrer bedürfen). Es war ihm niemals möglich gewesen zu erfahren, daß es andere Mittel gibt, um Kontakt herzustellen.

Wie verschiedene Gesellschaftsordnungen und Religionen gezeigt haben, ist das Bekenntnis ein brauchbares und nützliches Mittel. Die Ablegung eines Bekenntnisses ist nach ihrer Meinung eine Lernmethode: Man überprüft seine bisherigen Handlungen, und es wird einem geholfen, über die Korrektur des Verhaltens nachzudenken.

Aber dies geschieht nicht beim Schuldkomplex; hier wird des Bekenntnisses wegen bekannt – nicht wegen eines Lernprozesses. Der Schuldige tut weiterhin, was ein Bekenntnis erfordert, damit er etwas hat, dessen er schuldig ist, um es zu bekennen.

Wir meinen, daß Schuld nicht notwendig ist. Zu viele Eltern behandeln ihre Kinder, als ob diese nur des Bösen und der Fehler fähig wären. Kinder bedürfen der Ermutigung, des Lobs für ihre Fertigkeiten, wie auch der Korrektur ihrer Fehler. Wie kann sich ein Kind anders als schuldig fühlen, wenn es nicht belohnt und nur zurechtgewiesen wird?

Für alle von uns ist Ermutigung wichtig, weil sie ein Mittel ist, durch das wir Selbsterkenntnis und Selbstbewußtsein lernen. Es ist wesentlich, die Fähigkeit zu haben, seiner selbst bewußt zu sein, sich für wichtig und fähig zu halten. Und ein wichtiger

Schritt zu dieser Selbsterkenntnis ist es, die Freiheit zu haben, Fehler zu begehen, wie sie zu berichtigen.

Wie wir aus unseren Fehlern das Beste machen können

Wenn man richtig darüber nachdenkt, dann ist es eine sonderbare und unglückliche Situation, wenn manche Leute so tun, als ob sie nur zwischen Schuld und Passivität wählen könnten. Wenn diese Leute irgendeinmal aktiv werden, meinen sie sogleich, daß es unrecht wäre. Was können wir unternehmen, um ihnen zu helfen?

Wir glauben, daß wir mit einer veränderten Haltung, einer Änderung, die uns allen möglich ist, die Passivität ebenso wie die Schuld vermeiden können. Wir sind dazu imstande, indem wir unsere Einstellung dem Fehlermachen gegenüber überdenken. Man bedenke, daß ein Fehler eine Lernmethode ist, einer der notwendigen Schritte, um Kenntnisse zu erlangen; daß wir nicht lernen könnten, wenn wir keine Fehler begingen – und wo bleiben dann die Furcht, etwas zu tun, und das Bedauern, wenn wir etwas getan haben?

Wir könnten sagen, daß Furcht und Schuldgefühl verschwinden würden; aber das würde nicht ganz zutreffen. Besser wäre es zu sagen, daß der erste Schritt zur Korrektur dieser Gefühle gemacht worden ist.

Man könnte diesen Schritt tun, indem man sich an einen seiner Fehler erinnert, dann über ihn nachdenkt, nicht als Fehler, sondern als eine Handlung, die einen Zweck hatte. Vielleicht konnte dieser Zweck vermittels dieser Handlung nicht erreicht werden – aber war es nicht notwendig herauszufinden, daß das Ziel nicht auf diesem Wege erreicht werden konnte?

Falls etwas genauer verfahren werden soll, schlagen wir vor, Papier und Bleistift zu nehmen und die Gedanken über diesen Fehler zu notieren. Man lege eine Liste der Folgen des Begehens dieses bestimmten Fehlers an: Welches waren die Nachteile? Welches die Vorteile?

Hierauf – und dies ist noch wichtiger als das Vorausgegangene – lege man eine andere Liste an, gehe aber diesmal davon aus, daß die Handlung *kein* Fehler war, sondern daß man sich absichtlich so entschied. Welches sind jetzt die Vorteile und die Nachteile?

Bei diesem Verfahren ist die Feststellung interessant, daß man zu der Meinung neigt, diesen Fehler absichtlich begangen zu haben. Wir beobachten dies oft bei der Behandlung und finden es nützlich zur Stärkung des Selbstverständnisses des Patienten.

Da ist der Fall der Frau, die sich selbst ausschalt, weil sie – wie sie es ausdrückte – immer ihren Gatten zornig machte. „Ich weiß, daß ich ihn wütend mache, wenn ich ihm diese Dinge sage, aber ich kann mir nicht helfen. Die Worte scheinen bloß so herauszusprudeln, und ich kann sie nicht zurückhalten."

Beim Nachdenken über ihre impulsiven Worte nicht als Fehler, sondern als absichtliche Handlung, kam sie zu dem Ergebnis, daß sie sich verhielt, als ob sie *wollte,* daß ihr Gatte wütend auf sie würde. Dann konnte nach dem „Warum?" gefragt und die Antwort darauf gefunden werden. Darauf war sie fähig, zu einer alternativen Betrachtungsweise zu kommen, die nicht möglich gewesen wäre, solange ihr Verhalten zwangsläufig war.

Angenommen, man begeht einen gewohnheitsmäßigen Fehler wie das Anschlagen einer falschen Tonfolge auf dem Klavier, oder das immerwährende Kopfheben während eines Golfschlags, oder die Schreibweise „dien" anstatt „dein". In diesem Falle gibt es ein einfaches Mittel, diese Form des Fehlermachens zu ändern. Wenn man den Fehler absichtlich begeht; wenn man diese Tonfolge mit voller Absicht unrichtig spielt; wenn man nach dem Ball ausholt und in der Mitte des Schlags freiwillig den Kopf hebt; wenn man mehrmals „dien" schreibt und die Handlungsreihe spürt, die sich vollzieht, wenn man das Wort unrichtig wiedergibt – dann besteht Aussicht, daß man nicht mehr von dem Fehler geplagt wird.

Wir können das Experiment so erklären: Es scheint notwendig zu sein, eine bestimmte Handlungsweise vorzunehmen, die wir als „Fehler" bezeichnen. Solange wir eine solche Handlung unterdrücken, solange wir uns dieser Notwendigkeit nicht bewußt werden, kommt sie ungewollt und unerwünscht zum Ausdruck. Wenn wir dem Bedürfnis durch Vornahme der Handlung entsprechen, weil wir es wollen, scheint die Notwendigkeit der Verrichtung von Dingen auf diese Weise zu verschwinden.

Der Grund für das Bestehen solcher Bedürfnisse wird sich später ergeben, wie wir sehen werden. Der erste Schritt ist jedoch, zu erkennen, daß man sie hat, daß ein Verlangen besteht, etwas auf bestimmte Art zu tun.

Das bringt uns zur nächsten Frage: Warum sollte man wünschen, einen Fehler zu begehen? Man kann das Experiment mit dem absichtlichen Fehler fortsetzen, indem man sein Bewußtsein der Vorgänge während des Prozesses des Fehlerbegehens schärft. Schämt man sich? Wird man zornig? Quält man sich selbst? Wie verhalten sich die verschiedenen körperlichen Funktionen, wenn man einen Fehler begeht? Ist man in Spannung? Verändert sich der Atemrhythmus? Hat man irgendwelche Empfindungen, für die es keinen derzeitigen Erregungsfaktor gibt?

Man versuche dieses Experiment und sehe, was geschieht. Man wird überrascht sein.

Kapitel 4

Der Körper als Teil des Geistes

Die Wesensform der Angst und nervösen Spannung · Ursprünge der Angst
Der Zweck der Angst · Wie wir das Beste aus unserer Angst machen können

Die Wesensform der Angst und nervösen Spannung

In den letzten Jahren ist das Lebensbild zu sehr verwirrt worden durch den Versuch, viele unserer Funktionen als rein geistig oder rein körperlich zu definieren. In vielen Fällen ist dieses Verfahren ziemlich lächerlich geworden. Die populären Zeitschriften haben die Verfechter beider Richtungen in Karikaturen verulkt. Eine zeigt einen Patienten, der auf einer Liege im Sprechzimmer eines Psychiaters ruht. Der Bildtext lautet: „Keine Sorgen. Nur Ihr Körper ist betroffen!" Das gegenteilige Extrem stellt einen Patienten dar, der sichtlich große körperliche Schmerzen hat und die beruhigende Auskunft erhält: „Es ist alles nur in Ihrer Einbildung vorhanden."

Es ist nicht sehr wichtig, ob der Körper Teil des Geistes oder ob es umgekehrt ist; ob sie aufeinander einwirken, ist jedoch wichtig. Das Herz schlägt und das Blut fließt, ohne daß man dazu einen Auftrag erteilt. Man braucht sich nicht selbst Anweisungen zu geben, wie man die Füße beim Gehen zu setzen hat. Tatsächlich ist allzu bewußte Aufmerksamkeit geeignet, Unsicherheit hervorzurufen und den Körper weniger reibungslos funktionieren zu lassen. Aber das heißt nicht, daß man nicht „weiß", daß man geht, wenn man es tut. Natürlich weiß man es – das Wissen ist in unserem Körper, und umgekehrt registriert auch unser Geist die Tätigkeit. Dasselbe gilt für jede Funktion, die man ausübt. Körperliches Wissen ist wichtig.

Wir wollen nicht versuchen zu erklären, weshalb es auf diese Weise zustande kommt. Es sind viele Erklärungen angeboten worden, und man kann die wählen, die einen am meisten anspricht: Gott, universales Gesetz, Naturgesetz usw. Das ist nicht unser Gebiet. Wir haben jedoch beobachtet, daß dieses Wissen anwendbar und auch segensreich ist, wenn wir mehr darüber erfahren können, wie alles vor sich geht, wenn auch nicht, warum es so ist.

Jetzt wollen wir uns vorläufig den Gesichtspunkt zu eigen machen, daß der Geist weder vom Körper getrennt noch unabhängig von ihm ist. Wir haben genügend Beweise, daß etwas im Menschen vorgeht, das als Angst oder unbegründete Furcht erkannt wird, wenn versucht wird, das eine oder das andere zu überbetonen. Nervöse Spannung ist das Begleitsymptom der Angst; wenn wir daher von Angst sprechen, ist der nervöse Spannungszustand mit eingeschlossen.

Wir wollen den Angst genannten Zustand untersuchen – wie er sich äußert, wann er auftritt und so fort. Wenn wir dies tun, können wir ihn vielleicht besser verstehen. Zunächst wollen wir versuchen, ihn zu definieren. Die Psychologen, Mediziner und Physiologen kommen alle darin überein: Es scheint sich um einen chronischen Ausnahmezustand gegenüber einer (wirklichen oder eingebildeten) Drohung zu handeln, bei dem der Betroffene wegen der zu ergreifenden Maßnahmen so unschlüssig und bange ist, daß er zuwenig oder nichts unternimmt. Das über dem Kopf hängende Schwert des Damokles ist ein gutes Beispiel dafür. Irgendeinen größeren oder kleineren Angstzustand haben wir alle in unserem Leben durchgemacht, währenddessen wir nicht wußten, was wir tun sollten, und uns fürchteten, etwas zu unternehmen, das sich als falsch erweisen könnte. Es ist ein sehr unangenehmes Gefühl, und wenn wir uns daran zurückerinnern, werden wir feststellen, daß die Befreiung kam, als wir etwas unternahmen – selbst wenn es eine Flucht war. Natürlich ist Weglaufen nicht die beste Art, mit der Angst fertigzuwerden, noch ist es die einzige. Wir weisen nur darauf hin, um eine Maßnahme zu zeigen, die besser ist als im Angstzustand bis zu jenem Punkt zu verharren, an dem man an der Spannung zerbricht. Im Verlaufe dieses Kapitels werden wir genauer beschreiben, wie man mit der Angst fertigwird. Jetzt beschäftigt uns mehr, wie sie verläuft.

Höchstwahrscheinlich sind für jeden Angstzustand viele Voraussetzungen notwendig, über die wir überhaupt nichts wissen. Zu seiner allgemeinen Form tragen viele Faktoren bei. Wir haben jedoch vier davon festgestellt, die sehr dazu verhelfen können, die furchtbare Gewalt zu brechen, die die Angst über uns haben kann, wenn sie erkannt und gesteuert werden. Es sind: Drohung, Verwirrung, Schrecken, Untätigkeit. Sie treten nicht gesondert, sondern gemeinsam auf. Sie existieren gemeinsam in jedem bemerkbaren Fall von Angst. Jeder dieser Faktoren an sich braucht keine Angst auszulösen, aber gemeinsam tun sie es fast unabänderlich.

Nehmen wir zum Beispiel an, daß zwei Soldaten zum erstenmal an einer Kampfhandlung teilnehmen. Wegen der Bedrohung, der sie ausgesetzt sind, werden beide von Schrecken und Verwirrung erfaßt. Einer weigert sich weiterzumachen und fällt ohnmächtig zu Boden. Der andere nimmt trotz seines Schreckens an dem Kampf teil und erfährt dadurch, was es mit dem Kämpfen auf sich hat. Er kann verletzt sein, aber er hat seine Furcht vor der Furcht überwunden bis zu dem Punkt, an dem er künftig in der Lage sein wird, in einer unvorhergesehenen Situation irgend etwas Vernünftiges zu unternehmen. Andererseits entgeht der Soldat, der ohnmächtig wurde, keineswegs der durch die Kampfhandlung dargestellten Bedrohung, und selbst wenn er am Leben bleibt, kann er für den Rest seines Lebens ein psychologischer Krüppel sein. Würden sich alle Menschen in unvorhergesehenen Fällen, die sich täglich im menschlichen Leben ereignen, so benehmen wie er, würde das Menschengeschlecht bald ausgestorben sein.

Mit dem Beispiel der beiden Soldaten haben wir einen extremen Fall aufgegriffen. Dies geschah absichtlich, weil, nach Meinung des Verfassers, der imaginäre Charakter jedes Angstzustandes statt der Realität der Bedrohung des Menschen zu sehr hervorgehoben wurde. Für den verängstigten Menschen ist das bevorstehende Verhängnis, das der empfundenen Bedrohung folgt, so real wie alles andere, das existiert. Er weist durchaus zu Recht den Gedanken zurück, daß er ein Dummkopf und daß das, was er befürchtet, nicht vorhanden sei. Für ihn ist es sehr real und gefährlich. Die Tatsache, daß es für uns nicht real sein mag, widerlegt keinesfalls seine Ansicht. In der Psychotherapie ist wiederholt beobachtet worden, daß der Patient sich dann eingehender mit dem Problem befaßt und in der Lage ist, die notwendigen Überprüfungen vorzunehmen, wenn der behandelnde Arzt die Furcht vor irgendeiner Maßnahme im Zusammenhang mit einer „bevorstehenden" Bedrohung als wirklich erkannt hat. Aber der Patient überprüft, was sich aus *seinem* Wirklichkeitssinn entwickelt, was auf *seinem* Kontakt mit dem Problem beruht.

Bedrohung an sich hat sowohl einen realen wie auch einen irrealen Wesenszug. Ihre reale Bedeutung liegt in der darauf erfolgenden Reaktion. Bedrohung ist nicht schon vollständige Aktion, sondern ein Erregungsfaktor für Aktion. Ein Mann könnte zum Beispiel einen Revolver auf einen anderen richten. Dies würde als wirkliche Bedrohung betrachtet werden. Der Revolver könnte jedoch nicht geladen sein. Auch könnte der Mann überhaupt nicht die Absicht haben, eine Verletzung zuzufügen; es könnte ein Experiment zur Prüfung von irgend etwas sein. Andererseits könnte der Revolver geladen sein, und der Bewaffnete könnte einen Mord beabsichtigen. Diese Möglichkeiten sind nicht erwiesen, bis sich der gesamte Vorgang abgespielt hat. Es ist bekannt, daß Leute aus Furcht tot umgefallen sind, nur weil sie mit einem Spielzeugrevolver bedroht wurden. Ist ihr Tod irreal? War die Furcht irreal? Andererseits sind Menschen ermordet worden, weil sie einen wirklich Bewaffneten mit mörderischen Absichten für einen Possenspieler hielten. Diese Erörterung soll keine Belehrung über die richtige Reaktion gegenüber einem vorgehaltenen Revolver sein, sondern zur Illustration der verschiedenen Aspekte der „Wirklichkeit" dienen.

Die Bedrohung durch den Krieg ist wirklich. Wir führten dieses Beispiel nicht nur an, um etwas zu beweisen. Die meisten Ängste entwickeln sich aus Situationen wirklicher Bedrohung, so ernst wie Krieg, Furcht vor Hunger, Furcht vor dem Verlust seiner Angehörigen, Todesfurcht usw. Wenn die Bedrohungen, denen die verängstigte Person gegenübersteht, rein imaginär wären, würde dem Angstzustand verhältnismäßig leicht beizukommen sein. Angst ist jedoch eine sehr starke Emotion. Wohl stimmt es, daß ihr viele Verformungen eigen sind, aber damit sie so stark und eindringlich werden konnte, mußte sie ursprünglich auf einer sehr realen Bedrohung beruht haben.

Ein weiteres Beispiel dafür, was Angst bewirkt, ist der Fall der zwei Männer, die die gleichen Speisen in einer neuen Gaststätte essen. Keiner von ihnen weiß, wie das Essen sein wird, aber sie sind hungrig und beginnen zu essen. Der eine kaut die Mahlzeit sorgfältig und findet sie schmackhaft, der andere spielt damit und bewegt jeden Bissen oberflächlich und widerwillig im Munde. Am Ende der Mahlzeit fühlt sich der eine, der die Erfahrung auskostete, indem er das Essen wirklich aß, wohlauf und ist nicht mehr hungrig. Hingegen ist dem anderen übel vor Hunger und wegen des Widerwillens, den er aufkommen ließ. Er macht das Essen dafür verantwortlich, obwohl es seinen Freund unbeeinflußt ließ. Darauf findet er einen anderen Grund: sein Magen ist empfindlich, und er muß vorsichtig sein. Aber worauf läuft das hinaus? Jedesmal, wenn er unter neuen Verhältnissen eine neue Speise vor sich hat, hat er bereits den Grund für die nächste Übelkeit vorbereitet, die mit der neuen Mahlzeit kommt. Wenn diesem Verhalten nicht Einhalt geboten wird, wird er schließlich dasselbe bei allen, auch bei seinen gewohnten Speisen empfinden, weil er auch ihnen fremdartige, gefährliche Eigenschaften zumessen wird.

Worauf kommt es uns bei diesen Beispielen an? Wir versuchen darzulegen, daß wir nur aus den Erfahrungen, an denen wir wirklich teilhaben, lernen und mit ihnen weiterhin gesund leben können. Es gibt keine Lösung, wenn man versucht, in einer Situation der Gefahr zu entgehen, indem man nichts unternimmt. Nichts zu unternehmen steht im Gegensatz zum Leben selbst. In einem

Organismus, der ins Leben eingegliedert ist, ruft Nichtstun einen Spannungszustand hervor, der zum Zustand des völligen Nichtstuns, bekannt als Tod, führen wird.

Versucht der Verängstigte zu sterben? Nein, wir lehnen diese Theorie ab. Er versucht zu leben, aber irgendwie hat er Weiterleben mit der Vermeidung von Tätigkeit verwechselt. Wenn er verstehen wird, wie eine solche Verwechslung entstand, kann er sich davon losreißen, da er in Wirklichkeit nicht sterben möchte.

Furcht kann auf zwei verschiedene Arten betrachtet werden. Die eine: Schrecken, Hoffnungslosigkeit, Tod; die andere: Anregung, Anschauungsunterricht, Weiterleben. Aus Furcht können wir viele Dinge lernen, die zu einem erfreulicheren Leben verhelfen. Aus Furcht vor der Dunkelheit entdeckte der Mensch das Licht und wurde fähig, die Dunkelheit zu erforschen und zu nutzen, was er dort fand. Aus Furcht vor seinen Feinden erfand der Mensch Waffen, um sie abzuwehren. Aus Furcht vor dem Hunger lernte der Mensch die Land- und Viehwirtschaft. Die Liste ist, im Grunde genommen, unerschöpflich. Furcht kann zur Erforschung des Unbekannten führen, wohl mit Prüfungen und Leiden verbunden, aber auch mit großem Gewinn.

Andererseits kann die Furcht als ein unüberwindliches Hindernis betrachtet werden, das immer mehr Schmerz und schließlich Apathie und Tod verursacht. Diese letztere Version der Furcht ist die Angst. Können wir den Modus überwinden? Ist es ein für das Weiterleben notwendiger Modus? Hat er wesentlichen Anteil an der menschlichen Existenz? Angst kann überwunden werden. Sie ist für das Leben nicht notwendig und hat keinen wesentlichen Anteil an der menschlichen Existenz. Sie ist ein unrichtig erlerntes Verhalten, und wenn es erlernt wurde, kann es auch wieder verlernt werden.

Seit Anbeginn der Zeit ist der Mensch erfolgreich vielen Herausforderungen entgegengetreten, die aus dem weiten, unbekannten Bereich des Lebens kamen. Heute ist er besser als je zuvor gerüstet, um jeglichen Schwierigkeiten beizukommen, die auf ihn einstürmen. Die gleichen Verfahren, die er entdeckte, um der Schwierigkeiten der Vergangenheit Herr zu werden, stehen ihm heute, um viele neue bereichert, zur Verfügung. Der erste Schritt ist, den Feind zu erkennen (lediglich einen Schatten zu bekämpfen, ist sehr schwer). Der zweite Schritt ist, den Kampf aufzunehmen, denn nur durch direkten Kontakt kann eine Lektion erlernt werden. Der dritte Schritt ist, die neuen Erkenntnisse systematisch zu erfassen, damit sie dazu dienen können, künftige Bedrohungen abzuwehren.

Die Furcht kann nicht abgeschafft werden. Sie kann als Herausforderung betrachtet werden, als ein wesentlicher Teil des Lebensprozesses, und als solcher *kann sie produktiv genutzt werden.*

Ursprünge der Angst

Von den vielen Theorien, die zu diesem Problem von den verschiedenen Schulen der Psychologie und ihren Vorläufern entwickelt wurden, bevorzugen wir die zusammengefaßte Erkenntnis, die aus den ursprünglichen Beobachtungen Sigmund Freuds abgeleitet ist.

Angst scheint von einer ernsthaften Bedrohung zu kommen, die der Mensch in einem Alter erlebte, als er nur in einer einzigen Art auf sie zu reagieren fähig war: mit Zittern und eingeschränkten Handlungen. Wir alle verhielten uns so, als wir Säuglinge oder Kleinkinder waren, umgeben von Dingen und Kräften, so viel größer und stärker als wir selbst. Damals entdeckten wir zuerst unsere Fähigkeit, Kräfte und Gegenstände zu identifizieren. Wie anders hätten wir unter diesen Umständen auf Bedrohung reagieren können? Wir konnten schreien. Aber in vielen Fällen wurde Schreien mit Schlägen bestraft. Unsere Fähigkeit zur Bewegung und zum Widerstand war verhältnismäßig gering. Nur zu oft wurde derlei Verhalten von den mächtigen Erwachsenen unterdrückt, und somit erhöhten diese Erfahrungen nur die Furcht. Auch hatten wir noch nicht die verschiedenen Kontakterfahrungen gemacht, so daß wir für die Geschehnisse keinen anderen Bezugsrahmen hatten als den, jede neue beunruhigende Erfahrung als Bedrohung zu empfinden.

Das heranwachsende Kind bemerkte, daß zuweilen irgend etwas von beunruhigender und drohender Wesensart in Erscheinung trat; dann zitterte es und verhielt sich vergleichsweise passiv. Schließlich gingen Drohung und Beunruhigung vorüber. Ist es zu schwierig sich auszumalen, daß dieses Verhalten von dem Kleinkind der Möglichkeit gleichgestellt worden sein könnte, mit Drohung und Beunruhigung fertigzuwerden? Ist es zu abwegig anzunehmen, daß es sich nun auf eine Verhaltensform verläßt, die sich bisher als erfolgreich erwiesen hat, wenn neue und beunruhigende Faktoren in seinem Kontaktkreis auftraten?

In der Tat, wenn wir das heranwachsende Kind beobachten, scheint es so wie beschrieben zu handeln. Bis es eine bessere Methode entdeckt, um mit den beunruhigenden Situationen fertigzuwerden, denen es im Leben begegnet, reagiert es weiterhin in dieser Weise auf die meisten „Drohungen", selbst wenn es inzwischen erwachsen und stark, beweglich und urteilsfähig geworden ist.

Es lernt auf sehr vielen Tätigkeitsgebieten sein Verhalten neu einzuschätzen und der jeweiligen Gelegenheit anzupassen, womit es die Stufe des Erwachsenseins erreicht. Es scheint jedoch, daß es sich in den Angstbereichen weiterhin auf das zuerst erlernte zitternde und passive Verhalten verläßt. Diese Bereiche können von geringerer oder größerer Bedeutung sein. Sie erstrecken sich von Ängsten hinsichtlich Nahrung, Klima, Reisen, Höhe, besonderer Geräusche, Nähe, Furcht vor dem Fremden usw. bis zu den noch ernsteren furchtveranlassenden Faktoren wie Sexualität, Minderwertigkeit, wirtschaftliche Unsicherheit, Verfolgung usw.

Freud beobachtete, daß die verängstigte Person bei der Psychotherapie angewiesen werden konnte, sich sehr vieles über den „Ursprung" dieser zerstörerischen Verhaltensweise ins Gedächtnis zurückzurufen. Dabei konnte der Patient einen Vergleich anstellen zwischen der starren Verhaltensform und dem elastischeren und zielstrebigeren Verhalten, das er auf den erfolgreichen Gebieten seines Lebens bewies. Und schließlich konnte diese Erkenntnis zur Befreiung von dem bisherigen zwanghaften Festhalten an der ängstlichen Passivität als Reaktion auf Bedrohungssituationen führen und eine neue und vorteilhaftere Verhaltensweise erlernt werden. Die moderne Psychotherapie, gleich welcher Schule, beruht auf dieser Methode. Welche Bedeutung auch immer sprachlich zum Ausdruck kommt, das Ziel ist, die gegenwärtige Verwirrung, an der der Patient infolge früherer falsch interpretierter bedrohlicher Erfahrungen leidet, zu beseitigen.

Der Zweck der Angst

Um irgend etwas zu finden, das sogar als begründeter Zweck der Angst bezeichnet werden könnte, ist es notwendig, sich auf das Gebiet der reinen Spekulation zu begeben. Die nach dem Stand unseres Wissens über das menschliche Verhalten verfügbaren Beweise veranlassen uns zu der Meinung, daß die Angst beim Menschen eine völlig destruktive Funktion ist.

Jeder Versuch, überhaupt eine Grundlage für ihre Existenz zu finden, scheint auf die Erforschung ähnlicher Zustände bei den niedrigeren Tierarten beschränkt zu sein. Es ist beobachtet worden, daß Hunde, Katzen und andere zahme Tiere Symptome aufweisen, die sehr ähnlich dem sind, was wir Angst nennen, sobald sie abgehalten werden, ihren natürlichen Instinkten zu folgen, und bestraft werden, wenn sie es tun. Werden ihnen aber diese menschlichen Zwänge nicht auferlegt, sind derartige Symptome nicht nachweisbar. Psychologischen Versuchen unterworfene Tiere zeigten angstähnliche Zustände, wenn ihnen in Situationen, die sie nicht verstehen oder denen sie nicht entgehen konnten, Schmerz zugefügt wurde. In ihrem natürlichen Zustand und ihrer gewöhnlichen Umgebung scheinen sie jedoch nichts zu bekunden, das der Angst gleichkommt.

Das Opossum, das sich tot stellt, wenn es sich in einer gefährlichen Lage befindet, scheint eine Reaktion zu bekunden, die entfernte Ähnlichkeit mit der menschlichen Angst hat. Nur hat sie sich für das Opossum als eine gute Methode des Überlebens erwiesen, weil die meisten Tiere nichts fressen, das sie nicht selbst getötet haben. Ist die Gefahr jedoch vorüber, zeigt das Opossum wieder seine normale Verhaltensweise.

Diese immobile Art der Reaktion auf Bedrohung scheint dem Kaninchen, dessen hauptsächliche Verteidigung gegen Angriffe die Flucht ist, sicher nicht gut zu bekommen – besonders nicht in unserer Zeit der modernen Technik, wenn es vor einem herankommenden Auto erstarrt und auf der Straße überfahren wird.

Ein Zustand, der der Angst, wie sie beim Menschen zum Ausdruck kommt, am meisten gleicht, ist das Verhalten sehr junger und hilfloser Vögel und Säugetiere. Es äußert sich, bevor sie die Stärke und Beweglichkeit erreicht haben, um sich entweder zu wehren oder fortzulaufen oder -fliegen. Sie sind still und, vom Zittern abgesehen, bewegungslos, wenn fremde Tiere in Sichtweite sind. Reglosigkeit und Ruhe sind in solchen Fällen notwendig und für das Überleben wichtig, weil Lärm und Bewegung fremde Tiere auf die jungen und hilflosen aufmerksam machen könnten und diese vor der Zeit als Beute enden würden. Man hat jedoch beobachtet, daß diese Verhaltensweise kaum jemals wieder gezeigt wird, wenn diese jungen Säugetiere und Vögel den Reifezustand ihrer Stärke und Beweglichkeit erreicht haben.

Die angeführten Beispiele und viele andere, die wir nicht bringen werden (weil der interessiertere Leser mehr darüber im einschlägigen Schrifttum findet), haben uns zum folgenden geführt: Einst kann die Angst (unter der wir eine mit Passivität verbundene Furchtsituation verstehen) oder etwas Ähnliches einen Zweck gehabt haben. Am besten waren wir daran, wenn wir uns in bedrohlichen Augenblicken, in denen wir uns nicht anders verteidigen konnten, „tot stellten", um den drohenden Feind zu täuschen. Es schien, als ob wir so eine bessere Überlebensmöglichkeit hätten, bis es uns gelingen würde, bessere Schutzmaßnahmen zu entwickeln. Aber nun, da wir erwachsen und stark sind und Waffen und Fertigkeiten und Denkfähigkeit haben, um praktisch jede Bedrohung abzuwehren, ist Angst eine nutzlose und schädliche Verhaltensweise. Je früher wir aufhören, uns darauf als Methode zur Befreiung aus schwierigen Situationen zu verlassen, um so früher wird sie in die Vorgeschichte eingehen, wohin sie höchstwahrscheinlich gehört. Es scheint sehr wenig Sinn zu haben, wenn wir uns ganz in Spannung versetzen, auf Maßnahmen gegen eine eingebildete Bedrohung vorbereiten und in diesem Spannungszustand verbleiben, ohne etwas zu unternehmen, bis wir zitternd zusammenbrechen.

Wie wir das Beste aus unserer Angst machen können

Wie man aus dem, was in den vorhergehenden Abschnitten über die Angst zu lesen ist, entnehmen kann, glauben wir, daß man am besten mit seinen Ängsten fertigwird, wenn man sie nicht hat. Mag die Angst mit einem Sexualproblem, einem Familienproblem, einem wirtschaftlichen Problem, einem Bildungsproblem, einem Gesundheitsproblem oder der Vorahnung einer künftigen Bedrohung verbunden sein – am besten wird man das Problem bewältigen können, wenn man die Angst beiseite läßt.

Der erste Schritt zur Beseitigung der Angst erfordert, daß man wegen des akuten Problems etwas unternimmt. Wenn es nicht richtig ist, kann es berichtigt und etwas anderes unternommen werden. Aber man kann tatsächlich nicht viel sagen, ohne zuerst etwas versucht zu haben. Wenn man im Hinblick auf ein Problem nichts unternimmt und nur darüber nachdenkt, wird es immer größer und größer. Bald ist der Denkvorgang kein Nachdenken mehr; es ist Quälerei, und *sie* ist Angst.

Wie kann man erkennen, ob man Angst hat oder nicht? Diese Frage ist nicht so dumm, wie sie klingt. Eine Karikatur zeigt einen Mann, der, außer sich vor Wut, Geschirr zerschlägt und seine Frau anschreit: „Was meinst du damit, wenn du sagst, ich sei zornig?“ So fühlt sich der Verängstigte oft wegen seines Verhaltens. Er glaubt, es sei nichts falsch daran und durchaus logisch.

Aus George, einem Klinikpatienten, brach es heraus: „Ich habe weder Angst noch Furcht." Mit bebender Stimme und am ganzen Körper zitternd sagte er: „Jeder normale Mensch würde dasselbe tun wie ich, wenn er in dieser Klemme wäre."

Was war die „Klemme"? Es stellte sich heraus, daß George mehr Geld brauchte, als er in seinem Beruf verdiente. Für seine Frau wurde es immer schwieriger, auszukommen und mit seinem geringen Gehalt die zwei Kinder zu kleiden und zu ernähren. Er fürchtete sich, den Chef um eine Zulage zu bitten, obwohl das Geschäft gut ging und er unterbezahlt war. Er fürchtete entlassen zu werden, falls er um eine Gehaltserhöhung bitten würde, und dann würde er keine andere Stellung bekommen; und da er sehr wenig Ersparnisse hatte, würde seine Familie hungern, und der Hausbesitzer würde sie an die Luft setzen, und das würden dann die Nachbarn sagen; und er stamme aus einer so guten Familie, deren Stolz verletzt sein würde, und er schäme sich so. Alles dies brach wie ein Sturzbach und mit zunehmender Lautstärke aus George heraus. Er steigerte seine Spannung bis zum furchtbaren Höhepunkt, auf dem er mit hysterischem Weinen zusammenbrach.

Nachdem er sich beruhigt hatte, wurde er gefragt, ob sein Chef dafür bekannt sei, daß er jeden entlasse, der um eine Gehaltserhöhung bitte. Er antwortete: „Nein." Und warum glaube er, daß er keine andere Stellung bekäme, falls er seine jetzige verliere? „Ich weiß es nicht", antwortete er, „ich spüre es nur." Auf die Frage, ob er seine Arbeit gut verrichte, sagte er: „Ich bin sehr gut. Ich war Klassenerster, und alle die Jahre habe ich niemals eine Beanstandung im Geschäft gehabt. Und doch bin ich sehr ungewiß, wie mein Arbeitgeber darüber denkt."

Daraufhin wurde vorgeschlagen, daß er am nächsten Morgen seinen Arbeitgeber um Gehaltserhöhung bitten solle. Er solle so ruhig wie möglich dabei sein, aber die Bitte vorbringen. Wenn das nicht klappen würde, solle etwas anderes erwogen werden. Das mußte versucht werden, denn selbst für George war es ganz offensichtlich, daß sein augenblicklicher Spannungszustand so übel wie nur irgend möglich war.

Wie es so ging, bekam George die Erhöhung, und sein Arbeitgeber sagte, er freue sich, daß George die Sache vorgebracht habe. Er habe George als sehr guten Mitarbeiter kennengelernt, aber jedesmal, wenn er mit George zusammengekommen sei, habe dieser sich so nervös verhalten, daß er vermieden habe, selbst darauf zu sprechen zu kommen. Er meine, daß George und er von nun an ein verständnisvolleres Verhältnis zueinander haben könnten. Natürlich verschwanden nicht alle von Georges Ängsten mit dieser einen Handlung, aber es war ein sehr guter Anfang.

Ein ganz ähnlicher Fall war der von Joyce. Ihr Problem, so wie sie es vorbrachte, war, daß sie keine männlichen Bekannten hatte. Sie war jung, 25 Jahre alt, hübsch, gut gekleidet und durchaus intelligent, aber sie hatte keine Männerbekanntschaften. Mochte sie Männer? Ja, natürlich, aber das war doch unrecht, nicht wahr? Sie fürchtete, die Männer wußten, daß sie sie mochte, und lachten über sie, weil sie sich ungehörig benahm und dumm sei. Kannte sie irgendwelche jungen Männer? O ja, sie arbeitete mit vielen zusammen, und die Freunde ihres Bruders kamen ins Haus, aber sie mochte weder viel mit ihnen reden noch etwas mit ihnen zu tun haben, weil sie sich über sie lustig machten. Hatten einige davon sie schon eingeladen, mit ihnen auszugehen? O ja, aber sie hätte es nicht getan, weil sie es nicht wirklich ernst gemeint hätten. Woher sie das wisse? Oh, sie fühle es eben. Als sie fünfzehn Jahre alt gewesen war, hatte ihre Mutter sie bestraft, weil sie einem ihrer Mitschüler gestattet hatte, sie nach Hause zu begleiten. Ihre Mutter habe gesagt, daß sie viel zu jung für so etwas sei, daß die Leute sie auslachen und sogar die Jungen sich über sie lustig machen würden, weil sie versuche, sich so erwachsen zu benehmen. Sie erinnerte sich, daß ihre Mutter es immer mißbilligt habe, wenn sie mit den Jungen aus der Nachbarschaft freundlich verkehrte, selbst als sie jünger gewesen sei. Hier kam es jedoch zu einer komischen Verdrehung. Als sie einundzwanzig Jahre alt war, begann ihre

Mutter sie auszuschelten, weil sie keinerlei Verabredungen mit jungen Männern hatte: Ob sie denn eine alte Jungfer werden wolle? Und in dieser Weise hatte sie sie bis jetzt gequält. Joyce konnte nicht glauben, daß ihre Mutter das meinte, was sie sagte, und sie fürchtete sich sehr, etwas zu unternehmen.

Joyce wurde gefragt, ob sie – nur eines Experiments wegen – mit einem der jungen Männer ausgehen und versuchen wolle, sich zu amüsieren, um sich dann wieder beim Arzt einzufinden und ihm alles darüber zu berichten. Sie willigte erst ein, als sie überzeugt war, daß der Arzt es ehrlich mit ihr meine und nichts Unrechtes dabei finde.

Joyce ging das erstemal als Erwachsene zu einer Verabredung und unterhielt sich ausgezeichnet. Natürlich war sie dabei zuerst etwas nervös, aber im Verlaufe des Abends schwand ihre Spannung. Nach dieser ersten Verabredung hatte sie noch viele weitere, einige mit dem gleichen jungen Mann und einige mit anderen. Manche Zusammenkünfte waren angenehmer als andere, aber durch diese Erfahrungen war Joyce in der Lage herauszufinden, was sie wollte und was ihr am meisten Spaß bei ihren Beziehungen zu Männern machte. Heute ist Joyce glücklich verheiratet, und obwohl sie nicht völlig frei von Angst ist, hat sie doch gelernt, daß es eine Möglichkeit gibt, mit der Angst fertigzuwerden. Und sie ist imstande, jederzeit von dieser Möglichkeit Gebrauch zu machen.

Natürlich war viel mehr an diesen zwei Fällen, die hier erwähnt worden sind. Hervorgehoben wurde die Bedeutung, einschlägige Maßnahmen zu ergreifen, um einem unbestreitbaren Bedürfnis der Betroffenen zu entsprechen. Es gibt viele andere Aspekte der Angst, die erwogen werden müssen, wie die Furcht vor Mißerfolg, Scham und Schuld. Aber was wäre besser, als den Angriff auf die Feinde zu beginnen, als Schritte, um sie aus ihren Schlupfwinkeln zu vertreiben, damit wir sie sehen können, so wie sie sind? Kann die Furcht vor Mißerfolg wirkungsvoller bekämpft werden als durch eine erfolgreiche Maßnahme? Und wird die Scham nicht nur zu einem bloßen Wort, wenn man sie mit dem Ergebnis von Maßnahmen vergleicht, die Gesundheit, Wohlbefinden und Leben hervorbringen? Und wird die Schuld nicht wie ein Schreckmittel zur Einschüchterung von Kindern werden, wenn wir ein vom Verhalten und den Funktionen eines Erwachsenen bestimmtes Auftreten zeigen?

Die Erforschung des Menschen und seiner Geschichte hat uns zur folgenden Schlußfolgerung gebracht: Es scheint, als ob wir Dinge tun, weil ein wirkliches Bedürfnis dafür besteht, und dann untersuchen wir den Erfolg und die Methode, durch die er erzielt wurde. Wenn wir aber die jedem Bedürfnis folgende notwendige Aktivität aus den Augen verlieren und versuchen, in handlungsloser Kontemplation zu verharren, schaffen wir die Grundlage dafür, daß wir Opfer von Prozessen werden, die vonstatten gehen müssen, ob wir sie nun mit unserem Verstand anerkennen oder nicht. Das Ergebnis eines solchen Versuchs führt zur Angst, zu der Weigerung, das Bedürfnis nach beständiger Aktivität und der Ausübung seiner naturgegebenen Funktionen anzuerkennen.

Die Angst versucht, die geistige Funktion allein zu nutzen, um die Probleme zu lösen, die aus körperlichen Bedürfnissen entstehen. Das ist unmöglich. Der Körper braucht mehr als „Gedanken", um sich zu nähren, und der Geist braucht mehr als die abstrakte geistige Funktion, um sich gesund zu erhalten. Es kann keine Trennung geben, wie sehr wir auch versuchen mögen, sie herbeizuführen. Die Angst kann schließlich nur eines zustande bringen: sowohl den Geist als auch den Körper zu zerrütten.

Der Mensch lernte Kleider für sich zu machen, weil er fror, sich Nahrung zu beschaffen, weil er hungrig war, mit seinen Feinden fertigzuwerden, weil er weiterleben wollte. Zuerst war das Bedürfnis da und dann die Tat und die Anpassung, um das Überleben besser zu ermöglichen.

Welchen Weg sollen wir wählen? Sollen wir uns für die vom Bedürfnis veranlaßte Tat, unterstützt von der Geschichte des erfolgreichen Denkens, entscheiden? Oder soll es nur das „Denken" im Rahmen der Furcht sein, ohne Tat, die entscheidet, ob das Denken richtig ist oder nicht? Jeder kann am besten beurteilen, ob er verängstigt und bekümmert und voller nervöser Spannung ist. Man kann es genau sagen, weil man dann weniger aktiv und zielsicher ist und alles viel schwerer hat. Man weiß, ob man auf jedermann zornig ist, obwohl man sich fürchtet, es zu zeigen. Man kann fühlen, ob man sich vor allem fürchtet, und man ahnt, daß es schlimmer werden wird. Man kennt die Symptome. Wir alle kennen die Symptome. Die einzige Antwort auf diesen Zustand ist die Tat. Nicht bloß irgendeine Tat, sondern eine, die sich auf das bezieht, was einen bekümmert. Wenn Sie bei einer Krankheit wie dieser den Arzt aufsuchen, können nur Sie selbst ihm helfen. Wenn es zur letzten Analyse der Angst kommt, SIND SIE DER ARZT!

Kapitel 5

Der sexuelle Aspekt

Warum Impotenz? · Warum Frigidität? · Warum Homosexualität? · Sexualleben ohne Angst

Wir wollen unsere Erörterung der Sexualität unter der Voraussetzung beginnen, daß sie etwas Wirkliches und Wichtiges ist, und daß das Leben ohne sie nicht weitergehen würde.

Weiter wollen wir zu verstehen versuchen, daß unser Wissen über die Sexualität vieles enthält, das *nichts* damit zu tun hat. Mit unserer heutigen Lebensart haben wir dem Ausdruck der Sexualität sehr viele moralische Konzeptionen aufgezwungen und damit eine bezeichnende Verwechslung zwischen der Sexualität selbst und unserem Begriff davon begründet. Um einen Vergleich zu ziehen, könnten wir sagen, daß wir eine Sexualität genannte Eigenschaft besitzen sowie ein Bild davon, wie diese Eigenschaft sein „sollte“ – und so entsteht die Verwechslung von Wirklichkeit und Vorstellung.

Wir sollten bedenken, daß Sexualität eine machtvolle, reale Kraft ist, eine Kraft, die das Menschengeschlecht am Leben erhält und uns einen Grund zum Leben gibt. Dieser Kraft aufgezwungen sind Ideen – Ideen, die wohl die Richtung dieser Kraft ändern, sie selbst aber nicht zerstören können. Unberührt davon, welche ihrer Ausdrucksformen erlaubt oder verpönt sind, bleibt die Kraft weiterhin, was sie ist.

Auch können wir erkennen, daß eine Kraft, die so wirklich und machtvoll wie die der Sexualität ist, viele Formen annehmen und als Teil vieler anderer Lebensäußerungen auftreten kann. Welche Form unsere sexuelle Kraft – oder Lebenskraft – auch annimmt, sie ist dennoch vorhanden: machtvoll und lustvoll.

Wir möchten das Wort *lustvoll* hervorheben. Wir spüren, daß jede Lebensäußerung, die so eng mit der Lebenserschaffung an sich verbunden ist, ein Element der Lust enthalten muß. Die Verleugnung der Lebensfreuden ist eine absurde Verdrehung der Tatsachen.

Der berühmte griechische Philosoph Aristoteles drückte es so aus: „Und was immer sich in Übereinstimmung mit der Natur befindet, ist lustvoll, und alle Geschöpfe folgen der Lust in Übereinstimmung mit ihrer Natur."

Der Grund für unsere Hervorhebung der Lebenslust und der Freuden am sexuellen Teil des Lebens ist das offenkundige Bestehen von Irrtümern darüber. Sehr viele Leute scheinen den gegenteiligen Standpunkt einzunehmen. Sie sagen, das ganze Leben bestehe aus Sorgen und Arbeit, und die Lebensäußerung durch sexuelle Lust sei von Übel.

Und doch stellen wir fest, daß sie zwar *sagen*, Sexualität sei von Übel, daß sie jedoch nicht so *handeln*, als ob es dies wäre. Die Leute, die behaupten, Sexualität sei widerlich, suchen dennoch sexuelles Vergnügen; ihre Suche ist folgerichtig, auch wenn sie heimlich oder verstellt vor sich geht.

Wir haben beobachtet, daß sich die Menschen besser zu fühlen beginnen und glücklicher werden können, wenn sie sich den sexuellen Aspekten ihres Verhaltens realistischer zuwenden. Wir wollen versuchen, diese Haltung in diesem Buch einzunehmen – Sexualität als natürliche Funktion anstatt als moralisches Problem zu betrachten. Schließlich befaßt sich der Arzt mit Gesundheit und Glück, nicht mit Moral; moralische Probleme scheinen die Sache anderer Gruppen zu sein, die ihre eigenen, besonderen Ziele verfolgen.

Wenn eine realistische, natürliche Haltung gegenüber der Sexualität nicht besteht, sehen wir Verwirrung. Die Folge der Verwirrung ist die Furcht. Statt lustvoll zu sein, wird die Sexualität furchtbar und schrecklich.

Die Furcht vor der Sexualität oder einigen ihrer Aspekte scheint jeder sexuellen Störung zugrunde zu liegen. Infolge ihrer Furcht behindern manche Leute den Ausdruck ihrer Sexualität, hemmen ihre sexuellen Reaktionen und leiten ihre sexuellen Ausdrucksmöglichkeiten in Kanäle, die ungesund sind und unglücklich machen. Selbst diese Ablenkungen sind nicht zielführend – die Furcht bleibt dominierend.

Warum Impotenz?

Bemerkenswerterweise ist der impotente Mann ein furchtsamer Mann. Er fürchtet sich vor der Sexualität; er betrachtet die Sexualität als Übel. Die Folge seiner Furcht ist, daß er unfähig wird, sexuelle Beziehungen zu haben.

Er hegt auch andere Befürchtungen. Er hat Furcht vor sich selbst; er fühlt sich minderwertig; er fühlt, daß er schlecht ist; er fühlt, daß er der Freuden der Sexualität unwürdig ist. Er fürchtet sich sogar, impotent zu sein, und wird folglich noch impotenter. Wir sollten erwähnen, daß es auch andere Ursachen der Impotenz als die Furcht gibt. Hin und wieder begegnen wir jemandem, der infolge einer Verletzung oder angeborenen Fehlens der Geschlechtsteile unfähig ist, Verkehr zu haben. Diese Fälle sind jedoch ziemlich selten; die meisten impotenten Männer sind physisch normal. Nur ihre sexuelle Funktion ist nicht so, wie sie sein könnte.

Die Ergebnisse der Psychotherapie bestätigen es: In den meisten Fällen wurde die Wiedererlangung der Fähigkeit zur Ausübung des Geschlechtsaktes bewirkt, wenn die Furcht vor dem „Übel" und der Minderwertigkeit im Lichte des *gegenwärtig spürbaren Erregungsfaktors* überprüft und neu bewertet wurde.

Somit sieht der impotente Mann um nichts anders aus als jeder andere. Notwendigerweise sieht er weder furchtsam noch zu klein oder zu schwach aus; es ist wahrscheinlicher, daß er in der Öffentlichkeit gerade entgegengesetzt in Erscheinung tritt. Er kann durchaus gesprächig, aktiv und phantasievoll sein; er kann reden, als ob er sexuell äußerst aktiv wäre, und wird, falls dazu ermutigt, mit seinen sexuellen Eroberungen einigermaßen prahlen.

Es ist jedoch nicht beabsichtigt, in diesem Abschnitt zu zeigen, wie man den impotenten Mann erkennen kann. Vielmehr soll versucht werden zu helfen, uns selbst besser zu verstehen und mehr für uns zu tun. Wir alle scheinen ein wenig unter dieser oder jener Furcht zu leiden, und wenn wir imstande sind, die Ähnlichkeit zwischen uns und anderen zu erkennen, besteht weniger Gefahr, etwas Unmögliches erreichen zu wollen.

Ein Teil des innersten Kerns der Impotenz ist eine unmögliche, unrealistische Vorstellung vom Geschlechtsakt. Der impotente Mann hat seine Vorstellung von der Sexualität – und er reagiert auf diese Vorstellung mehr als auf seine tatsächlichen Empfindungen. Er erwartet, daß die Sexualität seinen eigenen Vorstellungen entspricht; aber er leitete seine Vorstellungen nicht aus seinen eigenen Erfahrungen ab. Statt dessen entstanden seine Vorstellungen mehr aus dem, was ihm beigebracht, was ihm erzählt worden war – nicht aus seinen eigenen Empfindungen. Seine Vorstellungen vom Geschlechtsakt lassen diesen so herrlich, so wunderbar erscheinen und gleichzeitig auch wieder so schlimm, daß er sich selbst fragt: Wie kann ich Armer, Unwürdiger diesen so überaus herrlichen Akt vollziehen?

Wenn sich Gelegenheit für Geschlechtsverkehr bietet, dann ist der „Arme, Unwürdige" unfähig, auf alle jene verschiedenen Weisen vorzugehen, die er sich vorstellt. Wer könnte es? Er hat eine so übertriebene Vorstellung, wie Sexualität sein „sollte" – er „sollte" einen 30-Zentimeter-Penis haben, er „sollte" zwanzig Orgasmen haben können, er „sollte" wie eine Kombination aller Filmhelden aussehen. Das ist natürlich unmöglich – und daher ist der Mann verwirrt und gelähmt.

Eine weitere Verwirrung besteht zwischen seinen Vorstellungen von brutaler Männlichkeit und seinen eigenen zärtlichen Gefühlen, zwischen seiner Konzeption von der Frau als einer Göttin und einer Hure. Es bestehen Konflikt, Verwirrung und Angst. Und doch wird er von dem Bedürfnis getrieben, den Geschlechtsakt zu erleben. Was kann er tun?

Als typisches Beispiel der Impotenz schildern wir Walters Fall. Walter war ein siebenunddreißig Jahre alter Mann, der von jeher unter Impotenz gelitten hatte. Er hatte es mit den gewöhnlichen medizinischen Kuren, die Einnahme eines Präparats männlicher Geschlechtshormone und Leistenmassage eingeschlossen, versucht. Auch hatte er solche Mittel ausprobiert, von denen angenommen wird, daß sie den Geschlechtstrieb anregen. Doch alles hatte nichts genützt.

Auf den ersten Blick würde man niemals vermutet haben, daß Walter an diesem Gebrechen litt. Er war eine ausgesprochen männliche Erscheinung, hatte dichten Bartwuchs und eine tiefe Stimme sowie einen athletischen Körperbau.

Er fand es nicht sehr angenehm, zum Psychosomatiker zu gehen, aber er tat es, als seine Frau, die er einen Monat zuvor geheiratet hatte, wegen seiner Impotenz mit der Ehescheidung drohte. Er meinte, daß die Behandlung durch einen Arzt, der sich mit geistigen und seelischen Erkrankungen befaßt, ein Zeichen sei, daß er „neurotisch“ oder „verrückt“ wäre, und während des größeren Teils der ersten Behandlung verhielt er sich sehr defensiv.

Walters Eltern waren „feine, angesehene, kirchlich gesinnte Leute“, und während er heranwuchs, betonten sie, wie wichtig es sei, „fein“ und „angesehen“ zu sein und „in die Kirche zu gehen“, und sie erwarteten von ihm dasselbe. Sie bestanden darauf, daß Walter in der Schule gute Noten erhielt. War das nicht der Fall, wurde er bestraft; aber wenn er sie bekam, wurde er nicht gelobt.

Sexualität war in seiner Familie ein verbotenes Gesprächsthema; Leute, die irgend etwas mit Sexualität zu tun hatten, wurden als „schmutzig, schlecht, verrucht und degeneriert“ verurteilt. Selbst der Austausch kleiner Zärtlichkeiten zwischen den Familienmitgliedern wurde mißbilligt. Walter sah niemals irgendwelche Liebeserweise seiner Eltern füreinander, und nie wurde er als Junge von ihnen geküßt oder umarmt.

Als Walter älter wurde, versuchte er einige Male gegen die strenge Disziplin aufzumucken, die sein Familienleben vergiftete, aber jedesmal wurde er bestraft. Die Bestrafung bestand gewöhnlich darin, daß er in sein Zimmer verwiesen oder ihm einige seiner wenigen Privilegien entzogen wurden, obwohl er gelegentlich auch eine „gesunde, tüchtige Tracht Prügel“ bekam.

Sexuell hatte er sich ziemlich langsam entwickelt. Bis zu seinem achtzehnten Lebensjahr, als er ins College kam, hatte er keine anderen sexuellen Erlebnisse gehabt als einige heimliche Masturbationsversuche. Die einzige weitere sexuelle Betätigung während seiner Collegejahre waren heimliche Blicke in Schlafzimmerfenster gewesen, wobei er hoffte, eine Frau beim Auskleiden beobachten zu können. Einige Male wäre er bei seinen Beobachtungen beinahe erwischt worden; obwohl er nur mit knapper Not entkommen war, ließ er aber nicht davon ab.

Nach seiner Promotion im College nahm er das Zusammenleben mit seinen Eltern wieder auf. Sie hielten daran fest, ihn weiter wie einen kleinen Jungen und nicht wie einen Mann zu behandeln, und nach einem Jahr grollend ertragener Hoffnungslosigkeit zog er in eine eigene Wohnung. Seine Eltern beanstandeten es heftig, aber Walter ignorierte ihre Einwände.

Seine neue Freiheit und Unabhängigkeit ließ ihn nach sexuellen Erlebnissen mit einer Frau verlangen. Sein Trieb in dieser Richtung war so stark, daß er fast zur Besessenheit wurde. Er entdeckte jedoch bald, daß das Ziel unerreichbar war, denn jedesmal, wenn er eine bereitwillige Partnerin fand, machte ihm seine Unfähigkeit, eine Erektion zu erzielen, einen Strich durch die Rechnung.

Er las zahlreiche Bücher über sexuelle Abartigkeiten und wurde auf diesem Gebiet eine Art Sachverständiger. Auch legte er sich eine Sammlung von Büchern zu, die die pornographischen Aspekte der Sexualität behandelten, und diese machte ihn, neben seiner echten Gastfreundschaft und seiner Kameradschaftlichkeit, ziemlich beliebt.

Seine Impotenz blieb jedoch bestehen, und aus diesem Grund vermied er die Eheschließung bis zum Alter von siebenunddreißig

Jahren. Dann lernte er ein Mädchen kennen, das gutherzig, intelligent und verständnisvoll war, und er meinte, sie könnten es trotz seiner Mängel mit der Heirat versuchen.

Es waren einige Behandlungen erforderlich, bis der Arzt alle diese Informationen erhalten konnte. Dann beschloß dieser, experimentell vorzugehen. Er vereinbarte die nächste Behandlung zwei Wochen später und wies Walter ausdrücklich an, daß er weiter mit seiner Frau schlafen solle, sie aber unter gar keinen Umständen berühren oder irgendwelche Liebesspiele versuchen dürfe. Der Arzt schärfte Walter ein, diese Anweisungen genau zu befolgen, was jener versprach.

Drei Tage später rief Walter sehr bestürzt den Arzt an. „Herr Doktor, ich weiß nicht, was Sie mit mir machen werden. Ich versuchte, Ihre Anweisungen zu befolgen, aber es gelang mir nicht, mich zurückzuhalten. Vergangene Nacht hatte ich Geschlechtsverkehr mit meiner Frau."

„Irgendein Anzeichen von Impotenz?" fragte der Arzt.

„Ach nein – aber –"

Und das ist Walters Fall, dem es nicht gelang, potent zu sein, bis ihm befohlen wurde, seine Frau nicht zu berühren. Was war vorgegangen, was gestattete ihm, etwas zu tun, wozu er früher nie fähig gewesen war? War es das Bedürfnis, den Anweisungen des Arztes zuwider zu handeln? Oder war es nur ein Zufall?

Es könnte einer dieser Gründe gewesen sein. Oder beide. Wir wollen auch diese Erklärung hinzufügen: Walters eigenen Empfindungen wurde ermöglicht, intensiver zu werden. In den Nächten, in denen er mit seiner Frau im Bett lag und versuchte, sie nicht zu berühren, wurde er sich bewußt, daß er Empfindungen hatte und daß er spüren konnte, wie sie an Stärke zunahmen. Sie wurden so intensiv, daß die sexuelle Auslösung das natürliche Resultat war.

Zuvor war Walter nicht bewußt geworden, daß er diese Empfindungen hatte. Seine Vorstellungen von der Sexualität, seine Angst davor, die Angst vor seiner eigenen Impotenz hatten ihn so beherrscht, daß er nicht so weit kam, die Empfindungen zu spüren, die zur sexuellen Auslösung führen. Die Konzentration seiner Aufmerksamkeit auf die Triebregungen anstatt auf die Begriffe von der Sexualität, die ihm beigebracht worden waren, befähigten ihn, den Geschlechtsakt auszuüben.

Dies ist unsere Erklärung. Wir glauben, daß es eine richtige Erklärung ist, denn in den von uns beobachteten Fällen, in denen ein impotenter Mann bis zu dem Punkt geführt wird, an dem er seine eigenen Empfindungen spüren kann, ist das Ergebnis gewöhnlich die Potenz. Natürlich kann es daneben noch andere Erklärungen geben.

Es ist interessant zu beobachten, wie mancher auf eigene Empfindungen reagiert. Hat der Leser bemerkt, wie manche Leute einem die Hand geben? Da ist der kraftlose, zögernde Händedruck, der zu besagen scheint: „Tu mir nicht weh, denn ich bin so schwach.“ Da ist der kräftig pressende Zugriff, der andeutet, daß der andere einen überwältigt, wenn er es kann. Beide Typen haben wahrscheinlich das wirkliche Gefühl eines Händedrucks nie empfunden. Solche Leute beschäftigen sich wahrscheinlich mehr mit ihren eigenen Ängsten als mit der Kommunikation, die ein Händedruck enthalten kann.

Machen wir einen Berg aus einem Maulwurfshügel? Messen wir einem Händedruck mehr Bedeutung bei, als er verdient? Wir glauben es nicht – und dies ist der Grund: Jede Art menschlichen Kontakts wird ein Gefühl erwecken, und die Nichtbeachtung jeder einzelnen Gefühlsempfindung, selbst einer so einfachen wie der eines Händedrucks, führt zu der Tendenz, andere Gefühlsempfindungen unbeachtet zu lassen. Schon im Bereich des gewöhnlichsten physischen Kontakts beginnt die Verwirrung. Man denke zum Beispiel an das Kind, das seine Eltern gern küßt und umarmt. Es stillt sein Bedürfnis für Kontaktempfindungen. Wenn man ihm sagt, es solle sich nicht so auffällig verhalten, das sei „nicht nett“, ergibt sich eine Verwechslung zwischen seinen eigenen Empfindungen und dem, was seine Eltern von seinem Betragen halten. Ein Kind, das so behandelt wird, kann unter dem Zwang aufwachsen, jede Berührung zu vermeiden, da diese mit „Laß das – das ist nicht nett" identifiziert wird.

Oder da ist das Kind, das gern in seinem warmen Bad spielt. Es erfreut sich an dem angenehmen Gefühl des Kontakts mit dem warmen Wasser. Aber welche Verwirrung tritt ein, wenn ein übereifriger Erwachsener sagt: „Beeile dich – vergeude doch nicht soviel Zeit – wasch dein Ding, aber spiele nicht daran herum!" Für das Kind ist es sehr leicht, dies so auszulegen, daß es schlecht sei, sich beim Baden zu freuen.

Wenn die Freuden des Kußkontakts nicht „nett" sind, wenn die Freude am Bad „schlecht" ist, liegt es nur allzu nahe, die Gleichung aufzustellen, daß alle persönlichen Freuden vermieden werden müssen. Was bleibt dann übrig?

Im Geist eines Kindes gibt es nur eine einzige Möglichkeit, das Richtige zu tun – es sind jene Dinge, die ihm als richtig bezeichnet werden. Und welche sind dies? Allzu viele Leute meinen, die richtigen Dinge seien jene, von denen einen niemand abhalten wird, sie zu tun. Wenn man etwas tut und niemand versucht, einen daran zu hindern, dann ist es richtig. Wenn es nicht richtig ist, dann ist irgendein Verbot damit verbunden.

Nach dieser Definition ist es richtig, krank oder unglücklich zu sein, Kontakte einzuschränken, persönliches Vergnügen zu vermeiden. Hört sich das nicht absurd an? Man sollte darüber nachdenken. Die Dinge, die uns erlaubt sind zu tun oder die zu tun wir aufgefordert werden, scheinen häufig unangenehm zu sein. Die Dinge, die uns nicht erlaubt sind zu tun, scheinen erfreulich zu sein.

Anders ausgedrückt gibt es in unserer Zivilisation eine Tendenz, Handlungen entweder als verboten oder obligatorisch zu klassifizieren. Wenn eine Sache richtig ist, dann ist sie obligatorisch; wenn sie unrichtig ist, dann ist es obligatorisch, sie zu vermeiden. Und immer, wenn ein Zwang besteht, ist auch die Aussicht vorhanden, daß sich ein psychosomatisches Leiden wie die Impotenz entwickelt.

Was können wir dagegen tun? Sind wir gezwungen zu seufzen und zu sagen: „Nun, so ist es eben, und ich glaube, es ist am besten, sich damit abzufinden!"? Wir glauben nicht, daß dies notwendig ist. Es kann etwas unternommen werden, eine Maßnahme, die uns helfen kann, diesen Fehler zu berichtigen.

Wir können wieder ganz von vorn beginnen zu erlernen, wie wahrhaft wunderbar es ist, Gefühle zu empfinden – und sie als gut, nicht als schlecht zu bestimmen. An der einfachen Handlung, ein Stück Stoff zwischen den Fingern zu spüren, kann man sich wegen des dadurch vermittelten Gefühls erfreuen. Man kann sich an dem mit dem Geschmack des Essens verbundenen Reiz erfreuen. Wir können entdecken, daß Nahrung mehr sein kann als der bloße Betriebsstoff für unseren Körper. Die mit dem Kauen unserer Nahrung verbundene Empfindung bedeutet eine Freude, die wir eingebüßt haben mögen, weil wir ihr nicht genügend Aufmerksamkeit widmeten, die aber wieder entdeckt werden kann. Wir können uns an der Wiederentdeckung unserer eigenen Empfindungen freuen.

Was ist unrecht an der Freude? Verletzt sie je jemanden? Wohl können wir manche Dinge übertreiben; aber wir haben beobachtet, daß sie nur übertrieben werden, wenn auf anderen Gebieten der Freude oder der Empfindung der Ausdruck verwehrt wird. Es ist möglich, gemäßigt und gelassen zu sein, wenn wir nicht länger von Zwängen beherrscht werden.

Der impotente Mann steht unter einem Zwang. Er kann ihn überwinden, wenn er lernt, wie er sich an seinen Empfindungen erfreuen kann. Man kann sicher sein, daß er die Fähigkeit zur Freude besitzt – wir alle besitzen sie. Wenn er sich an der Berührung der Hand erfreut, wird es zur Berührung der Lippen führen, die zur zärtlichen Umarmung führt, die sich mit der Freude an den Gerüchen vermischt, was zur leidenschaftlicheren Umarmung führt – und so fort.

Man erinnere sich, daß wir nicht die Vorstellungen von irgend etwas erörtern, sondern die *wirklichen Empfindungen.* Seit Jahrmillionen haben Empfindungen die Menschen belehrt und sie werden es weiter tun, lange nachdem die Verwirrungen unserer Zeit zu mikroskopischen Schrammen auf den Tafeln der Geschichte geworden sind.

Bevor wir diesen Abschnitt beenden, möchten wir eine weitere Beobachtung weitergeben: die Gegenseitigkeit der Lust. Sie ist wunderbar für die Erfahrung – und sie stellt sich ein, wenn man der Empfindung seiner Sinneswahrnehmungen gewachsen ist und an sie glaubt. Ohne diese Fähigkeit kommt die negative Form der Gegenseitigkeit zum Vorschein: die der Abwehr und des Mißtrauens.

Haben Sie jemals, wenn Sie mit jemand zusammen sind, den Sie mögen, bemerkt, wie Sie beginnen, sich gut und aufgeräumt und glücklich zu fühlen und wie dieses Gefühl sich ausbreitet und auch Ihren Partner erfaßt? Haben Sie auch bemerkt, wenn Sie mit der gleichen Person zusammen sind und eine Situation entsteht, die Sie an Ihren Gefühlen zweifeln läßt, wie Ihr Partner dies spüren kann? Ein Erlebnis wie das erste ist freudevoll – das zweite endet mit einer Gefühlstragödie.

Man versuche an sich selbst und an seine Gefühle zu glauben. Man versuche herauszufinden, wie man ist, bevor man sich einredet, besser oder schlechter zu sein.

Wir beenden diesen Abschnitt über den impotenten Mann mit dem Hinweis, daß die Impotenz auch auf andere Weise zum Ausdruck kommen kann: in Sadismus oder Satyriasis.

Unter Sadismus verstehen wir den Zustand, bei dem der sexuelle Genuß des Mannes von dem Ausmaß des Schmerzes abhängig zu sein scheint, den er seiner Partnerin zufügen kann. Er scheint zu handeln, als ob er Schmerz zufügen *müsse,* um sich selbst zu beweisen, daß er ein Mann ist. Offensichtlich ist dies eine andere Version des zuvor dargestellten Falles, bei dem Impotenz das Ergebnis der Furcht war; der impotente Mann zeigt seine Furcht, indem er auf seine Sexualkraft verzichtet, während der Sadist seine Furcht vor den Frauen zeigt, indem er sich verhält, als ob sie Feinde wären, die bis zur Unterwerfung geprügelt werden müßten.

Mit Satyriasis wird der Zustand des sexuell völlig unersättlichen Mannes bezeichnet – des Mannes, der sich benimmt, als ob er mit jeder Frau Geschlechtsverkehr haben müsse. Auch er fürchtet sich vor der Sexualität; seine Furcht ist von einer Art, die nach dauernder Rückversicherung verlangt. Er versucht, sich seiner eigenen Potenz zu versichern, indem er wiederholt Geschlechtsverkehr hat – aber trotz seiner Mehrleistung bleibt die Furcht.

Bei diesem Zustand ist es wahrscheinlich, daß der Mann sich nicht in Übereinstimmung mit seiner Partnerin befindet, daß er sich der Empfindungen nicht bewußt wird, die ihm durch den Geschlechtsakt zuteil werden. Jedenfalls zeigen uns unsere Beobachtungen, daß seine fixen Ideen verschwinden und sein Kontakt mit Frauen gemäßigter, lustvoller und befriedigender wird, wenn er sich seiner eigenen Gefühle bewußt wird.

Warum Frigidität?

Frigidität, der Zustand einer der sexuellen Hingabe unfähigen Frau, äußert sich unterschiedlich. Alle die vielfältigen Formen weiblicher Gefühlskälte haben jedoch einen gemeinsamen Faktor: die Furcht vor Männern.

Die frigide Frau erkennt selten, daß sie an solcher Furcht leidet. Wenn man ihr sagt, sie fürchte sich vor Männern, antwortet sie wie jene Patientin: „Vor nichts anderem als einem Mann sich fürchten? Das ist lächerlich! Sie sind doch wie Kinder – dumm und gefühllos. Der Mann müßte mir noch begegnen, den ich nicht mit seinen eigenen Waffen schlagen könnte."

Manche frigide Frauen sagen, sie haßten Sexualität; manche sagen, sie fänden sie zwar irgendwie angenehm, hätten aber nie einen Orgasmus; andere frigide Frauen sagen, Sex sei wunderbar, und sie könnten nie genug davon bekommen.

Es mag sonderbar erscheinen, alle diese drei verschiedenen Typen übereinstimmend als „frigid" zu bezeichnen – aber dieser scheinbare Widerspruch klärt sich auf, wenn wir sagen, daß eine frigide Frau eine Frau ist, die sich fürchtet.

In einem Buche wie diesem, in dem nur ein Kapitel der sexuellen Seite der Angst gewidmet ist, würde es unmöglich sein, alle Einzelheiten und Verflechtungen der Frigidität zu behandeln. Wir glauben, daß wir ein besseres Verständnis des Problems vermitteln, wenn wir, anstatt lang zu theoretisieren, einige Fälle schildern.

Wir wollen zwei Typen der Frigidität behandeln. Den ersten repräsentiert jene Frau, die sich nichts aus Geschlechtsverkehr machte, obwohl sie verheiratet und Mutter von zwei Kindern war; der zweite Fall ist der einer Frau, die nach Männern jagte, um mit ihnen beisammen zu sein, die aber dennoch keine Befriedigung fand.

Anne war eine attraktive Frau, Mitte Dreißig. Äußerlich schien sie eine jener Glücklichen zu sein, die alles haben. Ihr Gatte war gut aussehend, erfolgreich und liebte sie; sie hatte zwei prachtvolle Söhne; ihr Haus war gemütlich und schön, und sie hatte keine wirtschaftlichen Sorgen.

Es schien, als ob Anne alles hätte, was eine Frau glücklich machen kann; aber hinter ihrem konventionell-glücklichen Äußeren verbarg sich eine versorgte, verängstigte und verbitterte Frau. Sie haßte ihren Gatten, grollte ihren zwei Jungen und spürte, daß sie weder wie eine Gattin noch wie eine Mutter fühlte. Sie wünschte, nicht verheiratet zu sein, und dennoch wollte sie keine Ehescheidung. Sie drückte das so aus: „Ich mache eben weiter Tag für Tag. Meiner Familie mache ich das Leben zur Hölle. Sie wäre besser daran, wenn ich tot wäre."

Der Hauptgrund, warum sie den Arzt aufsuchte, war, daß sie davon phantasiert hatte, ihren Gatten oder ihre Söhne oder alle drei zu töten. Es begann mit Tagträumen, dann stellte sie plötzlich fest, daß sie Visionen von sich selbst als Mörderin hatte; diese wiederkehrenden Zwangsvorstellungen bedrückten sie, und sie suchte Hilfe.

Dies alles stellte sich bei ihrem ersten Besuch heraus. Als der Arzt Annes Einstellung zu Männern im allgemeinen etwas näher erforschte, entdeckte er bald, daß sie noch nie einen Orgasmus erlebt hatte.

„Ich glaube, ich weiß, was ein ‚Orgasmus' bedeutet – ich habe die anderen Frauen darüber reden hören –, aber ich habe noch nie so etwas erlebt."

Sie sagte, es hätte einige Gelegenheiten gegeben, bei denen sie sexuelle Beziehungen zu anderen Männern als ihrem Gatten aufzunehmen versucht hätte; aber auch dies seien Enttäuschungen gewesen. Es habe keinen Unterschied zwischen einer Affäre mit diesem oder jenem Mann gegeben. Bei jeder dieser außerehelichen Beziehungen habe sie befürchtet, daß sie den Mann nicht wirklich befriedigen könne.

Sie gab sich keine Mühe zu versuchen, ihren Gatten zu befriedigen. „Ich brauche das nicht – er ist so an seinem eigenen Vergnügen interessiert, daß alles vorbei ist, bevor ich auch nur die geringste Chance hätte, warm zu werden. Er kann mich natürlich nehmen, aber ich bin immer froh, wenn es vorbei ist."

Bei der Erörterung ihrer frühen sexuellen Erlebnisse erzählte Anne, daß sie im Alter von zehn Jahren erstmals begonnen habe zu masturbieren. Kurz danach wurde sie von ihrer Mutter dabei erwischt und mit Schlägen bestraft. Darauf folgte eine Aussprache unter vier Augen über die Gefahren der Sexualität, die Undankbarkeit der Männer und die Schrecken, die jedes Mädchen erwarteten, das am Umgang mit Männern Freude empfinde. Seit dieser Zeit, so sagte sie, habe sie jedesmal, wenn sie masturbierte, unter dem Zwang gestanden aufzuhören, bevor der Höhepunkt erreicht war, wegen einer eigentümlichen Furcht vor Entdeckung und schrecklicher Bestrafung.

Anne erzählte dem Arzt auch von ihren zwei älteren Brüdern. Während ihrer ganzen Kindheit sei sie von ihnen gehänselt und gequält und belästigt worden. Doch immer, wenn sie sich darüber bei ihrer Mutter beschwerte, sei sie ausgescholten worden, weil sie diese Unstimmigkeiten provoziert habe. Auch ihr Vater habe die Jungen vorgezogen. Für die hätte es Ausflüge zum Angeln und Zelten gegeben, aber sie selbst sei nie dazu eingeladen worden – solche Dinge seien nichts für Mädchen.

„Ich haßte sie – sie hatten alle Vergnügen, und ich hatte überhaupt keine."

Nach Annes Eheschließung im Alter von neunzehn Jahren verlor sich dieses Gefühl gegenüber ihren Brüdern; sie sah sie oft und freute sich sogar über ihre Gesellschaft.

Ihrer Mutter gegenüber fühlte sich Anne sehr entfremdet; sie betrachtete sie als eine kalte, haßerfüllte Frau; aber dennoch war sie von ihr abhängig und wünschte, ihr zu gefallen. Jedesmal, wenn ihre Mutter mit dem, was sie tat oder beabsichtigte, nicht einverstanden war, fühlte sich Anne sehr beunruhigt und gab ihrer Mutter nach, um dieses Unruhegefühl loszuwerden.

Annes Vater war kurz nach ihrer Verheiratung gestorben; sie sagte, daß sie sich bei seinem Tod eher befreit als traurig gefühlt habe. Sie konnte sich nicht erinnern, ihn jemals geliebt zu haben. Als Kind hatte sie ihn sogar gehaßt, weil er sie beiseiteschob und ihre Brüder bevorzugte.

Als Anne über das Verhältnis zu ihrem Vater und ihren Brüdern sprach, begann sie bestimmte Ähnlichkeiten zwischen diesen und ihrem Gatten zu erkennen. Sie alle waren älter als sie; sie alle hielten sie davon ab, gewisse Dinge zu tun, die sie gern getan hätte, und veranlaßten sie, das zu tun, was sie nicht mochte. Sie hatten Interessen, von denen sie ausgeschlossen war; sie fügten ihr Schmerz zu. Es war nicht gerecht!

Bei der Erörterung ihrer gegenwärtigen Schwierigkeiten sagte Anne, daß sie immer dem sexuellen Verlangen ihres Gatten nachgebe, was durchschnittlich wöchentlich etwa dreimal der Fall sei. „Trotzdem ist er niemals befriedigt – einmal schlug er mich und sagte, ich sei wie ein Brett, aber nicht wie eine Frau." Worauf sie in Tränen ausbrach und schluchzte: „Was wollen die Männer von mir? Was kann ich tun?"

Glücklicherweise konnte dieser Frau mit Psychotherapie geholfen werden. Von Beginn ihrer Behandlung an trat eine fortschreitende Besserung ein. Nach drei Monaten begann der Druck von ihr in einem Maße zu weichen, daß ihre Gefühle gegenüber ihrem Gatten die einer normalen Frau wurden. Der Geschlechtsakt war nicht mehr eine Bedrohung – statt dessen wurde er zu einem Vergnügen. Es war ein gutes Gefühl teilzunehmen, zu empfinden, ein echter Ehepartner zu sein, anstatt ein einsames, wohl körperlich anwesendes, aber nicht teilnehmendes Individuum.

Sie entdeckte auch, daß sie in der Lage war, nicht mit ihrem Gatten übereinzustimmen, ohne daß die Meinungsverschiedenheit alles beherrschen mußte, ohne daß sie es als notwendig empfand, ihn wegen einer Meinungsverschiedenheit zu hassen. Auch war es ihr möglich, mit ihm einer Meinung zu sein, ohne die Notwendigkeit, ihn wie einen Gott oder den wunderbarsten Menschen auf der Welt zu betrachten.

Der Haß wandelte sich zum Verständnis. Sie begann ihn als einen Menschen wie sie selbst zu sehen, der Mängel ebenso wie Vorzüge hatte. Sie konnte ihre Kinder realistischer betrachten: Sie konnte wegen gewisser Dinge, die sie taten, zornig auf sie werden, ohne sich schuldig zu fühlen, keine gute Mutter zu sein. Sie wurden zum wirklichen Teil ihres Lebens, nicht zur Bedrohung, und es gelang ihr, aus sich herauszugehen und ihnen die notwendige, warme, weibliche Liebe zu geben, die jede Mutter zu vergeben hat.

Woher kam dies? Was an der Therapie befähigte sie zu diesen Veränderungen? Einmal war es leichter für sie zu sehen, weshalb sie sich vor den Männern fürchtete, als es ihr gelang zu erkennen, daß sie es tat. In ihrer Kindheit hatten Männer sie daran „gehindert“, das zu bekommen, was sie brauchte. Die Wärme, die sie von ihrer Mutter brauchte, wurde von ihrem Vater „genommen“. Sie war vernachlässigt und ihre Brüder waren bevorzugt worden. Das Recht zur Erfahrung und zum Ausdruck ihrer eigenen Empfindungen war ihr bestritten worden.

Um weiterleben zu können, hatte sie daher ihre eigenen Empfindungen verschmäht und verleugnet. Aber dies ist eine Unmöglichkeit, denn Empfindungen können nicht verleugnet, sie können nur unterdrückt oder verändert werden.

Sie hatte ihre Gefühle zum Männerhaß verwandelt. Furcht begleitet den Haß, und daher hatte sie sich gefürchtet. Jedesmal, wenn sie Kontakt mit Männern hatte, drohten Furcht und Haß in einem Ausmaß, daß sie ihre anderen Empfindungen nicht wahrnehmen konnte.

Als sie dies alles zu erkennen begann, betrachtete sie ihren Gatten unter einem neuen Aspekt. Sie sah ihn als Mann – nicht als ihren Vater, nicht als ihre Brüder, nicht als die Drohung, mit der ihre Mutter sie erschreckt hatte – sie sah in ihm *ihren* Mann, mit dem zu schlafen sie erregte, und einen guten Kameraden, mit dem zu leben sie befriedigte.

Das war Annes Fall – der einer Frau, die Sexualität zu verachten schien. Hier ist ein weiterer – der einer Frau, der Sexualität gleichfalls verhaßt war, die aber ihren Haß hinter einem übersteigerten Sexualleben verbarg.

Als Sally zur psychotherapeutischen Behandlung kam, war sie ein flachbrüstiges Mädchen Ende Zwanzig mit Untergewicht. Ihre Haut war unrein, und sie befand sich in einem Spannungszustand, der den Arzt an eine Rauschgiftsüchtige erinnerte, die eine „Spritze“ brauchte. Sie sah den Arzt nicht an, sondern ließ ihren Blick im Zimmer umherwandern. Sie schien unfähig zu sein, bei einem Gesprächsthema zu bleiben – und doch war sie von hoher Intelligenz.

Sie brachte ihre Geschichte in einer sonderbaren Mischung von Abwehr und Entschuldigung vor. Sie sagte, sie stehe dicht vor dem Selbstmord. Und warum?

„Sie werden sicher denken, daß ich entsetzlich bin“, antwortete sie, „aber das einzige Vergnügen im Leben, das ich kenne, ist der Geschlechtsverkehr, und – ganz offen – es wird immer schwerer und schwerer für mich, Männer zu finden.“

Sie berichtete von ihrer Suche nach Partnern und wie es immer toller und weniger befriedigend geworden sei. Sie deutete an, daß sie sogar versucht habe, Betrunkene aus Kneipen mitzulocken – aber mit denen sei nicht viel los. Sie habe es selbst mit Frauen versucht, aber die hätten sie auch nicht befriedigt; denen fehle die Kraft, die ihr zu ihrem Vergnügen notwendig erschien.

Weitere geschickte Fragen in dieser Richtung erbrachten die Information, daß Sallys Sexualleben recht lebhaft gewesen war. Es hatte mit neun Jahren begonnen, als ihr Vater in der Trunkenheit versucht hatte, sie zu vergewaltigen. Ihre Mutter war rechtzeitig auf der Szene erschienen, um die Notzucht gerade noch zu verhindern, so daß Sally durch dieses Erlebnis mehr erschreckt als verletzt worden war. Sie war von ihrer Mutter beschuldigt worden, ihren Vater „verführt" zu haben. Dies brachte sie wegen der Ungerechtigkeit der Beschuldigung in große Verwirrung. Es machte Sally zornig, als sie von ihrer Mutter weiter gedrängt wurde, für „die Rettung ihrer Seele" und „um Gottes Vergebung" zu beten. Verschiedene Male versuchte sie, sich dem Gebet zu widersetzen. Das führte zu Wutanfällen ihrer Mutter, die sie eine „Ausgeburt der Hölle" nannte und ihr sagte, daß sie für alle Ewigkeit verdammt werden würde. Sallys einzige Verteidigung bestand in der Vortäuschung zu beten, während sie diese Zeit der Sammlung damit verbrachte, sich ausgeklügelte Quälereien für ihre Mutter auszudenken und zu planen, was sie tun würde, sobald sie unabhängig geworden wäre.

Als sie zwölf war, starb ihr Vater an Trunksucht und hinterließ ihrer Mutter den alleinigen Unterhalt der Familie. Die Mutter arbeitete sehr schwer, knauserte und sparte, damit Sally ihre Ausbildung fortsetzen konnte; sie opferte sich auf, um Sally so kleiden zu können, damit sie „so gut wie die anderen Mädchen" aussähe. Es war jedoch kein schweigend für Sally gebrachtes Opfer der Mutter; bei jeder Gelegenheit sagte sie ihr, wieviel sie für sie tue und wie undankbar Sally sei.

Als Sally vierzehn war, hatte sie ihre erste Affäre mit einem

Mann, und seither hatte sie weiterhin mit allen möglichen Männern Geschlechtsverkehr gehabt. Es war nicht immer so befriedigend, daß sie zum Orgasmus gelangte, aber es war aufregend. Sie drückte es so aus: „Das sind meine Erlebnisse, und niemand kann sie mir nehmen. Und außerdem reizt es mich, wenn ich diese Männer veranlasse, das zu tun, was ich wünsche – manchmal sehen sie so dumm aus."

Neben diesem Geschlechtsverkehr masturbierte sie auch – eine Gewohnheit, mit der sie kurz nach der versuchten Vergewaltigung begonnen hatte. Dabei konnte sie immer zum Orgasmus gelangen. Es war nicht ganz so befriedigend, wie einen Mann zu haben; aber schließlich waren ja auch die Männer nicht immer so befriedigend, wie sie sein sollten. Doch nichtsdestoweniger machte es Spaß – besonders wenn sie erschöpft waren und sie immer noch begehrlich.

Sorgfältig vermied sie es, ihre sexuellen Eskapaden mit ihrer Arbeit zu verbinden. Sie hatte eine gute Stellung mit einem ausgezeichneten Gehalt und achtete darauf, sich keinesfalls so zu verhalten, daß ihre Stellung gefährdet werden würde. Nach der Arbeit hatte sie ihren eigenen Bekanntenkreis, in dem sie den Ruf genoß, ein ziemlicher „Feger" zu sein. Sie berichtete dem Arzt stolz von ihrer sexuellen Leistungsfähigkeit – wie sie in einer Nacht fünf verschiedene Männer „fertiggemacht" habe und immer noch „in Form" gewesen sei.

Sie sagte, der Mann, der sie befriedigen könne, sei ihr noch nie begegnet. Wenn sie ihn finden könne, würde alles anders sein.

Wie man sehen kann, war Sallys Fall ziemlich schwierig. Was sie von sich selbst erzählte, war so phantastisch, daß es eine harte Arbeit war, die Spreu vom Weizen zu scheiden. Der Arzt brauchte lange Zeit, um ihr zu helfen, den Unterschied zwischen Tatsachen und Einbildung zu erkennen.

Sally war ein sehr verängstigtes Mädchen. Bei allem, was sie nur immer tat, selbst während des Gesprächs, hielt sie den Atem an und beteiligte sich daran mit so wenig Kontakt wie nur möglich. Es war offensichtlich, daß sie sich auch beim Geschlechtsverkehr genauso verhielt. Statt auf die augenblicklichen Empfindungen zu reagieren, dachte sie an andere Männer und andere Gelegenheiten. Anstatt die Wirklichkeit der Gegenwart zu empfinden, reagierte sie auf ihre Erinnerungen an die Vergangenheit und ihre Phantasien von der Zukunft.

Bald wurde es dem Arzt klar, daß Sallys sexuelle Betätigung, anstatt ein lustspendender, lustbereitender gegenseitiger Austausch zu sein, ein Mittel war, um mit den Männern „quitt" zu werden. Scheinbar haßte sie die Männer und wünschte, daß sie sich minderwertig fühlen sollten – und doch bedurfte sie ihrer verzweifelt. Sally brauchte länger, um zu verstehen, daß sie ihren Partnern nicht gestattete, ihr Verlangen zu befriedigen, sondern daß sie ihre eigene Fähigkeit zur Lust aufopferte, um sich zu rächen. Als sie dies schließlich erkannte, bemerkte sie: „Ich mache nur dasselbe, was Mama mit mir machte – ich opfere mich auf und mache anderen deshalb die Hölle heiß."

In ihrem Fall wurde der Wendepunkt erreicht, als sie eine Kurzgeschichte mitbrachte, die sie einige Jahre zuvor geschrieben hatte. Die Hauptperson war ein freundlicher, verständiger Mann, der die Probleme eines verwirrten kleinen Mädchens löste. Die Geschichte war gut und empfindsam geschrieben. Sie stand ganz im Gegensatz zu Sallys gewöhnlichem Verhalten. Als sie der Arzt fragte, weshalb sie einen freundlichen Mann als Hauptperson gewählt habe, brach sie zusammen und schluchzte lange Zeit. Schließlich sagte sie: „Ich habe mir immer gewünscht, einem solchen Mann zu begegnen, aber es gelang mir nie. Mein Vater hätte so sein sollen – aber er war es nicht. Er war grausam und egoistisch, so wie alle Männer. Sie sind alle gleich – ich hasse sie!"

Nach diesem Gefühlsausbruch schien es ihr zu gelingen, sich ihres Hasses und ihrer Furcht gegenüber allen Männern bewußt zu werden und zu erkennen, daß sie sich verhielt, als ob jeder Mann versuchen wolle, sie zu vergewaltigen, so wie ihr Vater dies getan hatte, worauf sie bestraft werden würde, so wie ihre Mutter sie bestraft hatte. Sie interpretierte ihr sexuelles Verhalten als Verteidigung – wenn sie den Mann zuerst „vergewaltigte", dann konnte er sie nicht vergewaltigen, und sie würde nicht bestraft werden.

Diese Darstellung behandelt natürlich nur die Höhepunkte von Sallys Geschichte. Wir lassen die zahlreichen Erforschungen vergangener Situationen, die daneben stattfanden, beiseite; noch erwähnen wir alle Einzelheiten der Reaktivierung von Sallys Sinnen- und Gefühlsleben. Gegenwärtig – fast zwei Jahre nach ihrer ersten Behandlung – gelingt es ihr, Männern zu begegnen ohne den Zwang, deren Gesundheit durch sexuelle Erschöpfung zu zerrütten. Sie hat zahlreiche Verabredungen gehabt, bei denen es ihr gelang, sich zu entscheiden, *keinen* Geschlechtsverkehr zu haben, wozu sie früher nie fähig gewesen war. Ihre persönliche Erscheinung hat beachtlich gewonnen, und ihr allgemeiner Gesundheitszustand ist viel besser geworden. Ihre selbstmörderische Neigung gehört der Vergangenheit an, und sie plant interessiert und zielstrebig für die Zukunft – für ihre Zukunft. Wohl ist sie noch nicht dem freundlichen Mann ihrer jugendlichen Träume begegnet; aber sie lernt, daß es die Wirklichkeit der Gegenwart gibt, die die gleiche Geltung hat wie jeder Traum der Kindheit.

Warum Homosexualität?

Der homosexuelle Mensch hat den Körper des einen Geschlechts, verhält sich aber im Sexualleben so, als ob er dem anderen Geschlecht angehöre. Ein männlicher Homosexueller sieht wie ein Mann aus, kleidet sich wie ein Mann, verhält sich im gewöhnlichen Alltagsleben wie ein Mann, aber wenn er sich „verliebt" oder wenn er den Liebesakt vollziehen möchte, sieht er sich nicht nach einer Angehörigen des anderen Geschlechts um – er wählt einen anderen Mann.

Homosexualität ist natürlich nicht auf Männer beschränkt. Auch Frauen können homosexuell sein und sich in andere Frauen „verlieben" und mit ihnen geschlechtlich „verkehren". Je einen

Fall beider Typen werden wir später schildern, aber zuerst wollen wir einige Allgemeinheiten erörtern, die sowohl auf männliche wie auf weibliche Homosexuelle zutreffen.

Es gibt eine Beobachtung von überragender Bedeutung: Trotz des extremen Verhaltens des Homosexuellen und der bestimmten Form seines Sexuallebens beruht das Problem im Grunde auf der *Furcht*. Wenn wir gründlich genug nachforschen, können wir die Furcht entdecken, die für diese Abweichung vom „normalen" Verhalten verantwortlich ist.

Es mag sonderbar erscheinen, zu behaupten, daß sich jemand fürchtet und doch eine Verhaltensform zeigt, die mehr Gefahren birgt als das, wovor er sich fürchtet – und doch ist eben dies offensichtlich der Fall.

Doch ist das letzten Endes wirklich so sonderbar? Wir haben Personen gesehen, die sich wegen etwas schämen, das sie getan haben, und sich lieber schlagen lassen, als sich mit dem abzufinden, was sie am meisten fürchten: ihre Scham. Wir haben Kinder gesehen, die offenbar lieber bestraft werden wollen, die sogar lieber von daheim weglaufen, anstatt ihren Eltern eine kleinere Missetat zu beichten, die sie gewaltig übertrieben sehen. Viele Familien sind zerstört worden, weil der Mann oder die Frau irgendeine kleinere Untreue begangen hat; sie wählten lieber ein zerstörtes Familienleben, anstatt die „Beschämung" einzugestehen über das, was sie begangen haben.

Scham und Furcht sind praktisch dasselbe. Keine von beiden kann objektiv abgewogen werden; ihre einzige Bedeutung liegt im Gefühl des Betroffenen. Manchem mag es töricht erscheinen, wenn sich seine Frau vor Gewitter fürchtet – aber er könnte sich vor einer Maus fürchten.

Furcht und Scham sind von vergangenen Erfahrungen abhängig, die jemand gemacht hat – und die Psychotherapie hat einen Weg gefunden, um ihnen beizukommen. Sie hat auch einen Weg gefunden, um uns zu helfen, zu einer vernünftigeren, produktiveren und bedeutungsvolleren Lebensweise zu gelangen; sie tut dies, indem sie unsere subjektiven Ängste im Licht der gegenwärtigen Situation anstatt im Dunkel der Assoziationen der Vergangenheit überprüft.

Die Untersuchungen der Psychotherapie weisen darauf hin, daß unsere Gesellschaft unbewußt den Rahmen für homosexuelle Beziehungen herstellt, während sie die entsprechende Betätigung lebhaft verurteilt. Ist es überraschend, daß bei einer solchen Verwirrung sexuelle Abweichungen gedeihen?

Man beachte folgendes: Im frühen Alter werden kleine Jungen von kleinen Mädchen getrennt; jede auftretende natürliche Neugier wird auf irgendeine unvernünftige Art zum Schweigen gebracht oder bestraft. Wenn die Kinder heranwachsen, bleiben sie weiterhin getrennt, und die natürliche Neugier wird nun als „verbrecherisch" bewertet. Im Leben der Erwachsenen wird auf dieser Isolierung bestanden, es sei denn, die Eheschließung hat stattgefunden.

Andererseits ist es Männern gestattet, gemeinsam mit Männern Hotels aufzusuchen; dasselbe gilt für Frauen – Fragen werden nicht gestellt. Fast könnte es scheinen, daß die Gesellschaft billigt, was als unnatürliche Beziehung zwischen Mann und Mann und Frau und Frau bezeichnet wird.

Um einen Schritt weiterzugehen: Es könnte scheinen, daß sich die Gesellschaft so vor der Sexualität fürchtet, daß sie den Homosexuellen im allgemeinen Feldzug gegen die Sexualität zum Prügelknaben gemacht hat.

Es ist nicht beabsichtigt, mit diesem Buch einen Kreuzzug wider die unrealistische Haltung der Gesellschaft gegenüber dem Homosexuellen zu beginnen. Um zu verstehen, was Scharen unserer Bürger den Weg zum „anormalen" sexuellen Verhalten einschlagen läßt, ist es jedoch notwendig, daß wir diese Haltung überprüfen.

Wir betrachten den Homosexuellen nicht als „pervers" oder „degeneriert". Statt dessen sehen wir in ihm einen Kranken, das Produkt seiner Erfahrungen, einen, der seine Verhaltensform ändern kann. Indem wir ihn so betrachten, hoffen wir, daß wir ihm helfen können, ein vollwertiger Mensch zu werden, ein willkommenes Mitglied unserer Gesellschaft, das zu ihrem Fortschritt beiträgt. Vielleicht können wir auch helfen, die Anschauungen zu korrigieren, aus denen ein Gegner hervorgeht, der fähig ist, das Menschengeschlecht zu verderben.

Es ist wichtig zu wissen, daß Homosexualität der Psychotherapie zugänglich ist und ihre Form verändert werden kann. Noch wichtiger ist es zu wissen, wie die Homosexualität verhindert werden kann. Eltern, die wissen, daß manche ihrer Verhaltensweisen gegenüber ihren Kindern geeignet sind, Homosexualität hervorzurufen, können dies ändern. Wer erkennt, daß ein Kind mehr braucht als ein gutes Heim, ausreichende Kleidung und eine ausgeglichene Ernährung, kann seinem Kind viel ersparen.

Wir wollen den Fall eines homosexuellen Mannes erörtern, um auf einige Unterlassungen und Zwänge hinzuweisen, die Faktoren für seinen Zustand waren.

Larry war dreiunddreißig Jahre alt; er war groß, blond und auf eine etwas verweichlichte Art ziemlich gut aussehend. Sein Tonfall, seine Gesten, seine Manieren unterstrichen geradezu, daß er nicht ein Mann wie jeder andere war. Wahrhaftig, er versuchte nicht, seine Homosexualität zu leugnen, sondern gab sie offen zu – sogar mit einem gewissen Stolz.

Als er gefragt wurde, weshalb er psychotherapeutische Behandlung wünsche, sprach er vage von einem eigentümlichen Gefühl der Irrealität des Lebens, das er führe. An allem, was er tat, hatte er keine rechte Befriedigung; seine Freunde, die gleichfalls „anders" waren, schienen nicht wie Menschen zu sein, sondern wie „aufgeputzte Marionetten".

Dieses zunehmende Gefühl der Irrealität des Lebens sei ziemlich beängstigend, und seine Ängste offenbarten sich auch in seinen Träumen. Er habe Angstträume, in denen er von einem Berggipfel auf darunter liegende zerklüftete Felsen gestoßen würde, und er erwache aus diesen Träumen mit kaltem Angstschweiß bedeckt.

Als der Arzt ihn fragte, was er von all dem denke, antwortete er ausweichend, und es war bemerkenswert, daß er um die Sache herumredete. Er sagte, seine Homosexualität habe ihm immer Vergnügen bereitet und er habe wirklich keinerlei Sorgen, weder finanzielle noch andere. Es kümmere ihn nicht, daß sich die Leute über ihn lustig machten, weil er „schwul" sei, denn er „wisse", daß alle großen Künstler und Dichter „anders" wären. Hin und wieder sei er von einem, an den er sich herangemacht habe, verprügelt worden, aber auch das rege ihn nicht weiter auf – das alles gehöre eben mit dazu.

„Ich glaube, die einzigen Dinge, die mich wirklich beunruhigen, sind dieses verdammte Alpdrücken und das Pech, das ich habe, wenn ich neue Freundschaften schließe. Wenn Sie mich davon befreien können, will ich zufrieden sein", sagte Larry.

Der Arzt erkannte dies als ein Ausweichmanöver; er wußte, wenn die Therapie erfolgreich sein sollte, mußte sie sich mit der gesamten Persönlichkeitsstruktur, nicht nur mit einzelnen Beschwerden befassen. Bei einem so eingeschränkten Ziel der Therapie würde dies eine ungeheuer schwere Aufgabe sein, und der Arzt schlug daher vor, daß Larry einen anderen Arzt konsultieren möge; unter diesen Umständen wolle er diesen Fall nicht übernehmen.

In diesem Augenblick wurde Larry sehr unruhig; er brach in Tränen aus und flehte den Arzt an, ihn nicht wegzuschicken.

„Ich bin bei anderen Ärzten gewesen", schluchzte er, „und sie alle zeigten mir die kalte Schulter. Ich glaube, ich muß es durchstehen – ich muß Ihnen die Wahrheit sagen und sogar das, was ich selbst nicht wahrhaben wollte. Ich möchte kein Schwuler sein – ich bin und möchte ein Mann sein. Ich mag Frauen. Aber alle Frauen, die ich gewollt habe, haben mich abgewiesen. Ich muß herauskriegen, weshalb sie mich immer abweisen."

Mit dieser Veränderung in Larrys Haltung begann seine Behandlung. Während einiger Konsultationen dachte Larry über seine verschiedenen Erlebnisse nach und rief sie sich ins Gedächtnis zurück, soweit sie seine jetzige Verhaltensweise herbeigeführt haben konnten. Ziemlich aufgeregt erinnerte er sich an die Zeit, als er sechs Jahre alt gewesen war; er und ein kleines Mädchen hatten miteinander gespielt und unvoreingenommen gegenseitig ihre Geschlechtsteile betastet, wobei sie von der Mutter des Mädchens überrascht worden waren. Sie war wütend geworden, hatte ihn aufs schlimmste beschimpft und ihn dann hart gezüchtigt. Danach hatte sie ihn nach Hause zu seiner Mutter geschleppt und verlangt, daß Larry eine weitere Tracht Prügel bekommen solle.

Auch Larrys Mutter war entsetzt gewesen; auch sie hatte ihn geschlagen, und er hatte ihr versprechen müssen, niemals wieder mit Mädchen zu spielen. Darauf war er nach oben ins Bett geschickt worden, wo er sich in den Schlaf geweint hatte. Larrys Vater war spät nachts nach Hause gekommen und hatte von dem „Verbrechen" seines Sohnes erfahren, worauf er Larry aus dem Bett gezogen, nochmals verprügelt und ihm gesagt hatte: „Wenn ich dich einmal erwische, wenn du mit Mädchen spielst, schlage ich dich tot."

Nach diesem und anderen gleichfalls unglücklichen Erlebnissen war Larry lange Zeit ein kranker Junge gewesen. Er hatte natürlich viel über dies alles nachgedacht und war zu einer ziemlich logischen Folgerung gekommen. Der erwachsene Larry teilte es dem Arzt so mit: „Ich glaube, ich erkannte: Wenn ich keine Schmerzen erleiden wollte, durfte ich nicht ich selbst sein – ich mußte eben ein anderer sein. So wurde ich der gute, kleine Junge, wie ihn meine Eltern haben wollten – aber, o Gott, wie ich es haßte!"

Doch es hatte Vorteile, der Welt ein anderes Ich vorzustellen – wenn etwas Unrechtes getan wurde, war der andere Larry daran schuld, und dieser andere Larry war es, der bestraft wurde. Der „wirkliche" Larry wurde nie bestraft und fühlte daher niemals irgendwelche Schmerzen.

Nebenbei bemerkt ist diese eigentümliche Spaltung der Persönlichkeit eines Kindes in den „guten" und den „bösen" Jungen ziemlich verbreitet: Es scheint der einzige Weg zu sein, den manche Kinder kennen, um die unzulänglich verstandenen Normen von „Recht“ und „Unrecht“, die ihnen von ihren Eltern und der Gesellschaft aufgezwungen werden, zu rationalisieren.

Larry erinnerte sich eines anderen Vorfalls, der sich ereignete, als er im Alter von vierzehn Jahren die Oberschule besuchte. In seiner Klasse war ein Mädchen, das ihn gern zu haben und sich an seinem „weibischen“ Verhalten nicht zu stoßen schien. Larry berichtete, wie er von den schwellenden Kurven ihrer Jungmädchenbrüste fasziniert war und Wunschträume hatte, in denen er sie berührte. Eines Tages während der Schulstunden sah er sie in einer der Nischen der Eingangshalle stehen – eine Stelle, an der sie kaum gesehen werden konnten. Er konnte der Versuchung nicht länger widerstehen, sie in seine Arme zu nehmen, sie zu küssen und zu versuchen, ihre Brüste zu liebkosen.

Anscheinend hatte Larry die Gefühle des Mädchens ihm gegenüber falsch eingeschätzt, denn sie schrie vor Schreck. Lehrer und Schüler rannten herbei, um zu sehen, was vorging, und Larrys „verbrecherisches Verhalten“ erregte großes Aufsehen. Er wurde von der Schule verwiesen und von seinen Eltern bestraft, und erst nachdem er hoch und heilig hatte versprechen müssen, daß er niemals wieder so etwas tun würde, war er in eine Schule in einem anderen Stadtteil aufgenommen worden.

An dieser Stelle seufzte Larry und sagte: „Ich glaube, das überzeugte mich endgültig, daß ich von Frauen immer abgewiesen werden würde.“

„Sagen Sie mir“, fragte der Arzt, „sind Sie jemals von Männern abgewiesen worden? Ist es jemals vorgekommen, daß Sie sich an einen Mann heranmachten und abgewiesen wurden?“

„O ja – viele Male“, war die Antwort – und Larry erzählte von den vielen Vorkommnissen, bei denen er verprügelt, beraubt, erpreßt und mit Anzeige bedroht worden war von den verschiedenen Männern, mit denen er in sexuelle Beziehungen hatte treten wollen. Es hatte zahlreiche – fast zahllose – Beispiele dieser Art gegeben.

Der Arzt wies darauf hin, daß „Zurückweisung“ kaum ein gültiger Grund sein konnte, um Frauen zu meiden und hinter Männern her zu sein; die Zurückweisungen durch Männer seien viel zahlreicher und schmerzhafter gewesen.

„Aber diese Männer verletzten nicht *mich* – sie verletzten . . .“

Larrys Stimme verlor sich, als ob er sich plötzlich der Unwirklichkeit dieses „anderen Ichs“ bewußt geworden wäre, das er während seiner Kindheit erschaffen hatte. Unbeschadet der Art seiner Persönlichkeitsspaltung hielt er es für unerwünscht, Empfindungen mit Freude und Kummer, Vergnügen und Schmerz zu assoziieren.

Dieses plötzliche Erkennen von falschen Assoziationen den Fakten gegenüber, dieses Hervorbrechen der Einsicht in die eigenen Verhaltensformen tritt bei der Psychotherapie häufig auf. Es ist jedoch mehr als Einsicht erforderlich, um dauernde therapeutische Wirkungen zu erzielen. Dies ist der Punkt, an dem die Therapie beginnen kann; erst dann kann der Patient sich umerziehen, um anders als bisher gewohnt zu reagieren. Dann kann er lernen, sich seiner Empfindungen bewußt zu werden, um die zweckmäßigste Entscheidung zu treffen.

So geschah es in Larrys Fall. Er verhält sich nicht mehr so, als ob die Frauen ihn immer und unvermeidlich abweisen würden. Er hat sexuelle Erlebnisse mit Frauen gehabt und ist jetzt verlobt. Seine Verlobte weiß von seiner Homosexualität, ist aber genügend intelligent, um sie als eine Art verlängerter Pubertät zu erkennen, aus der Larry jetzt herauswächst. Er hat gelegentlich homosexuelle Beziehungen mit einem seiner alten Freunde gehabt, aber nichts weist darauf hin, daß er die dauernde Suche nach neuen männlichen Liebhabern wiederaufnimmt. Anders ausgedrückt ist Larry zu einem selbstbewußten Mann geworden, sicher in seinen Gefühlen für die Frau, die er liebt.

Larrys Fall illustriert einen weiteren, zur Diskussion stehenden Punkt: den Kontrast zwischen dem Lernen durch Versuch, Irrtum und Berichtigung und der Unterweisung durch gesellschaftlichen Zwang. Wenn das Kleinkind laufen und sprechen lernt, tut es dies, indem es versucht, indem es Fehler begeht und sie berichtigt. Es fragt nicht, ob „recht“ oder „unrecht“ – es entdeckt nur, daß manche Verhaltensweisen wirksamer als andere sind.

Viel komplizierter ist es, in Gebräuchen und sittlichem Verhalten unterwiesen zu werden. Dem Kind wird gesagt, daß es die „richtigen“ Dinge tun „muß“, daß es die „unrechten“ Dinge „nicht tun darf“. „Recht“ und „Unrecht“ und alle ihre Synonyme scheinen oft unlogisch und einseitig zu sein. Sie sind für das Kind verwirrend – und wir wissen, daß Verwirrung zur Furcht führt.

Es scheint ziemlich offenkundig zu sein, daß die meisten Mitglieder unserer Gesellschaft, ob Kinder oder Erwachsene, hinsichtlich der Sexualität verwirrt und verängstigt sind.

Wir möchten diesen Punkt weiter illustrieren, indem wir den Fall einer weiblichen Homosexuellen erörtern. Die Frau, die sich nur in andere Frauen verliebt, ist genauso verwirrt wie ihre männliche Vergleichsperson. Es scheint die gleiche Form der Trennung vom Ich zu bestehen; es wird eine Ersatzpersönlichkeit erschaffen, die bestraft wird und in „Freiheit“ gegen die Ungerechtigkeiten der Vergangenheit rebelliert.

Wir betonen nochmals, daß unser Anliegen nicht auf moralischen Bewertungen beruht. Wir beobachten jedoch, daß der Homosexuelle in einen Kampf gegen die Moral verstrickt ist – nicht gegen die Moral der Gesellschaft, sondern die Moral des Ich. Die weibliche Homosexuelle hat einen Körper, der von Natur aus bestimmter Funktionen, bestimmter Verhaltensweisen fähig ist; aber sie verhält sich, als ob es „unrecht“ sei, diese zu haben. Sie enteignet ihre Weiblichkeit, um ein „verkappter“ Mann zu werden.

Die Annahme einer maskulinen Verhaltensweise wird eine weibliche Homosexuelle nicht zum Mann machen; sie kann der Tatsache nicht entgehen, daß sie eine Frau ist. Wenn sie es könnte, würde sie eine gewisse Gelassenheit bei der homosexuellen Betätigung erreichen. Die Beobachtungen zeigen jedoch, daß dies nicht der Fall ist. Wer zahlreiche Fälle von Frauen beobachtet hat, die Männer sein möchten, weiß, daß sie frustriert, bekümmert und unglücklich sind.

Wir können sogar noch einen Schritt weitergehen und sagen, daß sie so bekümmert und verwirrt sind, daß es nahezu unmöglich ist, ihr Verhalten vorauszubestimmen. Ihre Verwirrung ist derart groß, daß es ihnen gelingen kann, sich selbst zu zerstören, und durch ihre eigene Selbstzerstörung könnten sie auch andere zerstören.

Die destruktiven Neigungen scheinen von der Frustration zu kommen, von dem Konflikt, der sich aus dem Versuch ergibt, ein unmögliches Ziel zu erreichen.

Wie ihre „normale" Schwester hat die weibliche Homosexuelle das Ziel, zur sexuellen Erfüllung zu gelangen; aber es gelingt ihr nicht. *Nicht* wegen der öffentlichen Meinung, weder wegen der unglücklichen Wahl ihrer Geschlechtspartnerin noch wegen eines der anderen trügerischen „Gründe", die so oft angegeben werden; es ist wegen ihrer Weiblichkeit, die nach männlicher Liebe verlangt.

Bei den meisten Erörterungen der Homosexualität wird der Nachdruck auf die Eigentümlichkeit der Verhaltensweise gelegt. Wir werden versuchen, die Erfahrungen hervorzuheben, die für ein solches Verhalten verantwortlich sein könnten, und aufzeigen, wie diese Verhaltensweise nicht vermag, die Bedürfnisse der Persönlichkeit zu erfüllen.

Um dies zu tun, möchten wir von Martha berichten. Sie konsultierte einen Psychotherapeuten, weil sie von Migräne geplagt wurde. Alles war in Ordnung außer diesen Kopfschmerzen. Ach, sie habe Nächte, in denen sie nicht einschlafen könne, aber das mache nichts aus, denn sie habe ihre Schlaftabletten, die sie nehmen könne. Auch trinke sie wahrscheinlich mehr als sie solle, aber das sei unwichtig, weil, wie sie sagte, „das Trinken Spaß macht; es hilft mir einfach, alles zu vergessen".

Sie ging auf alle Einzelheiten dieser Kopfschmerzen ein und sagte, daß sie mit ihren Menstruationsperioden zusammenhingen, mit Aufregungen, mit „Nervosität". Als sie dies vorbrachte, flocht sie auch mit ein, daß sie homosexuell sei, und zwar schon immer seit ihrer Pubertät.

„Nehmen Sie an", hatte der Arzt gefragt, „daß diese Kopfschmerzen mit Ihrer Homosexualität zusammenhängen könnten?"

„Durchaus nicht", war Marthas unwillige Antwort. „Ihr Ärzte seid doch alle gleich. Warum müssen Sie annehmen, daß lesbische Liebe unnatürlich ist? Warum sollte es weniger natürlich sein, wenn zwei Frauen einander lieben, als wenn dies ein Mann und eine Frau tun? Wie unvernünftig ihr Ärzte sein könnt!"

Der Arzt runzelte leicht die Stirn, ohne etwas zu sagen.

„Warum glaubt ihr Ärzte, daß ihr alles darüber wißt? Ich weiß, was ich will – ich möchte meine Kopfschmerzen loswerden und nicht mit Gerede über Belanglosigkeiten aufgeregt werden."

Es war offensichtlich, daß Marthas Reaktion viel aufgeregter war, als es die einfache Frage erfordert hätte. Ihr allgemeines Auftreten, ihr Tonfall, die Einseitigkeit ihres Verlangens wiesen darauf hin, daß sie sich mehr wie ein Kind verhielt, das einen Anfall von schlechter Laune hatte, statt wie eine erwachsene Frau.

Der Arzt erkannte dies und verhielt sich ganz ruhig. Wie ein Kind, dessen schlechte Laune nicht beachtet wird, gab Martha schließlich nach und bat um Verzeihung. Es war, als ob sie wisse, daß der Arzt sich nicht ihrer Verstimmung oder ihrem „überlegenen" Wissen fügen würde.

„Ich glaube, ich habe unrecht", seufzte sie. „Weiß Gott, ich habe versucht, mir selbst darüber klar zu werden, und es gelang mir nicht. Es tut mir leid, Herr Doktor – ich hätte nicht so aufbrausen sollen. Nun gut – ich bin bereit, es zu versuchen, so wie Sie wollen."

Mit Marthas Zustimmung begann der Prozeß der Erforschung ihres Lebens. Sie war in einer Kleinstadt im Mittelwesten aufgewachsen, in der beide Elternteile an den öffentlichen Schulen unterrichteten. Sie sagte, sie seien gefühlsarme Leute gewesen, die den Wert des „klaren Denkens" und des „anständigen Benehmens" hervorgehoben hätten. Diese Ideale hatten sie jedoch nicht daran gehindert, ihre Nachbarn zu kritisieren, und Martha erinnerte sich, wie sehr sie durch die boshaften Klatschereien ihrer Eltern verstimmt worden war.

Sie glaubte nicht, daß ihre Eltern sie gewollt hätten; häufig hörte sie, wie sie ihren Freunden erzählten: „Martha war ein Zufallskind." Das Gefühl, daß man sie gern hatte, konnte sich auch nicht einstellen, wenn man ihr sagte: „Es ist zu dumm, daß aus dir kein Junge geworden ist." Ihr Vater hatte erklärt, daß dies eine Welt der Männer sei und daß die meisten Frauen – besonders die mütterlichen, hausfraulichen – dumm wären, nicht besser als Kühe, und ihre Mutter hatte dem zugestimmt.

In Marthas Elternhaus war nichts von Zuneigung zu spüren; beide Elternteile schienen alle Liebeserweise zu verabscheuen. Nur wenn Martha bestraft wurde, was nur zu oft geschah, beschäftigten sich ihre Eltern viel mit ihr. Martha erinnerte sich auch, daß ihre Mutter am Ende jeder Züchtigung gesagt hatte: „So – das wird dich lehren, kein dummes Mädchen zu sein."

Martha war es nicht gestattet, ihre Spielkameraden mit nach Hause zu bringen. Immer wenn sie versuchte, eine Freundschaft mit einem anderen Kind anzubahnen, wurde ihr gesagt: „Du wirst doch nicht mit diesem Gesindel spielen." Sie versuchte, dieser Abwertung ihrer Gespielen zu widersprechen, aber ihre Einwände wurden niemals zur Kenntnis genommen. Allmählich veränderte sich ihre Persönlichkeit. Zuerst hatte sie die Kinder beneidet, die so viel Spaß hatten, wenn sie miteinander spielten, aber später hatte sich ihr Neid in bitteren Haß und Kritik verwandelt.

Es braucht nicht erwähnt zu werden, daß Martha ein Einzelkind war. Sie hatte sehr wenig Freuden im Leben, bis sie mit beginnender Pubertät die Empfindungen entdeckte, die mit Masturbieren einhergehen.

Sie masturbierte häufig; es wurde ein Teil ihres Einschlafrituals, und es diente ihr auch als Trostmittel immer dann, wenn sie Unstimmigkeiten mit ihren Eltern hatte. Erst in späteren Jahren erfuhr sie, daß ihre Betätigung „Masturbieren“ genannt wurde. Sie brachte dies daher nicht besonders mit Unrechttun in Verbindung. Alles, was sie damals darüber wußte, war, daß es angenehm und ein Geheimnis sei, das sie für sich behalten müsse. Sie war sicher, daß ihre Mutter es mißbilligen würde, wenn sie es erführe. Deshalb achtete sie darauf, daß sie nicht erwischt wurde.

Ungefähr ein Jahr danach zog ein neues Mädchen in der Nachbarschaft zu. Betty war fast das genaue Gegenteil von Martha. Sie war freundlich, fröhlich und zärtlich. Während Bettys ersten Tagen in der Schule hatte Martha versucht, sie herumzuführen und ihr zu helfen, bekannt zu werden. Es machte ihr Freude, dies zu tun, denn sie konnte sich einer Fremden überlegen fühlen. Kaum waren ein paar Wochen vergangen, hatten die anderen Kinder Betty viel mehr akzeptiert, als dies jemals mit Martha geschehen war – und dies erregte natürlich Marthas Neid.

Betty war Marthas treue Verbündete. Wenn die anderen Jungen und Mädchen sich über Marthas Eigentümlichkeiten und ihr andersartiges Verhalten lustig machten, verteidigte Betty sie loyal.

„Ich wußte nicht genau, was ich daraus machen sollte“, sagte Martha. „Ich mochte sie, weil sie nett zu mir war; aber ich haßte sie auch. Sie war alles, was ich sein wollte. Manchmal gab ich mein ganzes Taschengeld für sie aus, und mitunter sprach ich tagelang nicht mit ihr. Es schien ihr nie etwas auszumachen, wie ich mich verhielt – sie war immer lieb zu mir.“

Es gehörte zu Bettys Veranlagung, überschwenglich und zärtlich zu sein, und Martha wußte nicht genau, wie sie auf die Küsse und Umarmungen reagieren sollte, die ihr zuteil wurden. Von dem Gedanken, mit einem anderen Mädchen Kontakt zu haben, wurde sie gleichzeitig angezogen und abgestoßen, besonders weil er in ihr selbst einen Gefühlsaufstand hervorrief.

Eines Tages, als Marthas Eltern allem Anschein nach aus dem Haus waren, lud sie Betty ein. Ein gelegentlicher Kuß veranlaßte Martha weitere Erkundungen anzustellen, und zwar dieselben, die sie nachts unter der Bettdecke an ihrem eigenen Körper vornahm. Betty erhob keine Einwände – statt dessen schien ihr Verhalten zu besagen: Mache mit mir, was du willst.

„Ich hatte das sonderbarste Gefühl", sagte Martha. „Ich fühlte mich so stark – ich fühlte mich wie ein Mann. Ich wollte sie nur drücken, bis sie weinte. Ich wollte sie verschlingen. Und ich hatte dabei keinerlei sexuelle Gefühle – es schien nicht wichtig für mich zu sein, mich daran zu befriedigen. Es war so viel besser, das Gefühl zu haben, mit Betty spielen zu können, als ob sie ein kleiner Hund wäre, sie veranlassen zu können, das zu tun, was ich gerade wollte – gerade so, als ob sie eine Marionette wäre und ich alle Fäden in meiner Hand hätte. Es war wunderbar, sich so mächtig zu fühlen."

Es war offensichtlich, daß dieses Erlebnis einen sehr lebhaften Eindruck auf Martha gemacht hatte. Es gelang ihr, die geringsten Einzelheiten von Bettys Verhalten zu beschreiben. Sie erzählte, wie Bettys Gesicht warm geworden sei und sich gerötet habe, aber daß ihre Lippen dabei kalt gewesen wären, daß Betty immer schneller geatmet habe, bis sie in der Ekstase des Orgasmus geseufzt, gestöhnt und den Kopf von einer Seite zur anderen geworfen hätte.

Martha verweilte bei den Einzelheiten in einem Ausmaß, das nahelegen mußte, daß sie etwas verbarg. Nachdem der Arzt einige Male die Frage gestellt hatte: „Was geschah dann?" wurde der Grund des Ausweichens klar: Marthas Mutter war plötzlich hereingekommen, während die Mädchen mitten in ihrem Spiel waren. Es gab einen Riesenkrach: sie schrie Betty an, sich hinauszuscheren und niemals wiederzukommen. Sie beschimpfte Betty als pervers, als degeneriert und in anderer Weise, wie es in höflicher Gesellschaft nicht üblich ist.

Martha war darüber erstaunt. Sie hatte niemals zuvor gesehen, daß ihre Mutter sich so benehmen konnte. Diese Frau, die so stolz auf ihre „Selbstbeherrschung" und „Objektivität" war, die nie einen Schimmer von Gefühl zeigte, hatte sich plötzlich in ein irrsinnig kreischendes Weib verwandelt.

„Es war eine komische Sache", bemerkte Martha. „Aber auch dies gab mir ein Gefühl der Stärke. Mutter schlug mich, so hart sie nur konnte; aber es machte mir überhaupt nichts aus."

Martha erzählte, wie ihre Mutter, erschöpft von der Anstrengung der Züchtigung, schließlich in Tränen und Schluchzen ausgebrochen sei, damit sie eine gewisse Reue zeigen solle. Es war ein Gefühlsausbruch, wie er immer verurteilt worden war – Tränen galten als das Zeichen eines Schwächlings; wer stark ist, weint niemals. Martha fühlte, daß sie stärker als ihre Mutter, sogar stärker als ihr Vater war.

Dieses Erlebnis schien Marthas Homosexualität geformt zu haben: Ihre Partnerinnen waren Mädchen, die sie beherrschen konnte, die auf ihre Liebkosungen so reagierten, wie sie es haben wollte. Diese Verhältnisse bereiteten ihr selbst selten ein sexuelles Vergnügen; sie erreichte ihre eigene Befriedigung immer noch durch Masturbieren. Das Gefühl der Beherrschung, der Macht, der „maskulinen Stärke", wie sie es ausdrückte, schien viel wichtiger zu sein als ihre eigenen sexuellen Empfindungen.

Natürlich kam diese Geschichte nicht auf einmal heraus; sie gelangte bruchstückweise ans Licht und ist nur in diesem Bericht zusammenhängend wiedergegeben. Monate hindurch mußte Martha vorsichtig und eingehend befragt werden, besonders da sie die ursprünglichen Vorfälle scheinbar „vergessen" hätte.

Es brauchte auch seine Zeit, bis Martha ihre Form der Suche nach „schwachen" Mädchen erkannte, die sie beherrschen und durch die sie das Gefühl der „Macht" und „Stärke" erlangen konnte, das so wichtig für sie war. Mit fortschreitender Therapie gelang es ihr, die Suche nach dieser falschen „Stärke“ einzustellen und wirkliche Stärke in sich selbst als Frau zu finden.

Sie erinnerte sich, wie oft sie darum gebetet hatte, die Stärke zu haben, so schwach zu sein wie die Frauen, bei denen sie sexuelles Vergnügen fand, und wie sie sich immer davor gefürchtet hatte, ihre Schwäche zu zeigen.

Noch länger dauerte es, bis sie erkannte, daß sie vom Manne geliebt werden wollte, aber auch dazu kam es.

Auch fühlte sie, daß sie imstande war, auf dieser Basis ihre Kopfschmerzen zu erklären. Ihre Migräneanfälle waren eine Form der „Schwäche“, die einzige Schwäche, die zu zeigen sie selbst sich gestatten konnte. Vielleicht war ihre Erklärung nicht völlig korrekt, aber es war *ihre* Erklärung. Aus diesem „Grund“ und mit ihrer wiedererwachenden Weiblichkeit hörten die Kopfschmerzen auf, sie zu plagen.

Diese Sondierung der Vergangenheit war nicht die einzige Form der Therapie, die sie erhielt. Wir haben nur diese Phase davon beschrieben, um einen bestimmten Punkt hervorzuheben: Es sind Gründe vorhanden, wenn jemand homosexuell wird.

Diese Gründe scheinen in einen ziemlich bestimmten Rahmen zu passen: ein Erlebnis (oder Erlebnisse), wodurch erlernt wurde, daß es für das Gefühl der Stärke besser oder sicherer oder produktiver ist, sexuelle Beziehungen mit Personen des eigenen Geschlechts zu unterhalten. Damit zusammen hängt die Repression der normalen Auslässe für Liebe und Zärtlichkeit, die uns allen angeboren sind. Wenn die Liebe zum anderen Geschlecht sich nicht ausleben kann, wird sie sich der Homosexualität oder anderen Abarten ergeben.

Wir könnten hier auch erwähnen, daß solche Fälle vielleicht melodramatisch erscheinen. Sie sind es – und gerade diese Art des Melodramas scheint wesentlicher Bestandteil der Homosexualität zu sein. Dergleichen Individuen sind Schauspieler; ihr ganzes Leben scheint eine Theatervorstellung zu sein. Die Erkenntnis, daß das Leben nicht notwendigerweise eine Bühne ist und daß sie keine Schauspieler zu sein brauchen, scheint bei der Behandlung wichtig zu sein. Wenn sie ihre eigenen Empfindungen erlernen und sich dadurch selbst verwirklichen, hört die Homosexualität auf, ein Problem zu sein.

Sexualleben ohne Angst

Die Überschrift dieses Abschnitts ist zugegebenermaßen ziemlich irreführend. Sie hört sich an, als ob wir eine Belehrung erteilen wollten, wie man etwas tun kann – wie man potenter sein kann, wie man sexuelle Beziehungen genußreicher gestalten oder seine sexuelle Ausdrucksfähigkeit steigern kann.

Aber so, wie wir es sehen, würde eine solche Belehrung unmöglich sein; wenn dies möglich wäre, würde es in einem Buch wie diesem bestimmt untunlich sein.

Es ist unmöglich, weil sexuelle Kenntnisse durch persönliche, sinnliche Erfahrungen erworben werden. Man erwirbt Kenntnisse über das Sexualleben durch Selbstunterricht nicht durch Unterweisungen Dritter darüber, was man zu tun habe oder daß man dieses oder jenes tun *solle.*

Wir werden daher unsere Erörterung auf zwei Punkte beschränken: erstens, die Verhaltensweisen und Ansichten, die dazu tendieren, den sexuellen Ausdruck und Genuß zu blockieren, und zweitens, wie diese Hindernisse überwunden werden können. Vielleicht werden einige der Dinge, die wir vorbringen, nicht mit den Ansichten des Lesers übereinstimmen. Falls dies zutrifft, braucht er sie sich nicht zu eigen zu machen. Jedenfalls wird es nichts schaden, auf sie einzugehen. Es könnte sein, daß eine Überprüfung einiger grundlegender Ansichten des Lesers diesen veranlassen könnte, sie zu ändern, wenn er dies beabsichtigt.

Wir wollen damit beginnen, daß wir nochmals darauf hinweisen, daß der Mensch ein Geschlechtswesen ist: Sexualität ist notwendig, damit er überleben kann. Es macht keinen Unterschied, ob wir Sexualität als „gut“ oder „schlecht“ bewerten. Nichtsdestoweniger sind wir mit den Organen und potentiellen Funktionen für die Fortpflanzung geboren.

Aber die Sexualität besteht *nicht* nur aus dem Fortpflanzungsakt – sie ist eine Lustempfindung, sie ist ein sinnliches Verhältnis zwischen zwei Menschen, sie ist ein grundlegendes, angeborenes Bedürfnis, das sich einen Auslaß sucht, wie sehr wir auch immer versuchen mögen, es zu zügeln. Die Sexualität ist eine Beziehung, die erlebt und genossen werden, die uns ein starkes, ein befriedigendes Lebensgefühl vermitteln kann.

Wenn wir uns jedoch umblicken, sehen wir, daß die Möglichkeiten der Sexualität zu selten verwirklicht werden. Statt dessen sehen wir Schuldgefühl, Schamgefühl und Widerwillen; wir sehen, wie die Sexualität als unangenehme Pflicht oder freudlose Notwendigkeit oder als tierisches Verhalten betrachtet wird, das so viel wie möglich vermieden werden sollte.

Beim Studium der sexuellen Abweichungen können wir sicher sein, Konflikt und Verwirrung zu finden: Konflikt zwischen dem, was jemand fühlt, und dem, was ihm *beigebracht* wurde zu fühlen – Verwirrung zwischen seinen eigenen Gefühlen und seinen Ansichten, wie seine Gefühle sein sollten.

Wir glauben, daß die Auffassung der Sexualität als „schlecht" einer der alle Lebensfreude wesentlich behindernden Umstände ist. Diese Auffassung ist so tief in unseren sprachlichen Ausdrucksformen verankert, daß wir sie oft übersehen; aber sie ist vorhanden. Zum Beispiel bezeichnen wir Anekdoten über Sexualität als „schmutzige" Geschichten oder „schweinische" Witze. Wir errichten die Zensur, um sicher zu sein, daß die Jugend nicht durch Hinweise auf die Sexualität „vergiftet" wird.

Warum werden diese vitalsten und genußreichsten Funktionen als unsauber angesehen? Gibt es keine andere Haltung, die eingenommen werden kann? Stimmt es, daß Kenntnisse über die Sexualität notwendigerweise liebestoll machen? Gibt es keine andere Wahl als Ausschweifung oder Repression?

Vom Standpunkt des Arztes aus gesehen, ist Sexualität nicht schlecht. Sie ist ein Herausgreifen aus dem Leben nach dem Leben, um das Leben fortzusetzen. Sie ist jenseits des Bösen – und wenn wir dies erkennen, können wir alle mehr Gesundheit, Freude und Freiheit finden.

Man bedenke, was geschieht, wenn Sexualität als schlecht identifiziert wird. Ein großer Teil unserer Gesellschaft sagt, daß Sexualität „schmutzig“ sei – und was geschieht? Wir sehen Schuld, Scham, unnatürliches Verhalten, Minderwertigkeitsgefühle – Verlust des Kontakts mit der Wirklichkeit. Ist es nur ein Zufall, daß häufig ein Verlust der Geschlechtsfunktion bei der Schizophrenie auftritt? Ist es ein Zufall, daß viele Mörder an sexuellen Repressionen leiden?

Wir glauben, daß der Mensch eine glücklichere, maßvollere, liebevollere Person wird, wenn dem Geschlechtstrieb gestattet wird, sich frei und natürlich zu entwickeln. Wir glauben nicht, daß der Mensch schlecht oder an die Promiskuität gebunden ist. Wenn er die Möglichkeit hat, wird er maßvoll, offen und freundlich sein. Wir glauben, daß es die uns auferlegten Beschränkungen sind, die zum unkontrollierbaren Bösen führen.

Der Mensch achtet tatsächlich besser auf seine Tiere als auf sich selbst. Er weiß, daß Tiere, die natürlicher sexueller Auslässe beraubt sind, entweder krank oder unbezähmbar werden. Was kann dann der Mensch von sich selbst erwarten, wenn er seine eigenen natürlichen Funktionen beschneidet?

Was geschieht, wenn einem Kind beigebracht wird, daß Sexualität „schlecht“ und „schmutzig“ sei? In einem Fall erzählte ein Patient mit einer ungewöhnlich guten Erinnerung an seine Kindheit, daß er eine Zeit der Verwirrung und des Unglücklichseins durchlebte, die Monate anhielt, als er erfuhr, woher die Babies kommen. Ihm war gesagt worden, daß jeder, der etwas mit Sexualität zu tun habe, schlecht sei – und als er erfuhr, daß seine eigene Existenz das Ergebnis der „Schlechtigkeit“ seiner Eltern war, konnte er die zwei Ideen nicht miteinander in Einklang bringen. Er liebte seine Eltern tief und aufrichtig; aber auf Grund dessen, was sie getan hatten, waren sie „schlecht“, und sie selbst hatten ihm diese Lektion der Schlechtigkeit erteilt!

Dieses von ihm in das Erwachsenendasein übernommene Dilemma ließ einen verwirrten Begriff von den Frauen in ihm entstehen. Sie waren entweder geschlechtslose Engel oder Prostituierte. Er war imstande, sich aus seiner Verwirrung zu lösen, als er seiner eigenen sexuellen Gefühle bewußt wurde und seine eigene Bewertung der Sexualität entwickelte.

Wenn einem kleinen Jungen beigebracht wird, daß Sexualität schlecht sei, wird er es schwer finden, dieses „Wissen" zu übergehen, wenn er heranwächst und verheiratet ist. Er versucht, sich mit seiner Frau sexuell auszuleben; er wird jedoch von Schuldgefühlen geplagt. Ihm ist beigebracht worden, daß Sexualität „schlecht" ist – wie kann er Liebe dabei empfinden?

Die Erfahrung jedes Psychotherapeuten enthüllt mehr und mehr das Verhältnis zwischen früher Sexualerziehung und dem Verhalten als Erwachsener. Da war der Mann, der immer wieder festgenommen wurde, weil er seine Frau schlug. Er sagte, er tue es, weil sie sich wie eine Hure benehme. Als er aufgefordert wurde, dies zu erklären, sagte er, daß sie den Geschlechtsakt genieße und daß er glaube, das sei nicht recht; keine anständige Frau würde so etwas empfinden. Nach jeder Züchtigung schämte er sich und bereute, und seiner Frau und dem Gericht versprach er, sich niemals wieder so aufzuführen – aber es gelang ihm offenbar nicht, sein Versprechen zu halten.

Bei der Psychotherapie kam heraus, daß ihm seine Eltern mit Prügeln und Predigten eingebleut hatten, daß Sexualität schlecht sei. Er sagte auch, daß er seine einzigen vorehelichen sexuellen Erfahrungen in Bordellen gemacht habe. Mit solchen Kenntnissen war es logisch für ihn, seine Frau in dieser Weise zu behandeln, und zwar so logisch, daß sowohl für ihn wie für seinen behandelnden Arzt viel Zeit und schwere Arbeit erforderlich waren, bevor sein Verhalten erkennen ließ, daß dies nicht die einzige Haltung war, die er gegenüber der Sexualität einnehmen konnte.

Die Furcht vor dem Fremden ist eine andere Konzeption, die üblich und für das Liebesglück hinderlich ist. Den Kindern wird eingeschärft, sich vor Fremden zu hüten, sie zu fürchten und ihnen aus dem Weg zu gehen. Es wird ihnen beigebracht, daß sie nur innerhalb des eigenen Familienkreises sicher sein können, daß „Außenseiter" nicht an ihnen interessiert sind, daß sie sich nicht um Leute kümmern sollten, die sie nicht kennen.

Durch solche Belehrungen bekommt das Kind bald eine übertriebene und recht unrealistische Vorstellung von den Beziehungen zu Leuten außerhalb seines engen Kreises. Es wird ihm gesagt, daß es Leuten außerhalb der Familie nicht trauen kann – wem kann es dann vertrauen?

Vielleicht ist dies ein Grund für die Neigung vieler Frauen, Männer zu heiraten, die ihren Vätern gleichen, für Männer, sich mit Frauen zu verheiraten, die ihren Müttern sehr ähneln. Es scheint offensichtlich zu sein, daß eine solche Wahl nicht notwendigerweise die beste vom Standpunkt der Weiterentwicklung und des Glücks ist.

Unsere Erfahrungen, besonders auf dem Gebiet der internationalen Beziehungen, scheinen zu zeigen, daß Xenophobie, die Furcht vor dem Fremden, ein großes Hindernis für gegenseitiges Verständnis und Harmonie ist. Warum müssen wir dann diese Furcht in einem solchen Ausmaß nähren? Es heißt, daß es keine Fremden gibt, sondern nur Leute, die wir nicht versucht haben kennenzulernen.

Vielleicht wäre es viel vorteilhafter für unser Glück, wenn wir etwas mehr unter die Leute gingen und miteinander in einen freieren Gedanken- und Gefühlsaustausch eintreten würden. Dann würde es uns auch besser gelingen, den Partnertyp zu finden, mit dem wir glücklich sein würden, anstatt eine vererbte Form der Frustration zu wiederholen.

Eine weitere Konzeption, die die sexuelle Befriedigung hindert, ist die Ansicht, daß Gefühle schlecht, daß Emotionen Regungen sind, die unterdrückt werden sollten. Emotionen – Bewertungen – sind ebenso ein Teil unserer Orientierungsfähigkeit in dieser Welt wie die Sinneswahrnehmungen, die uns hindern, über Möbel zu stolpern, oder wie die visuelle Unterscheidung zwischen Rot und Grün. Sie sind tatsächlich ausgesprochene Bestimmungsfaktoren für Glück und Unglück. Dennoch wird uns wiederholt beigebracht, sie zu leugnen oder zu „bezähmen“ und darüber hinaus die Sinneswahrnehmungen zu ignorieren, auf denen sie beruhen.

Man vergleiche dies mit der gewöhnlichen Art der Unterweisung von Kindern in vielen maßgebenden Familien und Schulen: Zeige nicht deine Gefühle! Benimm dich nicht so auffallend! Sei nicht so gerührt!

Aber wir sind gerührt; wir haben Gefühle; wir benehmen uns auffallend. Wir sind Menschen, und wir kommen gefühlsbegabt zur Welt und wachsen unter Emotionen auf. Wir können sie unterdrücken, wir können ihnen verwehren, in einer bestimmten Richtung zu wirken; wir können Gefühle nicht beseitigen. Wenn wir versuchen so zu tun, als ob wir keine Gefühle hätten, würden wir verwirrt werden. Die Einzelfälle haben gezeigt, wie sich Leute verhalten, wenn sie unter dieser Verwirrung leiden.

Die größte Verwirrung scheint einzutreten, wenn wir ein bestimmtes Gefühl haben und uns gesagt wird, daß wir völlig andere Gefühle haben *sollten*. Dies zeigte sich in Sallys Fall, die mit einer Menge Belehrungen, wie sie empfinden sollte, erzogen worden war. Als sie schließlich ihre Bindungen an daheim löste und nach der „Freiheit“ zu suchen begann, war sie weiterhin verwirrt. Sie rebellierte gegen die sexuellen Tabus durch ihre Promiskuität, aber die Verwirrung durch das, was sie fühlen „sollte“, hinderte sie daran zu erkennen, was sie *wirklich* fühlte.

Sie betrachtete sich selbst als „emanzipierte“ Frau – aber die einzige Freiheit, die sie hatte, war eine Freiheit abseits der Lebensfreude. Sie konnte ihre Unabhängigkeit durch ihre sexuellen Beziehungen mit jedem Mann, der ihr gerade ins Gehege kam, beweisen, aber diese Affären konnten ihr weder Vergnügen noch Befriedigung verschaffen.

Genug davon. Wir wollen noch auf einen Punkt hinweisen, bevor wir diese Erörterung beenden.

Bisher haben wir wiederholt darauf hingewiesen, daß das Kind, dem nicht erlaubt wird, seine Gefühle zum Ausdruck zu bringen, für die Neurose des Erwachsenen anfällig ist. Wir haben gezeigt, wie eine bestimmte Art der Sexualerziehung in der Kindheit eine typische Form des sexuellen Verhaltens als Erwachsener hervorzubringen scheint. Wir haben erwähnt, daß der frühen negativen Bewertung der Sexualität später sexuelle Verwirrung folgt.

Mit anderen Worten: wir haben darauf hingewiesen, daß Eltern für das Verhalten ihrer Kinder maßgebend verantwortlich sind. Aber dies bedeutet nicht, daß wir versuchen, die Eltern zu veranlassen, sich schuldig zu fühlen, oder daß sie sich der „furchtbaren Fehler", die sie machten, schämen sollten.

Schließlich sind die Eltern von heute die Kinder von gestern, und ihre Verwirrungen resultieren aus den Verwirrungen der vorhergehenden Generation. Wenn wir jemand dafür verantwortlich machen sollten, müßten wir Generation um Generation zurückgehen und alle Verantwortung unseren Stammeltern anlasten. Aber was würde damit erreicht werden?

Es kann etwas unternommen werden – etwas, das uns als Eltern helfen kann, davon Abstand zu nehmen, die Verwirrungen unserer eigenen Eltern unseren Kindern aufzuzwingen. Auch ist es nicht zu schwer; wir können den Besserungsprozeß mit der Frage beginnen: Möchte ich, daß mein Kind dieselbe sexuelle Erziehung haben soll, wie ich sie hatte? Was wurde mir über die Sexualität gesagt? Welche Art Aufklärung wurde mir zuteil – war sie realistisch oder unrealistisch? War Sexualität ein schreckliches Geheimnis oder eine natürliche Tatsache? Das ist nicht nur eine Frage der Unterrichtung – es ist auch eine Frage des Beispiels. Wir meinen das Beispiel der Zärtlichkeit, jener Zärtlichkeit, die alle Eltern für ihr Kind empfinden.

Es scheint, als ob viele Eltern zögerten, einem Kind Zärtlichkeit zu zeigen, weil sie Zärtlichkeit mit sexuellem Verlangen verwechseln. Wir wollen nicht vor einem Wort zurückschrecken – wahrscheinlich hat jede Liebesbezeigung einen sexuellen Aspekt, aber nicht jede Liebesbezeigung führt zum Geschlechtsverkehr. Die sexuelle Qualität in der Liebe einer Mutter für ihr Kind ist völlig anders als die sexuelle Qualität der Liebe, die sie ihrem Gatten entgegenbringt. Damit ein Kind zu einem der Liebe fähigen Erwachsenen heranreifen kann, muß es die Ermutigung kennen, die aus der Stärke und der Lebenskraft der sexuellen Qualität der Elternliebe kommt. Die Eltern brauchen sich nicht zu sorgen, daß dies zum Inzest führen könnte; es ist ausgeschlossen.

Es ist nie zu spät für eine Neubewertung der früher erteilten Belehrungen und der jetzigen Ansichten, die man hat. Vielleicht hatten Sie eine gute Sexualerziehung in Ihrer Kindheit; können Sie sie für Ihre Kinder verbessern? Vielleicht war Ihre Sexualerziehung nicht so gut; können Sie nicht aus den Fehlern Ihrer Eltern lernen?

Angenommen, wir sagten, die Gesellschaft trage die Schuld, anstatt die Eltern für die sexuellen Verirrungen ihrer Kinder verantwortlich zu machen. Angenommen, wir sagten: „Ja, so ist es eben; wir können es nicht ändern. Natürlich kann *ich* mich ändern; aber sonst tut es niemand – weshalb sollte ich es daher tun?"

Der Verfasser ist der Meinung, daß die Gesellschaft verändert werden kann. Noch richtiger wäre es, zu sagen, daß sich die Gesellschaft ändert; sie verändert und entwickelt sich genauso, wie die Individuen, aus denen sie besteht, sich verändern und entwickeln. Die Gesellschaft besteht aus Menschen; so wie die Menschen ihre Lebensweise ändern, verändert die Gesellschaft ihre Ansichten.

Jeder kann als Individuum seine Vorstellungen über die Sexualität ändern. Wenn genügend Individuen sie ändern wollen, wird die Gesellschaft sich ändern. Das Problem kann am besten gelöst werden, wenn jeder von uns versucht, sein eigenes Problem zu lösen, und den anderen hilft, ihre Probleme zu lösen.

Wir glauben, daß der Schlüssel zu dem Problem in unseren Gefühlen, unseren Bedürfnissen und unseren Ausdrucksweisen zu finden ist. Unzählige Male wurde beobachtet, daß ein Patient sexuelle Hemmungen in erheblichem Maße überwinden kann, wenn er sich seiner Gefühle und Empfindungen bewußt wird. Wenn er bis zu dem Punkt kommt, an dem er sagen kann: Dies ist mein Ich; ich empfinde dies; was kann ich also tun? – dann ist er auf dem besten Weg zur Gesundung.

Wir haben auch beobachtet, daß, wenn dieses Gefühlsbewußtsein auf einem Gebiet beginnt, es sich dann auf alle anderen Bereiche des Gefühlslebens ausdehnt. Der Betroffene verliert seine Beschwerden, und er wird durch den Schatz seiner Gefühle bereichert, durch die Freude an seinen eigenen Sinnen befreit.

Auch ist er in diesem reicheren, freieren Leben nicht allein. Dazu gehört auch das Verständnis für das wunderbare Gefühl der Gemeinsamkeit. Dazu kommt es, wenn wir uns nicht vor anderen fürchten.

Wenn wir lernen, die Schranken unserer Furcht zu durchbrechen, können wir die Freuden des Kontakts erleben; wir können uns angeregt fühlen, wir können lachen, wir können leben und uns des Lebens erfreuen.

Kapitel 6

Die innere Geschichte von Allergien, Geschwüren und Drüsenkrankheiten

Krankheiten der Atmungsorgane · Krankheiten des Verdauungssystems Drüsenerkrankungen · Hautkrankheiten · Muskel- und Knochenerkrankungen Andere Krankheiten

Wir kommen jetzt zu dem Punkt, an dem wir etwas eingehender psychosomatische Krankheiten erörtern können. Die Voraussetzungen dafür sind gegeben, und der Leser wird jetzt mit den verschiedenen Aspekten jener Krankheiten vertrauter sein, die alle „in der Einbildung“ bestehen.

Um diese Krankheiten systematischer zu erörtern, werden wir die verschiedenen Gruppen der Funktionen betrachten: Wir wollen über Atmungsstörungen, Verdauungsstörungen, Störungen auf den verschiedenen Gebieten wie denen der Muskel- und Knochenfunktion, der Drüsen und so fort sprechen. Es ist angebracht, die verschiedenen Körperteile des Menschen so zu behandeln, denn auf diese Weise wurden wir über den Menschen in der Schule unterrichtet.

Wir dürfen jedoch nicht die Tatsache aus den Augen verlieren, daß der Mensch *als Ganzes funktioniert*. Den Patienten, der einen kranken Magen und nichts sonst hat, gibt es nicht; er ist vielmehr ein kranker Mensch, dessen Beschwerden hauptsächlich auf dem Magen beruhen, der aber daneben viele andere Funktionsstörungen hat. Die Mediziner haben dies erkannt in ihren Beschreibungen der typischen Magengeschwür-Persönlichkeit und sogar beobachtet, daß Patienten mit Magengeschwüren dazu neigen, sich im Körperbau und der allgemeinen Erscheinung auffallend zu ähneln.

Wenn wir daher ein psychosomatisches Leiden eines bestimmten Organs oder eine Funktionsstörung eines bestimmten Teilgebiets erörtern, sollte daran gedacht werden, daß wir nur über einen Aspekt einer komplexen Reihe von wechselseitigen Zusammenhängen sprechen. Um einen Vergleich anzustellen: Wenn wir einen Würfel betrachten, sehen wir nicht alle sechs Seiten auf einmal – wir können jedoch eine oder zwei Seiten betrachten, ohne zu vergessen, daß es mehr als nur diese gibt. Wir können uns im Augenblick mit einer Seite des Würfels befassen (es ist leichter, so zu verfahren), aber wenn wir den Würfel als Ganzes vollständig begreifen wollen, müssen wir an die anderen fünf Seiten plus die Kanten plus die Winkel und auch an das Material und den Schwerpunkt des Würfels denken.

Krankheiten der Atmungsorgane

Das erste Teilgebiet, das wir als Aktionsfeld psychosomatischer Krankheiten betrachten wollen, ist das Atemsystem. Dazu gehören die Nasenlöcher, die Oberfläche der Nasenhöhle, die spindelförmig hervortretenden Knochen an den Wänden der Nasenhöhle (die bewirken, daß sich die der eingeatmeten Luft ausgesetzte Schleimhautoberfläche ausdehnt), die Nasennebenhöhlen, die Rachenhöhle, der Kehlkopf, die Luftröhre, die großen und kleinen Bronchien und die Alveolen, jene kleinen Luftbeutel, in denen die Lungenfunktion stattfindet. Wir können auch die Stimmbänder als Teil des Atemsystems betrachten, da Luftdurchgang erforderlich ist, damit sie vibrieren können. Die an die Rippen anschließenden Muskeln und der Zwerchfell genannte gewölbte Muskel nehmen ebenfalls an der Atmung teil. Schon auf dieser einfachen Beschreibungsstufe können wir sehen, wie ein System das andere überlagert und mit einem weiteren durchsetzt ist – daß sie getrennt werden können, wenn man darüber *spricht,* jedoch nicht in Wirklichkeit.

Welches sind nun die Funktionsstörungen der Atmungsorgane? Die gewöhnliche Erkältung, chronische Sinusbeschwerden, Heufieber und Asthma sind die häufigsten Vorkommnisse. Insofern in diesem Buch eher die Grundzüge und nicht so sehr spezifische Einzelzustände erörtert werden, wollen wir jede Diskussion der selteneren Erscheinungen vermeiden, während wir jedoch daran denken, daß auch sie psychosomatischen Ursprungs sein können.

Zum Beispiel Asthma

Mac war ein Patient mit Asthma. Nachdem sein erster Anfall stattgefunden hatte, als er noch ein Kleinkind war, litt er seit über dreißig Jahren darunter. Wie bei einem typischen Asthmatiker wurden seine Atembeschwerden während der Heufieberzeiten ab Mitte August und immer, wenn er eine Erkältung hatte, schlimmer. Er hatte sich der üblichen medizinischen Behandlung unterzogen, hatte Medikamente erhalten, die die Verkrampfung seiner Bronchialwege lindern, und andere, die den dicken, zähen Schleim verflüssigen sollten. Sogar Hormone wie Cortison und ACTH (das adrenocorticotrope Hormon der vorderen Hypophyse) hatte er genommen. Trotz aller dieser Maßnahmen – und man beachte, daß sie alle von *außen* bewirkt wurden – fühlte er sich selten frei von seinen Beschwerden. Er konnte nur halbtägig arbeiten, und er war daher nie imstande, die Stellungen zu halten, die seinen größeren Fähigkeiten entsprachen.

Er hätte auf zahlreiche Arten behandelt werden können. Natürlich gab es die medizinische Behandlung, aber die hatte er jahrelang und ohne Erfolg versucht. Man kam daher überein, seinen Zustand mehr vom psychologischen Standpunkt aus anzugehen.

Bei der Behandlung eines psychischen Zustandes müssen zwei Aspekte des Patienten beachtet werden: einmal seine zahlreichen Erfahrungen, aus denen er gelernt hat, so zu sein, wie er ist; zweitens sein wahres Wesen.

Es ist eine eigentümliche und paradoxe Sachlage, daß nur wenige Leute wissen, wie sie sich verhalten; wenn ihnen bewußt wird, was sie tun, gelingt es ihnen, sich anders zu verhalten. Wir wollen uns nochmals mit dem Gedanken befassen – er ist einfach und ursprünglich, und doch ist er für die meisten Leute schwer zu begreifen.

Mac hatte Asthma; er atmete auf eine bestimmte, feststehende Art. Er verhielt sich, als ob dies die *einzige* Art wäre, in der er atmen könnte, und doch war er sich nicht bewußt, daß *er* in dieser Weise atmete!

Dieser Gedanke kann auch anders formuliert werden: Damit es gelingen kann, zwischen der Ausführung und der Unterlassung einer bestimmten Handlung zu wählen, muß man fähig sein, diese Handlung sowohl zu begehen wie nicht zu begehen. Ein Mann, der keine Beine hat, kann nicht wählen, *nicht* zu gehen – er hat keine Wahl in der Sache. Eine Wahl schließt zwei oder mehr Alternativen ein; wenn es keine Alternative gibt, ist es nicht möglich zu wählen.

Nun, Mac verhielt sich so, als ob er keine andere Wahl hätte, als asthmatisch zu atmen. Wir alle wissen, daß dies eine falsche Verhaltensweise ist; wenn sie richtig wäre, würden alle Asthma haben. Außerdem gab es Zeiten, in denen Mac frei von Asthma war. Zu gewissen Zeiten konnte er daher wählen, sich asthmatisch oder nicht asthmatisch zu verhalten.

Der erste Schritt bei seiner Behandlung war daher, ihm beizubringen, wie man Asthma hat! Als ihm gesagt wurde, daß dies geschehen würde, nahm er es skeptisch auf; er war dabei höflich, aber man konnte sehen, daß er es als lächerlich empfand. Seine Skepsis schwand jedoch in erheblichem Umfang, als ihm klar wurde, daß er nicht wußte, wie er während eines Asthmaanfalls atmete! Ihm war weder bewußt, daß er seine Schultern hob, noch daß er einen festen, unveränderlichen Atemrhythmus noch den schwachen Anflug eines Lächelns auf dem Gesicht hatte, noch daß ihm die Haut während eines Anfalls juckte, noch daß er gleichzeitig zornig und erfreut war, während er keuchte.

Er verbrachte verschiedene Stunden damit zu lernen, wie er atmete, was er fühlte, wie er sich im allgemeinen verhielt, während er gegen seine Atemschwierigkeiten ankämpfte. Er lernte, wie er das Geräusch eines asthmatischen Keuchens hervorrufen konnte, wenn er die Muskeln um den Kehlkopf anspannte, und er bemerkte, wie sich auch die Muskeln in seinem Genick spannten, während er dies tat. Er lernte, daß er zwischen dem Ende des Einatmens und dem Beginn des Ausatmens nicht pausierte; stattdessen ging er vom Einatmen der Luft zum Ausstoßen so schnell über wie ein Ball, der vom Bordstein abprallt. Kurz, er lernte, daß er jederzeit einen Asthmaanfall hervorrufen konnte, wenn er es wollte. Dadurch aber wurde er in beachtlichem Maße in die Lage versetzt zu wählen, ob er Asthma haben oder ob er es nicht haben wollte!

Auch war es notwendig, ausfindig zu machen, wie er das erstemal Asthma bekommen hatte. Bei einer vorhergehenden Erörterung zeigten wir, daß man durch Erfahrungen lernt. Es wurde daher angenommen, daß es in Macs Leben eine Zeit gegeben hatte, zu der er asthmatisch atmete, zu der er nicht anders atmen konnte, zu der es schien, daß er sich am Leben erhalten konnte, weil er imstande war, auf diese Weise zu atmen. Daher wurde nach der oder den Erfahrungen gesucht, die ihn lehrten, daß asthmatisches Atmen eine Maßnahme der Lebensrettung ist.

An diesem Punkt ist es notwendig abzuschweifen, um einen ziemlich neuen Gesichtspunkt zu erörtern. Die meisten Leute nehmen an, daß jene intellektuelle Tätigkeit, die wir Erinnerung nennen, im Alter von ungefähr drei Jahren einsetzt. Bei der Art der psychiatrischen Methode, die in Macs Fall angewandt wurde, wurde dagegen angenommen, daß er sich an alles erinnern konnte, was sich jemals in seinem gesamten Dasein ereignet hatte. Man beachte sorgfältig die Formulierung: es wurde *angenommen,* daß er sich erinnern konnte, nicht daß er es *konnte.* Die Untersuchungen haben ergeben, daß diese Annahme zum Nutzen gereicht; ob sie stimmt oder nicht, scheint wenig oder überhaupt keinen Unterschied zu machen.

Mac wurde daher gefragt: „Wann nehmen Sie an, daß Sie das erstemal Schwierigkeiten mit dem Atmen hatten? Wann nehmen Sie an, daß Sie asthmaartig *geatmet haben können?*"

„Oh, das weiß ich nicht", hatte Mac geantwortet. „Meine Mutter erzählte mir, daß ich meinen ersten Asthmaanfall hatte, als ich ungefähr neun Monate alt war. Meine älteren Geschwister hatten mich mit hinausgenommen, wo Weizen verladen wurde, und mich ganz vergessen, während sie mich ungefähr eine Stunde in einem geschlossenen Güterwaggon gelassen hatten. Ich glaube, es war ziemlich staubig da drin – aber ich kann mich nicht mehr daran erinnern."

Die nächste Frage war: „Angenommen, Sie würden sich erinnern können an das, was vorging, als Sie neun Monate alt waren; was glauben Sie, stellten Sie da fest?"

Mac besprach die Wahrscheinlichkeiten dieser Situation ausführlich mit dem Therapeuten, und während er dies tat, wurde beobachtet, daß mit jeder Assoziation, die sich bei ihm einstellte, sein Asthma zunächst stärker bemerkbar und dann weniger deutlich wurde. Zum Beispiel nahm er an, daß er weinte, während er in dem staubigen Güterwaggon saß; er ahmte das Weinen eines Babys nach, und prompt wurde das asthmatische Keuchen lauter. Etwas mehr infantiles Gejammer, und er begann über sein unmögliches Verhalten zu kichern: ein fünfunddreißig Jahre alter Mann, der wie ein Baby weinte – dann ließ das Keuchen nach.

Seine Therapie wurde fortgesetzt, wobei sowohl das „Wie" wie das „Warum" seiner Krankheit erörtert wurde. Ihm wurde zu dem Bewußtsein verholfen, *wie* er sich verhielt, um die komplexe Erscheinung mit Namen Asthma hervorzurufen. Dann wurde ihm geholfen, eine Erfahrung zu erörtern, durch die er gelernt haben könnte, daß asthmatisches Verhalten wertvoll sei. Der Wert, Asthma zu haben, wurde gleichfalls besprochen: was erreichte er, wenn er Asthma hatte, das ihm versagt bleiben würde, wenn er nicht unter diesem Zustand litt?

Wenn Fragen wie diese gestellt werden, wird oft recht sonderbar geantwortet, besonders wenn der Befragte die erste Antwort gibt, ohne zu bedenken, wie sinnvoll sie ist. Mac wurde gefragt: „Was würde geschehen, wenn Sie nicht asthmatisch atmen würden?" Seine Antwort war: „Ich würde nicht atmen – und dann müßte ich sterben." Jeder, der denken kann, wird erkennen, daß eine solche Antwort irrational ist und den Tatsachen widerspricht. Wenn Mac nicht asthmatisch atmen würde, dann könnte er auch langsam oder schnell oder regelmäßig oder unregelmäßig oder auf zahlreiche andere Arten atmen. Aber er betrachtete sein asthmatisches Atmen, als ob dies für ihn die *einzige* Art zu atmen wäre.

Macs Genesungsprozeß war langsam, aber beständig. Zuerst gelang es ihm nur, verbal zu reagieren. Er konnte sagen: „Nun gut, dann brauche ich eben kein Asthma zu haben." Aber er strengte sich weiter beim Ausatmen an und keuchte bei jedem Atemzug. Er konnte die Feststellung des Therapeuten auf verbaler, aber nicht auf der Verhaltensbasis akzeptieren; er wußte die Worte, aber er konnte noch nicht das Verhalten den Worten anpassen.

Macs Fall illustriert, wie sich Psychosomatiker von denen unterscheiden, die eine koventionellere medizinische Richtung vertreten. Der gewöhnliche Arzt handelt, als ob er alles, was in seiner Macht steht, tun müsse, um dem Verlauf der Krankheit Einhalt zu tun, während er betont, daß eine Krankheit vorhanden ist. Ein mehr am Patienten als an der Krankheit interessierter Arzt ist sich bewußt, daß *die Krankheit ein Mittel zum Überleben* ist: Anstatt *nur* zu versuchen, den Verlauf der Krankheit abzukürzen, versucht er auch, dem Patienten mit dem Verständnis, wie und warum er krank wurde, zu helfen und ihn in die Lage zu versetzen zu erkennen, daß er die Wahl zwischen dieser Methode des Überlebens und anderen hat.

Und was geschah mit Mac? Zur Zeit dieser Niederschrift verbessert sich sein Zustand weiterhin. Er wird sich der verschiedenen emotionellen Faktoren seines Asthmas bewußt – daß es ein Mittel ist, um Zorn oder Kummer oder Furcht oder Widerwillen zum Ausdruck zu bringen. Er lernt, wie er diese Gefühle auf geeigneterem Weg zum Ausdruck bringen kann. Er lernt zu weinen, seine Fäuste zu ballen und seine Kinnmuskeln zu spannen, er lernt zu zittern. Er hat eine Heufieberperiode durchgemacht, ohne ins Krankenhaus zu müssen wie in früheren Jahren. Sein Bedürfnis nach Medikamenten wird immer geringer. Die Abwesenheit von der Arbeit ist weniger häufig und von kürzerer Dauer geworden – und dies geschah während ungefähr fünfzehn Behandlungen, die in einer Zeit von weniger als sechs Monaten stattfanden.

Nach Patienten mit ähnlichen Zuständen und ähnlichen Behandlungsformen zu urteilen, kann er erwarten, daß sich sein Zustand weiterhin bessert und daß seine Genesung dann von Dauer sein wird, ohne daß die Krankheit wieder auftritt.

Und die gewöhnliche Erkältung?

Es ist errechnet worden, daß die gewöhnliche Erkältung an mehr verlorenen Arbeitsstunden schuld ist als alle anderen Krankheiten oder alle Unfälle. Fast jeder leidet hin und wieder an einer Erkältung – oder wenn nicht, dann erwartet er zumindest, daß er eine bekommen wird.

Millionen von Dollar sind für die Forschung nach den Ursachen der Erkältungen und für Arzneien, die sie heilen, ausgegeben worden. Verschiedene geflügelte Worte beschreiben die Haltung der therapeutischen Hoffnungslosigkeit, wie: „Wenn eine Erkältung richtig behandelt wird, dann dauert sie vierzehn Tage; wenn nicht, dann wird sie zwei Wochen dauern."

Nur wenige Leute haben bedacht, daß die gewöhnliche Erkältung eine selbsterschaffene, psychosomatische Krankheit – daher nicht notwendig – ist! Der unmittelbare Einwand gegen diese Feststellung besteht darin, auf alle Bemühungen gegen die Erkältung als Infektionskrankheit hinzuweisen: die Isolierung des filtrierbaren Virus, der von einer Person auf eine andere übertragen werden kann. Und dann gibt es die gewöhnlich angeführte Beobachtung bei Menschen, die in einsamen Siedlungen in der Nähe des nördlichen Polarkreises leben: den ganzen Winter, während sie eingeschneit sind, hat niemand eine Erkältung, aber wenn das erste Schiff im Frühjahr eintrifft, bekommen sie sie alle. Auch wird fest geglaubt, daß der Aufenthalt in der Nähe eines Erkälteten zur „Ansteckung" führen wird – womit wiederum gemeint ist, daß die einzige Ursache der Virus ist, den der Erkältete auf den widerwilligen Empfänger der unerwünschten Gabe überträgt.

Darüber hinaus gibt es den Katalog der Ansichten über die Verhinderung von Erkältungen: Wenn du eine Erkältung verhindern willst, dann hüte dich vor Zugluft, achte darauf, daß du nicht frierst, daß du viel schläfst und so fort.

Vielleicht sind dies alles wichtige Faktoren – aber ebenso kann es andere geben. Hat der Leser jemals bedacht, daß die Wahrnehmung von Erkältungsgeräuschen ihn für eine Erkältung empfänglich macht? Hat er schon einmal im Theater beobachtet, wie eine hustende Person das Einsatzzeichen für einen ganzen Chor von Hustenden gibt?

Wir wollen die Symptome einer Erkältung auf der Grundlage der damit verbundenen Laute untersuchen und sehen, welche andere Zustände es gibt, bei denen diese Laute hervorgerufen werden. Erstens gibt es das Schnüffeln – das plötzliche Einatmen durch die Nase, um zu versuchen, den Nasenschleim zurückzuziehen. Auch wenn jemand weint, hören wir ihn schnüffeln. Dann gibt es das explosive Räuspern im Rachen. Wenn wir diejenigen beobachten, die sich oft räuspern, bemerken wir, daß der Vorgang gewöhnlich von Stirnrunzeln oder einem finsteren Blick begleitet ist – und hört sich das Rachengeräusper nicht wie ein Grollen an? Und der Husten – sein Geräusch wird häufig mit jenem von Hundegebell verglichen, womit der Hund zum Ausdruck bringt: ich mißtraue dir.

Mit anderen Worten können die Erkältungsgeräusche als nichtverbale Gefühlsäußerungen interpretiert werden, und zwar besonders der Kummer-, Wut- und Furchtgefühle. Das erinnert uns an andere Beobachtungen wie die Tatsache, daß ein großer Teil der Trauernden bei einer Beerdigung einige Tage später eine Erkältung bekommt oder daß ein Kind, das zornig oder sonstwie beunruhigt ist, zum Schnüffeln neigt. Tatsächlich ist seit langem bekannt, daß jedem stark emotionellen Erlebnis oft eine sogenannte „Infektion der oberen Atmungswege“ folgt. Hat der Leser jemals die Häufigkeit von Erkältungen bei kürzlich verheirateten Leuten bemerkt?

Und was soll damit bewiesen werden? Nun, es ist nicht beabsichtigt, etwas zu *beweisen* – vielmehr soll darauf hingewiesen werden, daß beim Entstehen der gewöhnlichen Erkältung andere Faktoren am Werk sein könnten als die, welche gewöhnlich vermutet werden. Und wenn das der Fall ist, haben wir einen weiteren Angriffspunkt gegen diesen gewöhnlichen, ärgerlichen Zustand. Wir wollen es so ausdrücken: Wenn jemand in unserer Nähe hustet und einige Millionen Bakterien auf uns überträgt, können wir nicht viel dagegen tun, wenn wir nicht mit einer tragbaren Luftfilteranlage umhergehen wollen. Aber wenn das *Geräusch* des Hustens wünschen läßt, es nachzuahmen, und wenn es am besten durch eine Verstopfung der Atemwege nachgeahmt werden kann, dann gibt es eine Wahlmöglichkeit. Man braucht das Geräusch nicht nachzuahmen, wenn man es nicht wünscht.

Dies führt zu der Frage, warum jemand wünschen sollte, einen Husten nachzuahmen. Die Vorstellung von dem „Wunsch“, krank zu sein, wird häufig von Psychiatern erwähnt bei ihren Versuchen, das Vorhandensein einer Krankheit zu erklären, und fast ebenso häufig wird dies von den Patienten zurückgewiesen.

Es wäre korrekter zu sagen, daß manche Leute sich verhalten, *als ob* sie ein bestimmtes Symptom oder einen Symptomkomplex wünschten. Im allgemeinen ist der „Wunsch“ nach etwas der erste Schritt, um es zu bekommen. Wenn man daher eine Erkältung bekommt, hat man sie „gewünscht“.

Wir möchten diese Konzeption des Themas in unserem Buch leicht abgewandelt zum Ausdruck bringen. Einmal spürte der Leser eine Beklemmung in seiner Lunge, und seine Bronchien waren verschleimt. Er hustete und hörte das Geräusch des Hustens. Das Geräusch des Hustens, der Hustenvorgang und die Gefühle, die zum Husten reizten, wurden alle gleichzeitig erlebt und waren in dieser Situation gleichwertig. Wenn man daher einen anderen husten hört, könnte man auch selbst „wünschen“ zu husten.

Natürlich gibt es Ausnahmen davon; manche Leute können den ganzen Tag andere husten hören, ohne das geringste Verlangen zu spüren, ihre Lunge explosiv zu entleeren. In diesem Fall kann gesagt werden, daß sie nicht die fixierte Assoziation zwischen dem Hustengeräusch und dem Hustenvorgang haben, wie das bei den chronischen Hustern der Fall ist.

Die verschiedenen Anzeichen und Symptome der gewöhnlichen Erkältung können ebensogut auf andere Verhaltensweisen zurückgeführt werden. Wie an anderer Stelle erwähnt, können psychosomatische Krankheiten auch so betrachtet werden, daß sie eine nichtverbale Kommunikation oder ein entsprechender Ausdruck für einen körperlichen Zustand sind. Wenn man jemand mitteilen möchte, daß man zornig ist, kann man es mit Worten zum Ausdruck bringen – „Ich bin zornig“ oder „Ich bin verärgert“. Man kann auch die Stirn runzeln, den Unterkiefer vorstrecken, die Fäuste ballen und brummen – und wenige würden die Bedeutung dieser Mitteilung mißdeuten.

Und was würde man mitteilen, wenn man die Symptome einer Erkältung hat? Es könnte sein, daß Schnüffeln und tropfende Nase Mittel sind, um das Weinen nachzuahmen, um wortlos zu sagen: Ich bin traurig. Die tränenden Augen würden diese Mitteilung verdeutlichen. Oder wir könnten sagen, daß der Husten, der die Atemwege frei macht, der Schnupfen, die tränenden Augen alle den Versuch andeuten, eine Störung zu beseitigen – mag sie nun von der Frau, dem Arbeitgeber oder der Notwendigkeit, an einer unerwünschten gesellschaftlichen Veranstaltung teilzunehmen, ausgehen. Durch die Flucht in die Krankheit entzieht man sich der Störung. Natürlich kann eine Erkältung auch vieles andere bedeuten.

Und Stirnhöhlenentzündung?

Wenn der Arzt einen Patienten betrachtet, der „Stirnhöhlenbeschwerden" hat, erkennt er praktisch dasselbe Krankheitsbild wie bei einer gewöhnlichen Erkältung. Stirnhöhlenentzündung ist gewöhnlich eine Phase der Erkältung, die verschwindet, sobald die anderen Erkältungssymptome abklingen.

Die meisten Leute, die über Stirnhöhlenbeschwerden sprechen, meinen den Zustand, der als chronische Stirnhöhlenentzündung bekannt ist. Dabei besteht eine dauernde leichte Infektion der Schleimhäute, mit denen die Stirnhöhle und die Nebenhöhlen ausgekleidet sind. Die Höhlenöffnungen schwellen an, und der Schleim kann nicht heraussickern. Wenn das geschieht, hat der Betroffene Kopfschmerzen. Oder die Höhlen können sich plötzlich entleeren; dann tropft der Schleim im hinteren Teil des Rachens abwärts und verursacht einen chronischen, kitzelnden Husten. Das Verschlucken von infiziertem Schleim kann zu Übelkeit und Erbrechen führen, die bestehende Infektion zur Entzündung der Mandeln und der Polypen.

So stellen sich Stirnhöhlenbeschwerden dem praktischen Arzt dar. Wie sieht sie der Psychosomatiker?

Wir würden folgende Fragen über Stirnhöhlenbeschwerden stellen: Was macht man, um Stirnhöhlenbeschwerden zu bekommen? Welche Gemütsbewegungen wirken auf das Leiden ein? Welche Vorteile hat man von Stirnhöhlenbeschwerden? Welche Gefühle könnte man mit diesen Symptomen zum Ausdruck bringen? Welche Gefühle werden dabei unterdrückt?

Wir haben festgestellt, daß ein Faktor ein bestimmtes Verhältnis zwischen Stirnhöhlenbeschwerden und Kummer, zwischen dem Ausmaß der Nasenverstopfung und der Zahl der ungeweinten Tränen im Leben eines Menschen sein kann. In Helens Fall schien es bestimmt so zu sein.

Helen war kein sehr attraktives Mädchen. Wenn man sie anblickte, wurde man zuerst eine große, rote Nase mit entzündeten Nasenlöchern gewahr. Die Nase war häufig in ein Papiertaschentuch vergraben; aber auch wenn man sie nicht sah, konnte man sie hören.

Der Grund für Helens psychotherapeutische Behandlung waren nicht ihre Stirnhöhlenbeschwerden; sie litt unter zahlreichen anderen Beschwerden. Es war jedoch offensichtlich, daß alle ihre Beschwerden eine Gemeinsamkeit hatten: Sie schien nicht zu wissen, wie man etwas herausläßt. Sie litt an Verstopfung; ihre Menstruationsperioden waren unzulänglich; ihre Haut war trocken; sie keuchte leicht, wenn sie ausatmete; wie sie sagte, weinte sie nie, sie wurde nie zornig, und es fiel ihr schwer zu lachen. Alle Auslaßkanäle ihres Körpers schienen verschlossen zu sein.

Eines Tages erinnerte sie sich während der Therapie, wie sie einmal von ihrer Mutter in eine dunkle Kammer eingeschlossen worden war zur Bestrafung, weil sie „unartig" gewesen sei. Helen glaubte nicht, daß sie unartig gewesen war, und empfand, daß ihre Mutter außerordentlich ungerecht gehandelt hatte. Auch fürchtete sie sich, weil sie in diesem dunklen, dumpf riechenden Raum allein gelassen worden war; sie konnte nicht wissen, was sie in dem von Kleidungsstücken angefüllten Abstellraum erwartete.

Als sie sich wieder an dieses Erlebnis erinnerte und versuchte, das Gefühl des Eingeschlossenseins zu haben, brach sie plötzlich in Tränen aus. Als sie weinte, sagte sie: „Sie wollten mich nie – ich weiß, daß sie meinen Anblick haßten. Nichts konnte ich tun, nichts konnte ich sagen. Jedesmal, wenn ich etwas fragte, sagte mir Mutter, ich solle die Klappe halten."

Helen weinte fast eine Stunde lang – zuerst mit starkem, schmerzlich klingendem Schluchzen, später mit reichlich fließenden Tränen. Als sie weinte, erinnerte sie sich an alles: Wie ihre Eltern sie zum Schweigen gebracht, sie abgewiesen, sie des erforderlichen Gefühls, geliebt und erwünscht zu sein, beraubt hatten. Ein Leben voller Sorgen und voll Verdruß kam zum Vorschein.

Am Ende der Konsultation sagte sie plötzlich: „Wahrhaftig, ich kann atmen! Meine Nase ist vollkommen frei – sie ist überhaupt nicht verstopft!"

Mit dem Rinnen ihrer Tränen schienen gleichzeitig ihre Stirnhöhle und ihre Nebenhöhle frei geworden zu sein. Wenn sie jetzt fühlt, daß ihre Stirnhöhle und die Nebenhöhlen verstopft sind, hat sie gelernt, irgendeine Repression aufzuspüren, die den Zustand ausgelöst haben könnte. Wenn sie eine geeignete Erklärung findet, unternimmt sie etwas, um die Repression zu überwinden – und ihre Stirnhöhle und die Nebenhöhlen bereiten ihr viel weniger Beschwerden.

Vielleicht hat der Leser jetzt bemerkt, daß Helen sich besser zu fühlen begann, nachdem sie geweint hatte, und er wird sich erinnern, daß Weinen im Zusammenhang mit anderen Patienten erwähnt wurde. Vielleicht wundert er sich über die Beziehung zwischen dem Weinen und der erfolgreichen Psychotherapie. Einige Worte darüber mögen daher nicht verfehlt sein.

Ist Weinen zur Behandlung einer Neurose notwendig? Wird man genesen, wenn man weint? Wir glauben es nicht. Wir bemerken, daß die Patienten auf zwei verschiedene Arten weinen: die eine, ein gewohnheitsmäßiges Weinen, eine Reaktion auf Frustration, ein Mittel, seinen Willen durchzusetzen oder das Mitleid eines anderen zu erregen. Die andere Art des Weinens kommt mit tiefem Schluchzen bei einer inhaltsschweren Feststellung, Verluste erlitten zu haben. Ohne ersichtlichen Nutzen kann ein Eimer voll Tränen der ersten Art vergossen werden; die zweite Art zu weinen ist jedoch gewöhnlich ein Hinweis, daß die Lebensanschauung des Betroffenen hoffnungsvoller zu werden beginnt.

Bestimmte Emotionen, besonders die mit dem Verlust einer sehr geliebten Person verbundenen, scheinen am besten durch Weinen ausgelöst zu werden. Wenn die Tränen zurückgehalten werden, finden sie anderswo einen Ausweg; aber dieser Ausweg könnte eine Krankheit sein. Wenn die aufgestauten Tränen schließlich vergossen werden, ist die Krankheit weniger notwendig.

Und Heufieber?

Was über die gewöhnliche Erkältung und die Stirn- und Nebenhöhlenbeschwerden gesagt wurde, kann auch für das Heufieber gelten: daß es eine wortlose Kommunikation, daß es Ausdrucksversuch einer Gemütsbewegung sein kann; daß es der erneute Ablauf einer Verhaltensweise ist, die zu einem früheren Zeitpunkt erfolgreich war, und so fort.

Wenn wir dies jedoch einem Patienten zu verstehen geben, treffen wir gewöhnlich auf den Einwand: „Aber Heufieber wird durch eine Allergie verursacht – ich bin empfindlich gegenüber den Pollen des Jakobskreuzkrautes. Ich habe Hauttests gehabt, und sie *beweisen* es."

Sehr wahr. Aber man erinnere sich, daß dieses Buch nicht mit der Widerlegung vorausgegangener Erklärungen für Krankheitsursachen befaßt ist. Statt dessen versuchen wir andere, zusätzliche Erklärungen nahezulegen. Die Pollen des Jakobskreuzkrautes können Heufiebersymptome bei einer allergischen Person hervorrufen – aber möglicherweise gibt es daneben andere Erklärungen.

Es gibt die klassische Geschichte von dem Mann, der gegen Rosen empfindlich war. Immer wenn er in der Nähe von Rosen war, begann seine Nase zu tropfen, er begann zu niesen und er entwickelte alle Symptome dessen, was die Mediziner hyperästhetische Rhinitis (eine empfindliche, entzündete Nase) nennen. Eines Tages kam dieser Mann zu einem Arzt und sah eine schöne Rose in einer Blumenvase auf dem Schreibtisch – und seine Symptome zeigten sich prompt und mitleiderregend. Dann zeigte ihm der Arzt, daß es eine *künstliche* Rose war, die weder Blütenstaub noch ein anderes Nasenreizmittel hervorbringen konnte. Darauf erkannte der Mann, daß es keine Rosen waren, auf die er reagierte, sondern vielmehr *seine Vorstellungen* von Rosen.

Hier ist eine weitere Überlegung: In der Medizin klassifizieren wir krankheitserregende Faktoren nach drei Typen – den prädisponierenden, den präzipitierenden und den perpetuierenden. Die prädisponierenden Faktoren machen für eine Krankheit empfänglich oder verringern die Widerstandsfähigkeit gegen sie; die präzipitierenden Faktoren sind die, welche die Krankheit zum Ausbruch bringen; die perpetuierenden Faktoren jene, die die Tendenz haben, die Krankheit bestehen zu lassen, ohne daß sie ausheilt.

Beim Heufieber und anderen allergischen Zuständen kann es sehr wohl sein, daß die Pollen, die Schimmelpilze, die Lebensmittel, gegen die man empfindlich ist, alle als präzipitierende Faktoren auftreten. Aber man beachte, daß prädisponierende Faktoren vorhanden sein könnten, wie ernste Gemütserschütterungen, die den Patienten soweit bringen, daß er sich verhält, als ob er nichts anderes als Heufieber wählen könnte. Diese gefühlsbeladenen fixierten Beziehungen können auch die Krankheit weit mehr verlängern, als der Patient wünscht.

Da war der Fall von Joe, einem hübschen achtzehnjährigen Burschen, der seit seiner Kindheit Heufieber gehabt hatte. Es machte ihn nicht gerade zum Invaliden – er brauchte keinen Kurort für Heufieber aufzusuchen, um Linderung zu finden –, aber es genügte, um ihn von vielen Betätigungen abzuhalten, von denen er sagte, daß er sie mochte. Zum Beispiel konnte er nicht Fußball spielen; aber es war bemerkenswert, daß er Leiter der Fußballmannschaft werden konnte, eine Funktion, die ihn genauso den Pollen aussetzte, wie wenn er gespielt hätte. Aber als Leiter brauchte er nicht in handfesten körperlichen Kontakt mit seinen Mannschaftskameraden und seinen Gegnern zu kommen; er konnte am Rande des Spielfeldes sitzen und in Ruhe und Sicherheit schnüffeln.

In der Therapie wurde ihm zum Bewußtsein der Situationen verholfen, die sein Heufieber verschlimmerten, oder zumindest brachte er es anfänglich auf diese Art zum Ausdruck. Er lernte jedoch zu sagen: „Ich komme in so und so eine Situation, und meine Heufiebersymptome werden deutlicher.“ Mit anderen Worten: er lernte, sich seiner Wahl bewußt zu werden, unter bestimmten Umständen – ohne daß diese ihn dazu *zwängen* – Heufieber zu bekommen.

Es stellte sich heraus, daß seine Mutter übermäßig besorgt, übermäßig darauf bedacht war, daß ihr kleiner Junge lieb, ruhig, von allen gern gemocht, gutartig, freundlich, rücksichtsvoll und so weiter sein sollte. Mit anderen Worten: sie tat alles, um Joe zu einer Verhaltensweise zu zwingen, durch die seine normale Aggressivität vollkommen unterdrückt wurde.

Man kann so oft sehen, daß es unmöglich ist, irgendein Gefühl vollständig zu unterdrücken; wenn es sich nicht in der gewöhnlichen Ausdrucksweise offenbart, wird es sich auf Umwegen äußern. Joe war es nicht erlaubt, irgendeine Aggression, besonders gegenüber seiner Mutter, zum Ausdruck zu bringen. Aber nichtsdestoweniger war die Aggression vorhanden – und er wurde mit der Mutter „quitt“, indem er Heufieber hatte und ihr damit Sorgen bereitete.

Auch versuchte er, seine eigene Persönlichkeit zu wahren, indem er alles ablehnte, was seine Mutter ihm sagte. Wir haben zuvor erwähnt, wie die verschiedenen Funktionen des Körpers parallel zueinander zu verlaufen scheinen. Hier lehnte Joe ab, was seine Mutter ihm sagte, so gut er das bei seiner frustrierten Beschaffenheit konnte – und es war, als ob er die störenden Vokabeln seiner Mutter mit den irritierenden Pollen des Jakobkreuzkrautes gleichsetzte. Anstatt zu versuchen, sich von der Wirkung der Vokabeln zu befreien, versuchte er ihr Äquivalent, den Pollen, loszuwerden – daher nieste er, um ihn aus der Nase zu vertreiben, seine Augen tränten, um ihn von dort zu entfernen, er sonderte eine dicke Schicht Nasenschleim ab, um sich gegen den Reiz zu schützen.

Während seiner Therapie nach dem „Wie“ befragt, wurde er sich der Weise bewußt, in der er diese Symptome hervorrief, und mit dem unterdrückten Wutgefühl vertraut, das seine Anfälle begleitete. Dann wurde ihm beigebracht, wie er seine Wut physisch zum Ausdruck bringen konnte: er lernte „verrückt“ zu spielen. Als er lernte, wie er sowohl verrückt als auch nicht verrückt spielen konnte, war es, als ob er zwischen beidem zu wählen vermochte. Er brauchte nicht länger die Kanäle seines Zornesausdrucks einzudämmen, um die Wut nur durch seine Nase austreten zu lassen – und sein Heufieber verminderte sich beträchtlich.

Auch wurde ihm geholfen, das „Warum" seines Heufiebers zu erklären. Er tat dies auf mancherlei Weise, indem er über vergangene Erfahrungen nachdachte, die mit seinen Symptomen zusammenhingen. Die Erkenntnis, daß damals nicht heute ist, daß diese Reaktion nicht die einzig mögliche war und daß er zwischen den Zeiten und den Reaktionen unterscheiden und wählen konnte, war gleichfalls ein Faktor bei seiner Genesung vom Heufieber.

Andere Krankheiten der Atemwege

Die meisten Praktiker der psychosomatischen Medizin glauben, daß *alle* Krankheiten sogenannte psychogene Aspekte haben. Und weshalb nicht? Wenn wir das Denken als die Funktion der als Körper bezeichneten Struktur betrachten, ergibt sich, daß jede Veränderung der Funktion in einem gewissen Sinn eine geistige Veränderung ist. Somit liegt es nicht zu weit, einige der Krankheiten, die eine bekannte „physische" oder, wie es gewöhnlich heißt, „organische" Ursache haben, als psychotherapeutischen Methoden zugänglich zu betrachten.

Man nehme zum Beispiel die Tuberkulose. Es ist eine wohlbekannte Tatsache, daß ein bestimmter Typ der Mikroorganismen, das *Mycobacterium tuberculosis,* immer bei der Krankheit gefunden wird, die wir Tuberkulose nennen. Wir formulieren tatsächlich nicht diese Diagnose, wenn wir nicht diese Bakterie finden. Aber es gibt viele, viele Fragen, die wir stellen können, anstatt nur zu sagen, daß der Keim die Krankheit verursacht, und es damit bewenden zu lassen.

Warum muß eine Person Tbc bekommen und eine andere, die ähnlich gefährdet ist, gesund bleiben? Oder warum muß jemand Tbc anstatt Asthma, Heufieber oder Stirnhöhlenbeschwerden bekommen? Und warum muß jemand so lange damit verbringen, von dem Zustand, Tbc zu haben, zu dem, keine Tbc zu haben, überzuwechseln? Wir können diese Fragen nicht beantworten, indem wir von „herabgesetzter Resistenz" oder „erhöhter Empfänglichkeit" sprechen, denn dies sind nur Etiketten, die die Frage wiederholen – wenn es ihnen auch gelingt, die Frage sicherer zu verbergen.

Vom psychosomatischen Gesichtspunkt aus würde man sagen: Vielleicht ist der präzipitierende Faktor bei der Tuberkulose ein Bazillus, aber was ist mit dem prädisponierenden und dem perpetuierenden Faktor? Könnten sie nicht die Ergebnisse von Erfahrungen sein, die notwendigerweise sowohl die Psyche wie das Soma einschlössen – das heißt, daß sie psychosomatisch wären?

Hier ist Doras Fall – der einer reizenden jungen Dame, die fünf Jahre lang an Tuberkulose litt. Sie hatte ein Jahr in einem Sanatorium zugebracht und war mit Bettruhe und Pneumothorax (dem Verfahren, bei dem der Raum zwischen Lunge und Brustkorb mit Luft aufgefüllt wird, um den Lungenflügel lahmzulegen) behandelt worden. Zur Zeit, als sie mit der Psychotherapie begann, war ihr Fall von der Art, die man „inaktiv" nennt – sie hatte kein Fieber mehr, der Tuberkuloseverlauf war nicht mehr progressiv, und in ihrem Sputum befanden sich keine Tuberkelbazillen mehr. Sie bekam immer noch Pneumothorax und versuchte, den Rat zu befolgen: viel Ruhe, ein Minium an Bewegung und so fort.

Einer der ersten Befunde, zu dem ihr Therapeut gelangte, war, daß sie einen eigenartigen Atemrhythmus hatte; ihre Brustbewegungen waren sehr eingeschränkt, und ihr Zwerchfell zeigte eine bemerkenswerte Muskelanspannung. Auch war sie „nervös", unsicher und hatte weitgeöffnete Augen, eine Begleiterscheinung der Furcht. Kurz, sie war ein typisches Bild der Angst.

Der erste Schritt in der Therapie war, sie entdecken zu lassen, daß sie anders atmen konnte, daß es nicht notwendig war, immer so zu atmen, als wäre sie erschrocken. Hand in Hand ging eine Untersuchung der Situationen, in denen sie sich fürchtete. Und eine ihrer Entdeckungen war, daß sie sich vor Gemütsbewegungen fürchtete; am meisten hatte sie Angst vor der Furcht! Sie hatte solche Angst, sich zu fürchten, daß sie sich in einem dauernden

Angstzustand befand, sie könne sich ängstlich verhalten. Sie verbarg ihre Furchtsamkeit ziemlich gut; sie war oft frei heraus und beleidigend. Bei jeder sich bietenden Gelegenheit setzte sie ihre Freunde herab; oberflächlich gesehen, schien sie mutig zu sein. Sie zeigte der Welt eine falsche Fassade; dahinter war nichts als ein sehr verängstigtes Mädchen.

Es wurde ihr beigebracht, wie man furchtsam ist – wie man sich verhalten müsse, *als ob* man Angst hätte –, und sie kam dahinter, daß Furcht einen Zweck hat. Sie lernte, daß wir alle, wenn wir potentiell gefährlichen Situationen gegenüberstehen, vorbereitet werden, uns mit der voraussichtlichen Gefahr auseinanderzusetzen. Unsere Nebennieren beginnen sich so zu verhalten, daß wir besser rennen oder kämpfen können. Und es gibt Zeiten, wenn es notwendig ist, so gerüstet zu sein. Nicht *jede* Situation ist jedoch gefährlich, und wenn wir uns verhalten, als ob wir in ständiger Bereitschaft sein müßten, zu fliehen oder zu kämpfen, leben wir nicht so vollkommen, wie wir könnten.

Als sie lernte, wie man sich fürchtet, lernte sie auch, wie man sich *nicht* fürchtet; sie lernte, die Furcht zu manipulieren. Sie entdeckte, daß sie Furcht zeigen konnte, wenn es notwendig war, und daß sie nicht gezwungen war, furchtsam zu sein, wenn es nicht sein mußte.

Auch wurde ihr gezeigt, daß sie sich vor ihrem eigenen Zorn fürchtete. Sie hatte zahlreiche Erfahrungen gemacht, bei denen ihr zwangsweise gezeigt worden war, daß Zorn immer mit Bestrafung zusammenfällt. Um der Bestrafung zu entgehen, vermied sie daher den Zorn. In gewissem Sinn ist nicht zum Ausdruck kommender oder unterdrückter Zorn ganz ähnlich der Furcht. Daher wurde sie furchtsam, atmete so, wie es bei Angstzuständen üblich ist, und machte ihre Lungen aufnahmebereit und gedeihlich für jeden umherschwirrenden Tuberkelbazillus, der einen Nährboden suchte.

Natürlich waren viele andere Gesichtspunkte bei ihrer Therapie mit maßgebend außer dieser Anweisung für den Umgang mit ihren eigenen Gemütsbewegungen, aber sie war der wesentlichste Teil. Innerhalb von drei Monaten wurde sie in eine Schauspielschule aufgenommen, nahm am gesamten Unterricht einschließlich des Ausdruckstanzes teil, und es gelang ihr, dies alles ohne Atemnot oder Erschöpfung zu bewerkstelligen. Gewöhnlich würde eine solche Aktivitätssteigerung für einen Tbc-Kranken fast tödlich sein; sie aber schien dabei bestens zu gedeihen.

Dieser Fall illustriert, daß eine Krankheit nicht nur die Reaktion auf Infektion ist, sondern auch *eine Lebensweise*. Und durch die Veränderung seiner Lebensweise kann man auch den Verlauf der Krankheit ändern!

Zusätzlich zu spezifischen Krankheiten des Atemsystems bemerken wir oft chronische Verhaltensweisen, die keine besondere Ursache zu haben scheinen. Die gewöhnlichste ist ein häufig wiederholtes Husten oder Räuspern. Es gibt Leute, die eine der kleinen Angewohnheiten beim Atmen sozusagen zur Unterstreichung benutzen – das mißbilligende Husten, das der Darlegung einer gegensätzlichen Feststellung folgt, das Räuspern, das anzeigt, daß eine gefühlsbetonte Feststellung getroffen werden soll, oder das Husten, das zum Zweck der Unterbrechung benutzt wird.

Diese Angewohnheiten können auch anders betrachtet werden; vielleicht findet man sie interessant. Wir haben zuvor erwähnt, daß die verschiedenen Körperfunktionen analog zueinander vonstatten gehen; eine Funktion verläuft parallel zu einer anderen. Wenn zum Beispiel jemand zornig wird, scheint er sich allgemein zu versteifen – seine Kiefermuskeln straffen sich, die Muskeln um die Augen ziehen sich zusammen, um ein Stirnrunzeln hervorzurufen, seine Hand- und Unterarmmuskeln spannen sich, um die Faust zu ballen, die Muskeln seiner Brust und des Zwerchfells spannen sich, damit er den Atem anhalten kann; sogar seine Bauchmuskeln werden angespannt. Beim Ablehnungsvorgang sehen wir, daß die Person dazu neigt, diesen Verwerfungsprozeß mit allen möglichen Funktionen durchzuführen: die Hände wollen wegstoßen, die Augen werden verdreht, als ob das Sichtbarwerden des Unerwünschten verhindert werden solle. Auch die Verdauungswege können daran teilhaben; der Mund kann durch Ausspucken ablehnen; der Magen kann durch Übelkeit und Erbrechen ablehnen; der Dickdarm vermittelt Durchfall. Bei der Ablehnung besteht eine Umkehr des Zugangs und eine Beschleunigung des Abgangs.

Bei der Ablehnung durch die Atmungsorgane können wir eine tropfende Nase, das Ausstoßen des Atems, das Freimachen des Rachens von Schleim oder Husten bemerken – wiederum Funktionen, durch die eine unerwünschte Substanz ausgestoßen wird.

Es sollte nicht überraschend sein festzustellen, daß Ideen so abgelehnt werden, als ob es Substanzen wären – und wir können bemerken, daß dieser Vorgang immerzu vonstatten geht. Wenn eine Frau mit ihrem Freund streitet und ihn abweisen möchte, sagt sie: „Mir wird übel. Du bist widerwärtig!" Gerade als ob sie sagte: „Ich scheide dich aus meinem Verdauungsapparat aus, weil ich dich nicht ertragen kann." Dann könnte sie weinen, um seinen Anblick aus ihren Augen zu waschen, und innerhalb der nächsten Tage nach dieser Gemütsaufwallung eine Erkältung bekommen, um ihn vermittels des Schleims der Atmungsorgane aus sich herauszustoßen.

Dieser spezifische Gesichtspunkt wird hier mehr wegen seines Interesses vorgebracht, nicht um zu behaupten, daß es absolut und unumstößlich so sein müßte. Es ist möglich, Ausnahmen von dieser Erklärung der Körperfunktion zu finden. Nichtsdestoweniger ist es eine Interpretation gewisser Angewohnheiten, die anderweitig schwer zu erklären sind.

Sie kann jedoch zur Steigerung des eigenen Selbstbewußtseins dienen. Wenn man chronischen Husten oder häufige Übelkeit oder wiederholte Anfälle von Diarrhöe hat, kann man versuchen, sich klar zu werden, ob man nicht versucht, etwas abzustoßen und, falls es so ist, was. Es wird einem dann deutlich, daß man sich weigern kann, einen Gedanken anzuerkennen, ohne den ganzen Körper dabei in Mitleidenschaft zu ziehen. Man braucht nicht einen unfaßbaren Gedanken mit auszuhustendem Schleim oder zu erbrechender Nahrung oder zu entleerenden Exkrementen zu verwechseln – oder sogar mit dem zu menstruierenden Inhalt der Gebärmutter!

Krankheiten des Verdauungssystems

Unter den Ärzten, die sich vergegenwärtigen, daß der menschliche Organismus als Gesamtheit funktioniert, gibt es keine Meinungsverschiedenheiten darüber, daß die Verdauungswege die Funktion der gesamten Person reflektieren. Jedermann weiß es. Es ist so bekannt, daß es häufig übersehen wird. Jede Mutter weiß, daß ein Baby, daß eine Gemütsaufregung hatte, leicht einen verdorbenen Magen bekommt. Jeder hat schon unangenehme Anblicke gehabt, die ihn veranlaßt haben, hart zu schlucken, um zu verhindern, daß die Wellen der Übelkeit zum richtigen Erbrechen führen. Jeder weiß, daß Furcht sich auf den Magen schlagen, daß Aufregung Magendrücken hervorrufen kann, daß Sorgen Appetitlosigkeit herbeiführen können.

Wenn diese funktionellen Störungen so lange anhalten, daß sie zu strukturellen Veränderungen führen, scheinen manche Leute – und auch viele Ärzte – zu vergessen, daß die Krankheit weiterhin eine Gefühlskomponente hat. Bei der Konzentration auf die strukturelle Veränderung übersehen sie die funktionellen Veränderungen, die jene herbeiführten und sie am Ausheilen hindern. Wenn der Arzt eine Röntgenaufnahme betrachtet, die einen bestimmten Geschwürkrater zeigt, neigt er dazu, das Geschwür anstatt den Patienten zu behandeln – und die zahlreichen wieder auftretenden Geschwüre, nicht ausgeheilten Geschwüre und Ulkuskomplikationen bestätigen, daß sich die ärztliche Aufmerksamkeit nicht auf eine kleine Stelle der Magenschleimhaut beschränken darf.

Was geschieht, wenn jemand ein peptisches Geschwür bekommt? (Wir verwenden die Bezeichnung „peptisches" Geschwür für Geschwüre, die sich in der Pepsin erzeugenden Gegend im unteren Teil des Magens und im ersten Teil des Dünndarms befinden.) Es treten zahlreiche Ereignisse mit verschiedenen Ursachen und Wirkungen ein, wobei eine Wirkung die Ursache für eine weitere Wirkung ist. Wir stellen fest, daß sich der Magen so verhält, als ob er dauernd leer oder, in anderen Fällen, als ob er dauernd angefüllt wäre. In diesen beiden Fällen besteht eine vermehrte Absonderung von Salzsäure durch die Zellen der Magenschleimhaut; andere Verdauungssäfte werden abgesondert, und die Magenmuskeln bewegen sich, als ob Nahrung verarbeitet und verdaut würde.

Aber das peptische Geschwür ist *nicht* nur eine Krankheit der peptischen Zone: die ganze Person ist betroffen. Wir können erwarten, ein ziemlich charakteristisches Persönlichkeitsbild vorzufinden, das zugleich der Form des Geschwürs entspricht – und es bestätigt sich. Der typische Magengeschwürpatient neigt dazu, ein geplagter Mensch zu sein. Oft ist er aggressiv und leistungsstark, jener Menschentyp, der ein vielbeschäftigter Verkaufsleiter oder ein Buchhaltungsexperte oder ein Werbefachmann oder ein Programmdirektor beim Rundfunk oder ein Arzt wird. Wir finden den mit einem Magengeschwür Behafteten in einer Stellung, in der er sich das Recht erworben hat, große Verantwortung zu tragen – und fast ist es, als ob er diese Verantwortung erwürbe, um noch mehr zu haben, worüber er sich sorgen kann.

Hinter dieser Fassade ausgereifter Energie und Verantwortung verbirgt sich der Beweis des genauen Gegenteils. Wenn der Magengeschwürpatient in seiner Abwehrhaltung nachläßt, neigt er dazu, wieder ein kleiner Junge zu sein, der von den Anordnungen der ihm Überlegenen abhängig ist, der nach Liebe und Zuneigung und zärtlicher Fürsorge lechzt.

Es ist interessant, die Parallele zwischen den Symptomen und der Behandlung von Magengeschwüren und der Verhaltensweise eines Kleinkindes zu beobachten. Das Kleinkind wird häufig mit kleinen Portionen gefüttert; dasselbe geschieht mit dem Magengeschwürpatienten. Das Kleinkind wird ungefähr alle vier Stunden hungrig; der Magengeschwürpatient gleichfalls. Das Kleinkind jammert bitterlich und ärgerlich, wenn sein Hunger nicht gestillt wird; einen frustrierten Magengeschwürpatienten gibt es wohl kaum. Ungeduldiges Quengeln scheint die bevorzugte Reaktion zu sein, der gleich darauf der Zorn folgt. Was bekommen Babies zu essen und was kriegen Magengeschwürpatienten? Milch und passierte Speisen natürlich.

Wir vermuten, daß dieser besondere Konflikt, der Wunsch, ein Kleinkind und zugleich eine ausgereifte Persönlichkeit zu sein, einer der wichtigsten Faktoren bei der Entstehung des peptischen Magengeschwürs ist. Es ist, als ob der Patient mit seinen Magenfunktionen ein Kleinkind geblieben und mit seinen anderen Funktionen zum Erwachsenen herangereift wäre. Er kann diesen Zustand des teilweisen Erwachsenseins nur eine gewisse Zeit ertragen – dann meldet sich sein Magengeschwür, und er muß auf die infantile Verhaltensweise zurückfallen, bei der er ins Bett gesteckt, häufig mit weicher Nahrung gefüttert wird, die er nicht zu kauen braucht, und mit einfühlendem Verständnis und Aufmerksamkeiten überhäuft wird. Wenn er dann eine Weile Baby gespielt hat, genest er und ist fähig, zur Verhaltensweise eines Erwachsenen zurückzukehren.

Nun ist dies natürlich nicht die einzige Art, in der wir von einem Magenkranken oder dem Entstehungs- und Behandlungsprozeß peptischer Magengeschwüre sprechen können. Jede Schule der Psychiatrie hat ihren eigenen Gesichtspunkt. Die Freudianer zum Beispiel sprechen von der Fixierung der Libido auf der oralrezeptiven, auf der oralaggressiven Stufe und von Schuldgefühlen wegen der sozialen Oralaggression. Vielen Patienten ist unter diesem Gesichtspunkt und durch die entsprechende psychiatrische oder psychoanalytische Behandlungsweise geholfen worden.

Aber es gibt auch einen etwas andersartigen Gesichtspunkt und eine leicht unterschiedliche therapeutische Behandlungsweise, die wir am besten erörtern können, wenn wir von Roger berichten. Roger war Mitte Dreißig und ein erfolgreicher Redakteur an einem im ganzen Lande verbreiteten Magazin. Es war eine Stellung, die eine Menge Aggressivität, Initiative und Durchsetzungsvermögen erforderte, und Roger hatte diese Eigenschaften. Zumindest hatte er sie bei der Arbeit; aber zu Hause war es etwas anderes. Zu der Zeit, als er zur Behandlung kam, war er zweimal verheiratet gewesen und geschieden worden und stand kurz vor seiner dritten Eheschließung. Beiläufig bemerkte er dazu reumütig: „Ich muß eine gute Stellung und ein gutes Gehalt haben, damit ich die Alimente zahlen kann, auf die mich meine ehemaligen Frauen festgelegt haben."

Bei der Aussprache über die wahrscheinlichen Gründe für seine Ehescheidungen äußerte er, daß seine zwei unglücklichen Ehen durch Mißverständnisse und Streitigkeiten gekennzeichnet gewesen seien. Als er geheiratet hatte, erwartete er, daß seine Frau lieb, zärtlich und verständnisvoll sein würde. Aber als die Flitterwochen vorüber waren, wurde sie zänkisch und herrschsüchtig: „Es genügte, um einen Mann verrückt zu machen."

Nun hilft es in solchen Fällen oft, die Frage zu stellen: „Angenommen, Sie hätten *gewollt,* daß sich Ihre Frau so verhalten solle, wie es der Fall war. Was würden Sie getan haben, um sie dazu zu veranlassen?" Die gewöhnliche Erwiderung des Patienten – und auch Rogers – besteht darin zu sagen: „Warum sollte ich meine Frau veranlassen, mit mir zu zanken? Das ist doch dumm."

„Aber wir nehmen nur an, daß Sie absichtlich und boshaft Ihre Frau zum Zank veranlaßten. Wie hätte Ihnen das gelingen können?"

„Nun, ich würde mich kindisch verhalten und aufschieben, was sie von mir zu tun verlangte, und ich würde Mitteilungen, die für sie bestimmt wären, vergessen. Nanu – ich *habe* das alles getan! Wollen Sie damit sagen, daß ich wollte, sie solle mit mir streiten?"

Darauf antwortete der Therapeut nicht, sondern erwiderte mit einer weiteren Frage: „Wer schimpfte mit Ihnen, als Sie ein kleiner Junge waren?"

„Meine Mutter. Hmm." Und damit kam der Prozeß des gesteigerten Selbstbewußtseins ins Rollen.

Es wurde Roger bewiesen – und er bewies es natürlich –, daß unter seinen vielen Verhaltensweisen zwei waren, die als bemerkenswert abweichend voneinander hervorstachen. Die eine Form war die von ihm im Berufsleben angewandte: männlich, ausgereift, aggressiv, zielbewußt. Die andere zeigte er im Umgang mit Frauen, besonders mit seinen früheren Gattinnen und mit seiner jetzigen Verlobten. Hier war er unselbständig, kindisch, versuchte Aufmerksamkeit zu erregen; hier verlangte er zu essen, Unterhaltung, Küsse und anderes, dessen Mittelpunkt der Mund ist. Er wurde sich der verschiedenen Gesten, Angewohnheiten, körperlichen Haltungen und Gefühlszustände bewußt, aus denen sich diese beiden Formen zusammensetzten.

Der Therapeut gebrauchte diese Analogie: „Angenommen, es hätte ein Mann zwei Zimmer, in die er gehen könnte, und er könnte sich nicht entschließen, in welchem er sich aufhalten sollte. Er würde in das eine Zimmer gehen, sich schnell umblicken, in das andere treten, dann wieder zurück ins erste und so weiter. Er würde soviel Zeit damit verbringen, unschlüssig vom einen ins andere zu gehen, daß es ihm nicht klar werden würde, wofür jedes der Zimmer geeignet ist. Nun, was kann er sonst machen? Er kann in ein Zimmer gehen und es sorgfältig untersuchen, um festzustellen, welches die Vorteile und die Nachteile dieses Zimmers sind. Dann kann er in das andere Zimmer gehen und alles wiederholen. Danach kann er entscheiden, unter welchen Umständen er in welches Zimmer gehen soll; er kann eben jenes der Zimmer wählen, das am besten für die jeweilige Tageszeit, für seine augenblicklichen Bedürfnisse und so weiter geeignet ist. Nun wollen wir Ihre Verhaltensweisen betrachten, als ob es Zimmer wären, und herausfinden, wofür jede gut ist."

Auf diese Weise wurde es Roger ermöglicht, die Vorstellung, ein Kleinkind zu sein, im vollen Umfang durchzuspielen – nicht nur mit seinem Magen und seinem Verdauungssystem. Er lernte wieder zu weinen wie ein Baby, sich schwach und hilflos wie ein Baby sowie die Abneigung zu fühlen, wie ein Baby behandelt zu werden. Dann übte er, ein erwachsener Mann zu sein, die Verantwortung, nach der er verlangte, ganz auf sich zu nehmen und damit seine ganze Persönlichkeit in Einklang zu bringen. Sein Magengeschwür hörte allmählich auf, ihm Beschwerden zu machen, und nach einigen Monaten zeigte die Röntgenaufnahme, daß es ausgeheilt war. Seitdem hat er zahlreiche Gelegenheiten gehabt, abermals Magengeschwürsymptome zu entwickeln, aber er war imstande sich zu entscheiden, sie nicht zu haben.

Ist er geheilt? Wer kann es sagen? Vielleicht würden wir durch eine Beobachtung während weiterer zehn Jahre in der Lage sein, dies genauer zu beantworten. Alles, was jetzt gesagt werden kann, ist, daß seine augenblickliche Persönlichkeitsstruktur nicht der Entstehung eines peptischen Magengeschwürs entspricht; Roger hat sich genügend geändert, so daß die Möglichkeiten für das Wiederaufleben des Magengeschwürs ziemlich fernliegend sind. Die Betrachtungsweise des Magengeschwürproblems in diesem besonderen Fall – oder, was das betrifft, jeder psychosomatischen Krankheit – ist immer noch ein wenig zu neu, um voll bewertet zu werden. Und man beachte, daß wir nicht so sehr sagen, daß es sich um Unterschiedlichkeiten, als vielmehr nur um Andersartigkeiten der Methode handelt. Wir befassen uns mit dem gleichen alten Thema – dem menschlichen Geist, wie er im Körper am Werk ist –, und sein Vorhandensein ist uns seit Jahrhunderten bekannt.

Alles, was so komplex wie der Mensch ist, kann unter vielen, vielen unterschiedlichen Aspekten betrachtet werden, die alle teilweise richtig sein können und von denen keiner vollkommen richtig ist. Wir geben einen anderen Gesichtspunkt zu bedenken. Er kann, wie zuvor dargelegt, ein „Irrtum“ sein, aber es ist bekannt, wie notwendig Irrtümer sein können.

Nur zum Spaß stellen wir eine Liste aller im Verdauungsapparat beobachteten Störungen auf, die psychosomatischen Ursprungs sein oder emotionelle Züge haben könnten. Darunter fallen: aufgesprungene Lippen, schlechte Zähne, wunde Gaumen, Gaumenbluten, wunde Zunge, übermäßige Speichelbildung, mangelhafte Speichelbildung, übler Mundgeruch, Mandelentzündung, Rachenkatarrh, Heiserkeit, Schluckbeschwerden, Schluckzwang, Herzanfall (der Zustand, bei dem der den Mageneingang schützende Muskel sich verkrampft), Übelkeit, Erbrechen, „Sodbrennen" – doch das genügt. Man beachte, wie viele Möglichkeiten erwähnt wurden, und wir sind noch nicht über den ersten Teil des Magens hinausgekommen. Aber es gibt sie und daneben noch viele weitere, bis wir schließlich zum Dickdarmkatarrh, zur Verstopfung, den Hämorrhoiden und den Afterfissuren kommen.

Wir wollen die verschiedenen Funktionen des Verdauungsapparates betrachten und einige der Beziehungen dieser Funktionen zu anderen Körperfunktionen und zum Körper als Ganzes erörtern. Vielleicht können wir mehr davon verstehen, wenn wir die primitivsten Aspekte dieser Funktionen betrachten. Wir können uns ein Lebewesen – einen einfachen Einzeller oder einen komplexen Menschen – als biochemisches Gebilde zur Aufnahme von allem, was es aus seiner Umwelt braucht, vorstellen, wobei es einen Teil des Aufgenommenen zur Energieerzeugung verwendet und ausscheidet, was es nicht braucht. Im einzelligen Lebewesen wie der Amöbe oder dem Pantoffeltierchen nimmt die eine Zelle alle diese Funktionen wahr sowie auch jene der Fortbewegung und der Fortpflanzung. Wenn wir die Entwicklungsstufen aufwärts gehen und höhere Lebewesen beobachten, sehen wir, daß spezifische Phasen dieser Funktionen der Aufnahme, Assimilierung und Ausscheidung von bestimmten Organen übernommen werden. Die Lungen spezialisieren sich auf die Aufnahme und Ausscheidung von Gasen; das Blut spezialisiert sich auf die Aufgabe, aufgenommene Luft und aufgenommene Nahrung zu verteilen; das Nervensystem spezialisiert sich auf die Aufnahme, die Assimilierung und die Ausscheidung von Informationen über das Rohmaterial, das die Eingeweide, die Lungen und die Geschlechtsorgane verarbeiten.

Bei den höheren Wirbeltieren kann die Aneignung von Energie ein passiver oder ein aktiver Prozeß sein; wenn die Energie leicht verfügbar ist, braucht das Tier nicht darum zu kämpfen.

Und ebenso verhält es sich mit der Nahrung; wenn sie sich einfach in sein Verdauungssystem ergießt, kann das Tier passiv rezeptiv sein. Wenn die Nahrung knapp ist, muß es danach suchen, darum kämpfen, die Beute überwältigen, verzehren. Dazu braucht es Waffen – Zähne, um Stücke von dieser energiespendenden Umwelt abzubeißen; Backenzähne, um sie zu verschlingbaren Bissen zu zermahlen; Verdauungsfermente, die sie weiter in assimilierbare Chemikalien auflösen können, und schließlich ein System zum Ausscheiden der unverwertbaren Überreste.

Daher ist die Verdauungsfunktion eine – aber *nicht* die einzige – der primitiven Funktionen, die dazu gehören, den Prozeß des Lebens und Überlebens zustande zu bringen. Andere komplexere Prozesse gehen parallel mit dieser Funktion einher, sie unterstützen diese, stehen mit ihr in wechselseitigem Zusammenhang.

So wie primitive Menschen können primitive Funktionen durch komplizierter aufgebaute Funktionen beeinflußt und verändert werden. Die komplizierten Funktionen der Emotion können die primitive Funktion der Verdauung beeinflussen, und sie tun es; noch mehr beeinflussen kann sie die höchst komplizierte Funktion, genannt Denken. Beide tun es zum Besseren oder zum Schlechteren. Aber die primitiven Funktionen können auch die komplizierteren beeinflussen – und diese Wechselwirkung gibt uns Gelegenheit, die Veränderungen, die wir Therapie nennen, zu manipulieren und hervorzurufen.

Es gibt gewisse Verhaltensweisen, die lose gruppiert unter den Begriff „Neurose“ fallen, welche ihr Gegenstück im Verdauungsapparat haben. Es ist schwierig, die komplizierteren Verhaltensweisen umzubilden. Viel leichter ist es, die primitiven Verhaltensweisen umzuformen.

Angenommen, es ist jemand schwach, leistungsschwach, nicht aggressiv, sondern ein passiver Empfänger aller Behauptungen, die ihm zugehen. Gewöhnlich ergibt sich, daß diese Person die gleiche Art Funktion im Verdauungsapparat aufweist. Sie bevorzugt weiche, praktisch vorgekaute und vorverdaute Nahrung; sie hat schwache, schlechte Zähne; ihre Kiefermuskulatur ist so schwach wie ihre Persönlichkeit. Wenn sie Nahrung in den Mund nimmt, neigt sie dazu, sie mit dem Gaumen zu zerquetschen und zu verschlingen, ohne sie zu kleinen, verdaulichen Bissen zu verarbeiten. Auf „intellektueller" Ebene schluckt sie alle Arten von Informationen, ohne sie zu prüfen, um zu entscheiden, ob sie „eßbar" sind, besonders wenn sie verzuckert und mit der Versicherung gereicht werden: „Das ist gut für dich, mein Lieber – es wird dich groß und stark machen."

Zahlreiche Experimente haben ergeben, daß es einer solchen Person viel leichter fallen wird, sich gegenüber ihrer übrigen Umwelt aggressiver zu verhalten, wenn sie lernt, ihre Nahrung kräftiger zu bearbeiten. Durch einen überlegten Prozeß des Selbstunterrichts, der durch die Ermutigung eines guten Therapeuten unterstützt wird, kann sie umlernen, ihren Verdauungsapparat als Instrument zur Einverleibung ihrer Umwelt zu benutzen. Sie kann lernen, ein Stück hartes, nur zum Kauen geeignetes Stück Brot *abzubeißen*. Ihr gewöhnliches Verfahren bestand wahrscheinlich darin, es abzuzerren oder statt dessen ihre Zähne nur zum Festhalten zu benutzen, während sie das Brot mit der Hand abriß. Dann kann sie lernen, ihre Nahrung gründlich und vollkommen zu kauen, wobei ihre Aufmerksamkeit sich auf den Kauvorgang und alles, was dazu gehört, richtet, anstatt diese dem Zeitungslesen oder dem Herumnörgeln mit ihren Kindern zuzuwenden. Sie kann das Bewußtsein der Geschmacksempfindung, der Gefühlsempfindung der sich allmählich verflüssigenden Nahrung, der anregenden Wechselwirkung zwischen den starken Kiefermuskeln und der widerstrebenden Nahrung erwerben. Sie kann lernen, ihre Vorliebe für gewisse Nahrung und deren Bedeutung zu erkennen;

wünscht sie ein zähes, unnachgiebiges, mannhaftes Steak oder Milch und Kindernahrung oder Eiscreme und Bonbons, mit denen ein guter, kleiner Junge belohnt wird?

Viele dieser Bemühungen zur Umbildung primitiver Funktionen als Mittel zur Änderung einer neurotischen Verhaltensweise sind noch im Experimentierstadium. Noch gibt es nicht genügend Information, um zu sagen, daß Kaspar Milchzwieback ein Preisboxer werden kann, wenn er einfach lernt, energisch zu kauen. Bei einer Anzahl beobachteter Fälle sind jedoch erhebliche Vorteile ohne aufgetretene schädliche Wirkungen festgestellt worden.

Wir möchten auch die Umerziehung des unteren Endes des Verdauungskanals erwähnen, des Teils, der die Aufgabe hat, die Nahrungsüberreste auszuscheiden, die nicht verwendet werden können. Wenn diese Funktion gestört ist, bemerken wir gewöhnlich eines von zwei Extremen: Verstopfung oder Durchfall.

Wir wollen uns mit einer Krankheit befassen, bei der eine Ausscheidungsstörung vorliegt, und zwar auf seiten der übermäßigen Funktion. Ein gutes Beispiel dafür ist der *Dickdarmkatarrh,* der mit einer Entzündung des Dickdarms verbunden ist. Eine Folge dieses Zustandes ist der häufige, schmerzhafte, blutige Stuhlabgang des Patienten; er hat einen extremen Durchfall.

Wer an diesem höchst unangenehmen Zustand leidet, kann seinen Darmkanal so umerziehen, daß er ihn nicht so häufig entleeren muß. Eine Art, dies zu tun, ist die Beobachtung aller Empfindungen, die das Laufen zur Toilette begleiten. Welches sind die Empfindungen? Wie beginnen sie? Welches Gefühl begleitet den Drang zur Entleerung – Zorn, weil man gehen muß? Furcht vor einer weiteren schmerzhaften Darmbewegung? Kummer, weil man sich in diesem ungesunden Zustand befindet? Welches beunruhigende Erlebnis ging dem Vorfall voraus?

Diese Art, Fragen zu stellen, wird mitunter den Betroffenen auf das hinweisen, was er tut. Ein Patient sagte zum Beispiel, daß er sich fühlte, als ob er versuche, sich von etwas Schlechtem zu befreien. Beim weiteren Nachdenken in dieser Richtung kam er zu dem Schluß, daß er versuchte, die übermäßige Besorgtheit und „erdrückende Liebe“ seiner Mutter loszuwerden. Als er erkannte, daß es außer dem Versuch, sich durch den Darmkanal davon zu befreien, andere Wege gibt, diese loszuwerden, ließen die Symptome nach.

Ja, wir können ziemlich überraschende Veränderungen feststellen, wenn wir die Funktionsweise unseres Körpers nicht als fixiert betrachten, wenn wir Fragen stellen und versuchen, mit der Veränderung unserer gewohnheitsmäßigen Verhaltensweisen zu experimentieren. Hier ist ein weiteres Beispiel dafür, wie veränderte Ernährungsfunktionen zur besseren Gesundheit führen können. George war einer jener Leute, die nicht ganz sicher sind, was sie wollen. Er war genügend erfolgreich, aber er war sich nicht sicher, ob er auf die erfolgreichste Art erfolgreich war. Er war glücklich verheiratet, aber er unterhielt dennoch außereheliche Beziehungen. Es wurde festgestellt, daß er einen starken Drang zur Herstellung von Dingen hatte. Er baute Möbel, er machte Musik, und er sah in seinen sexuellen Eskapaden Gelegenheiten, „ein Mädchen fertigzumachen“. Er sprach über das Problem, wie er es *mache,* daß seine Kinder ihm gehorchten, und wie er es *mache,* daß seine Kunden seine Erzeugnisse kauften.

George wurde geraten, sich des Essens zu enthalten, bis er ganz gewiß sei, was er wolle. Das Experiment begann nach der Mittagsmahlzeit; zur Zeit des Abendessens berichtete er, daß er keinen besonderen Hunger habe. Als er aber an diesem Abend zu Bett ging, glaubte er hungrig zu sein und dachte viel über das Essen nach. Dann erkannte er plötzlich, daß er nachdachte, wie er etwas zu Essen *machen* könnte. So schlief er ein. Erst am folgenden Nachmittag erkannte er, was er wollte – ein gutes, saftiges Steak –, und er aß es mit mehr Appetit und Genuß als je eine Mahlzeit, die er in den letzten Monaten zu sich genommen hatte. Dieses Experiment und andere, mit denen sich George abmühte, haben ihm geholfen, sich klarer darüber zu sein, was er erstrebte. Zum Beispiel ist er weniger interessiert, außereheliche Affären zu haben, und er berichtet auch, daß er sich nicht gezwungen sieht, soviel Zeit in seiner Werkstatt zu verbringen.

Zufall? Vielleicht – aber jedenfalls ist es ein interessantes Experiment. Der Leser könnte es versuchen wollen.

Man kann die gleiche Frage bei der Verstopfung stellen; zuerst überlegend, welche primitive Funktion wir ausüben, wenn wir eine Darmbewegung haben, dann an die komplizierteren Funktionen denkend, die damit einhergehen.

Natürlich kann man nicht immer eine Antwort auf solche Fragen bekommen. Nicht selten ist die geistige Verwirrung bei jemand so gründlich, daß Jahre erforderlich wären, um das Durcheinander der Assoziationen zu entwirren. Aber wir haben gefunden – und wir hoffen, daß auch der Leser daraufkommt –, daß es vorteilhafter ist, wenn man fragt, um eine Antwort zu erhalten, anstatt schweigend zu leiden.

Drüsenerkrankungen

Eine weitere Gruppe von Krankheiten, mit der sich die psychosomatische Medizin befaßt, sind die Drüsenerkrankungen. In diese Gruppe ordnen wir die Zustände ein, bei denen eine Störung der inneren Sekretionsdrüsen (oder Hormondrüsen) vorliegt. Unter die Beispiele solcher Krankheiten fallen Fettleibigkeit, Kropf, Menstruationsbeschwerden und sexuelle Unterentwicklung. Dies ist keineswegs eine vollständige Liste, aber die Erörterung einiger dieser Zustände wird zeigen, was die psychosomatische Medizin sowohl bei der Erklärung wie bei der Behandlung zu bieten hat.

Wie schon gesagt, sind die inneren Sekretionsdrüsen jene, deren Inkrete (Hormone) unmittelbar in die Blutbahn münden. Die Hormone verhalten sich wie chemische Boten, sie bereiten den Körper als Ganzes auf Notstandssituationen vor. Wir glauben, daß bestimmte Empfindungen entstehen, wenn eine plötzliche Quantitätsveränderung bei irgendwelchen Hormonen im Blut auftritt, und wir nennen diese Empfindungen Emotionen.

Es ist überzeugend nachgewiesen worden, daß jede emotionelle Belastung, wie der Dauerzustand von Furcht oder Zorn, bestimmte

Veränderungen in einigen Drüsen der inneren Sekretion hervorrufen wird; im Lauf der Zeit können diese Veränderungen in anderen Organen wie den Sexualdrüsen, den Nieren und den Eingeweiden auftreten. Diese Veränderungen können durch jeden aus einer ganzen Reihe von Vorfällen herbeigeführt werden, einschließlich der Unterkühlung, der Verbrennung, der Vergiftung, der Verletzung, sogar durch Überdosierung anderer Hormone.

Es ist nicht beabsichtigt, einen vollständigen Kursus über Endokrinologie (die Lehre von der Funktion der inneren Sekretion) abzuhalten; das Thema ist zu kompliziert und zu faszinierend, um in ein Buch dieses Umfangs gepreßt zu werden. Es wird genügen zu sagen, daß die inneren Sekretionsdrüsen auf eine Art zu wirken scheinen, die uns befähigt, besser mit Notständen fertigzuwerden, auf Anstrengungen wirksamer zu reagieren; darüber hinaus sind sie lebenswichtig für die Entwicklung und die Erhaltung der reproduktiven Funktionen und natürlich eng mit dem Wachstumsprozeß verbunden.

Sie haben eine noch sinnreichere, wahrscheinlich wichtigere Funktion als jene, die gleichfalls innere Sekretions- und emotionelle Veränderungen zu begleiten scheint: die Fähigkeit zu bewerten. Es scheint, daß die Fähigkeit, zu sagen und zu denken und zu fühlen, daß eine Sache besser oder schlechter als eine andere ist, auf der Wirksamkeit der inneren Sekretionsdrüsen beruht.

Man stelle sich vor, man legte eine Liste aller der Bewertungen an, die man vornehmen kann. An der Spitze würden die Maßnahmen stehen, von denen man hoffen darf, daß sie einen auf die möglichst längste und glücklichste Art am Leben erhalten; am Ende der Liste würde alles stehen, was einen plötzlichen, sofortigen Tod verursachen könnte. Alle übrigen Maßnahmen und Ansichten würden irgendwo zwischen diesen beiden Extremen eingeordnet sein.

Wir haben den Eindruck, daß der Stellenwert auf dieser Liste von der Emotion (das heißt, dem Hormonspiegel) bestimmt wird, die damit assoziiert wird. Wenn wir jemand lieben, bewerten wir ihn hoch und haben eine bestimmte Hormonreaktion ihm gegenüber; wenn wir ihn hassen, assoziieren wir eine andere Hormonform damit. Eine Person, die weder liebt noch haßt, ist eine, deren innere Sekretion nicht richtig funktioniert.

Wir könnten eine lange Zeit anhaltende Debatte beginnen, indem wir sagten, daß Lieben das Drüsensystem funktionieren läßt. Ein anderer könnte die entgegengesetzte Ansicht vertreten, daß die Funktion oder bestimmte innere Sekretionsdrüsen zur Liebe veranlassen – und wir würden beide recht haben. Wir wollen das Argument umgehen, indem wir sagen, daß die zwei Funktionen, die der Drüsen und die der Bewertung, zusammenwirken.

Dieser Punkt wird jetzt vorgebracht, um klarer zu machen, daß eine emotionelle Veränderung mit einer Drüsenveränderung zusammenfällt, die mit einer körperlichen Veränderung einhergeht. Es ist ein weiteres Beispiel dafür, wie unmöglich es ist, „Geist" und „Körper" zu trennen.

Aber genug mit dem Theoretisieren. Wir wollen eines der Probleme der Drüsenstörung behandeln: Fettleibigkeit. Wir sagen, daß Fettleibigkeit ein Drüsenproblem ist, und das stimmt – jedoch nicht vollkommen. Wir wissen, daß der Stoffwechsel (der Prozeß der Energiebeschaffung aus unserer Nahrung) von verschiedenen Hormondrüsen kontrolliert wird: Wenn die Schilddrüse Überstunden macht, nimmt der Betroffene ab, trotz der Mengen, die er ißt; eine Störung der Hirnanhangdrüse (Hypophyse) wird entweder ungeheure Gewichtszunahme oder -abnahme bewirken.

Oberflächlich gesehen, könnte es scheinen, daß es völlig genügen würde, einer fettleibigen Person zum Abnehmen zu verhelfen, indem wir ihr eine genügende Menge der entsprechenden Hormone verabreichen. Mitunter hilft es, öfter aber nicht.

Das zeigte sich bei Corinne. Sie war ein dickes Baby, ein dralles, kleines Mädchen gewesen, und nun, mit sechsundzwanzig, war sie immer noch fettleibig. Sie hatte ein rundes Babygesicht mit schöner, glatter Haut; es war ein hübsches Gesicht, aber der dazugehörende Körper war grotesk. Ihre Oberarme waren gewaltig, ihre Schenkel massig, ihre Brüste, ihr Bauch und ihr Hinterteil riesenhaft.

Wie erwartet werden konnte, war sie eine gewaltige Esserin. Sie nahm jeden Tag drei große Mahlzeiten ein und mochte auch gern am Morgen ein Eiscremesoda und am Nachmittag gute, dicke Malzmilch. Ein Happen vor dem Schlafengehen war gleichfalls Gewohnheit – und in den Stunden dazwischen stärkte sich Corinne mit Schokolade.

Als sie gefragt wurde, weshalb sie soviel esse, antwortete sie: „Ja, Herr Doktor, ich möchte wirklich nicht soviel essen – aber ich werde so verflixt hungrig. Wenn ich eine Mahlzeit ausließe, würde ich so schwach werden, daß ich umfiele."

Es versteht sich von selbst, daß Corinne nicht sehr glücklich war. Sie hatte das joviale Wesen, das gewöhnlich mit Fettleibigkeit einhergeht; sie lachte leicht und oft und machte eine Menge Witze; hinter all dem jedoch stand die stille Verzweiflung. Es dauerte nicht lange, bis sie ihren Kummer ausschüttete: „Ich möchte nicht dick sein. Niemand liebt ein dickes Mädchen. Ich werde nicht zum Tanz eingeladen. Ich habe keine Freunde. Die Männer scheinen mich *gern* zu haben – aber weiter geht es nicht. Es sieht aus, als ob ich dazu verurteilt wäre, eine alte Jungfer zu werden."

Das schien ein Hinweis auf ihre Schwierigkeiten zu sein – die Befürchtung, nicht das zu bekommen, was die Heirat mit sich bringt. Sie fürchtete, daß sie nicht geliebt werden, daß sie keine sexuelle Befriedigung, keine Kinder, keine Geselligkeit haben würde. Wie es so oft bei Furchtzuständen ist, fürchtete sie sich auch vor dem, was alle diese Dinge mit sich bringen könnten.

Als sie allmählich diese Verwirrung in ihren Wünschen erkannte, begann sie zu begreifen, daß Essen ein Ersatz für andere Handlungen war. Immer wenn sie glücklich, immer wenn sie traurig, immer wenn sie frustriert war, aß sie, anstatt das zu tun, was ihre Gefühle zum Ausdruck bringen oder ihre Probleme lösen würde. Und wenn sie Angst hatte, schien das Essen sie davon abzuhalten, sich gar zu sehr zu fürchten.

Diese fixierte Reaktionsweise stammte aus ihrer Kindheit, wie sie glaubte. Sie erinnerte sich, wieviel Bedeutung dem Essen von „guter, nahrhafter Nahrung" beigemessen worden war, wie oft sie mit Süßigkeiten belohnt wurde, weil sie „gut" war; in Wirklichkeit waren „Gutsein" und Essen praktisch ein und dasselbe.

Auch zwischen Essen und Starksein bestand eine Verwechslung. Sie war belehrt worden, daß Nahrung kräftigend sei, daß sie essen *müsse,* oder sie würde nicht zu einem starken, kräftigen Mädchen heranwachsen. Sie erkannte, daß sie Stärke brauchte, um ihre Fettleibigkeit zu überwinden; das bedeutete, daß Abnehmen und Fettwerden eins waren. Als diese höchst irrationale Denkweise enthüllt wurde, brach sie in stürmisches Gelächter aus – wegen der Absurdität.

Als Corinne lernte, andere Maßnahmen zu ergreifen als zu essen, als es ihr klarwurde, daß sie außer einem vollen Magen andere angenehme Empfindungen haben konnte, als sie erkannte, daß sie sich nicht an den Wert des Essens zu klammern brauchte, der ihr in der Kindheit beigebracht worden war, wurde sie allmählich schlanker. Es half ihr auch zu erkennen, daß Nahrung gekaut und geschmeckt werden konnte und nicht nur zum Magenvollstopfen da war.

Handelte es sich bei Corinnes Beschwerden um solche der Drüsen? Gewiß bestanden geringe Drüsenstörungen, aber die Unausgewogenheit der Hormone schien von Emotionen und Bewertungen abhängig zu sein. Wenn sie diese änderte, gelang es ihr, ihre Gewohnheit, übermäßig zu essen, zu ändern. Wiederum konnte der Fehler in der frühen Lernweise korrigiert und ein befriedigenderes Verhalten erlernt werden.

Sie hätte außerdem auf viele andere Arten behandelt werden können. Man hätte ihr Hormone und Medikamente zur Verringerung ihres Appetits geben können. Sie hätte auf eine strenge Diät gesetzt und einer Abmagerungskur unterworfen werden können. Ohne eine Kenntnis der fundamentalen Gründe für die

Fettleibigkeit sind diese Methoden jedoch außerordentlich schwierig, oft unwirksam, und Rückfälle sind häufig.

Es ist eine zutreffende Verallgemeinerung, wenn man sagt, daß Drüsenbeschwerden und emotionelle Schwierigkeiten miteinander einhergehen. Ergebnisse können durch die Behandlung jeder von beiden erzielt werden. Bessere Ergebnisse werden erzielt, wenn beide behandelt werden.

Hier ist ein weiterer Fall, der die Wechselbeziehungen zwischen der inneren Sekretionsfunktion und der Emotion illustriert: Dorothy war eine attraktive junge Frau, die seit fünf Jahren verheiratet war. Sie und ihr Gatte kamen nicht sehr gut miteinander aus, besonders nicht, wenn es um die ehelichen Beziehungen ging. Dorothys religiöse Erziehung verbot ihr die Ehescheidung und enthielt auch das Gebot, daß eine Frau ihrem Gatten nicht seine „ehelichen Rechte" verweigern dürfe.

Sie war in einer verzwickten Lage; sie wollte keinen Geschlechtsverkehr mit ihrem Gatten haben, doch war es ihr nicht gestattet, sich ihm zu verweigern.

Ihr Gatte hatte eine Stellung, die ihn zwang, in unregelmäßigen Zeitabständen und für unbestimmte Dauer die Stadt zu verlassen. Wie lange er auch immer fortgewesen sein mochte und wann immer sie ihre letzte Periode gehabt haben mochte, zwei oder drei Stunden nach seiner Rückkehr begann sie zu menstruieren. Es schien, als ob ihr Drüsensystem das Problem, den Geschlechtsverkehr zu vermeiden, gelöst habe, denn sowohl sie wie ihr Gatte betrachteten die Menstruation als ein selbstverständliches Hindernis für den Geschlechtsverkehr. (Es stimmt nicht; die Einwendungen gegen den Geschlechtsverkehr während der Menstruation sind ästhetischer, nicht physiologischer Art.)

Eine tiefgründige Veränderung der Drüsenfunktion ist erforderlich, um so unregelmäßig zu menstruieren, wie das bei ihr der Fall war. Das normale Hormonverhalten, das die Menstruation regelt, besteht in einer Reihe von zyklischen Veränderungen, die sich alle achtundzwanzig Tage wiederholen. Dorothy hatte ihren Menstruationszyklus, sooft sie konnte, verändert, um den Geschlechtsverkehr zu verhindern.

Wegen ihrer Menstruationsbeschwerden hatte sie einen Endokrinologen konsultiert. Sie erwähnte ihm gegenüber nicht ihr emotionelles Problem, da sie sich nicht bewußt war, daß ein emotioneller Faktor in ihren Schwierigkeiten enthalten sein könne. Der Arzt versuchte unverzagt ihren Menstruationszyklus wieder in Ordnung zu bringen, indem er ihr reichliche Gaben der richtigen Hormone zur richtigen Zeit verabreichte. Für einige Monate besserte sich ihr Zustand, dann traten ihre Beschwerden wieder auf. Nur begann sie diesmal zu menstruieren, ohne daß es aufhörte.

Auf den Rat von Freunden konsultierte sie einen Arzt, der an der psychosomatischen Medizin interessiert war. Dorothy entdeckte schnell, daß ihre Menstruationsunregelmäßigkeiten von einer bestimmten Form der Gemütsveränderung begleitet waren. Wenn sie nicht menstruierte, war sie gereizt und empfindlich, und wenn ihre Periode begann, fühlte sie sich entspannt und frohgestimmt. Sie erwog den Gedanken, daß sie ihren Gatten nicht gernhaben könnte, verwarf ihn aber wieder, da sie fühlte, daß sie ihn aufrichtig liebte.

Mit fortschreitender Therapie wurde sie sich bewußt, daß sie den Geschlechtsverkehr nicht mochte. Ihr Therapeut machte folgenden Vorschlag: „Hier sind zwei Feststellungen – ‚Ich mag nicht‘ und ‚Geschlechtsverkehr haben‘. Beachten Sie, daß diese Feststellung ein Problem aufwirft, das auf zwei Arten gelöst werden kann – entweder keinen Geschlechtsverkehr zu haben oder die ‚Nicht-mögen‘-Einstellung zu ändern. Sie haben versucht, es zu lösen, indem Sie keinen Geschlechtsverkehr hatten, und Sie sehen, was daraus geworden ist. Wir wollen versuchen herauszufinden, *weshalb* sie ihn nicht mochten.“

Innerhalb kurzer Zeit erinnerte sich Dorothy an alle sexuellen Bewertungen, die ihr in guter Absicht von ihrer Mutter aufgezwungen worden waren. Sie lernte auch, sich der Empfindungen bewußt zu werden, aus denen das Erlebnis des Liebesaktes besteht. Indem sie die wirklichen Empfindungen mit den Vokabeln verglich, mit denen die Empfindungen bezeichnet worden waren, kam sie zu der Folgerung, daß sie lieber ihre eigenen Empfindungen als die Bewertungen von dritter Seite akzeptieren wolle. Innerhalb weniger Monate wurde ihre Menstruation regelmäßig und ihr Eheleben, früher ein Problem, zur Freude.

Dieser Fall beleuchtet einen Gesichtspunkt, der sich als wertvoll erwiesen hat. Er kann als Frage formuliert werden: Welches ist der Zweck der Krankheit? Wenn wir die Krankheit als etwas Mysteriöses betrachten, das einzig und allein durch äußere Kräfte verursacht wird, bringt uns das zu dem Schluß, daß Krankheit etwas außerhalb unseres Einflusses Liegendes ist. Wir haben keine Wahl, sind hilflos und hin und wieder hoffnungslos.

Wenn wir dagegen bedenken, daß jede Krankheit zweckvoll ist, wenn wir annehmen, daß man krank wird durch den Versuch, besser zu überleben, wenn wir „Krankheit" als eine fehlerhafte Form der „Gesundheit" betrachten, dann sind wir nicht länger machtlos. Wir können irgendeine Maßnahme ergreifen, auch wenn sie nur in der Suche nach einer Ursache besteht. Und wir wissen, daß Tätigsein der Gesundheit nähersteht als Untätigkeit.

Indem wir uns mit den Drüsenerkrankungen befassen, können wir auch auf die innersekretorischen Aspekte der Homosexualität eingehen.

Im Fall der männlichen Homosexualität sehen wir eine Person, die sich mit einem männlichen Körper wie eine Frau verhält; bei der weiblichen Homosexualität verhält es sich umgekehrt. Man ist versucht, die voreilige Schlußfolgerung zu ziehen, daß dies auf einen Überschuß des Hormonhaushalts des entgegengesetzten Geschlechts zurückzuführen ist und daß die Behandlung offensichtlich in einer Steigerung der Hormonzufuhr des strukturellen Geschlechts bestehen müsse. Mit anderen Worten müßten wir einem männlichen Homosexuellen eine Menge männlicher Hormone verabreichen, die ihn veranlassen würden, aufzuhören, sich wie eine Frau zu verhalten.

Leider ist dies nicht so. Es ist in zahlreichen Fällen versucht worden, und das Hauptergebnis scheint eine Übersteigerung der bereits bestehenden Verhaltensweise zu sein. Der männliche Homosexuelle, dem männliche Hormone verabreicht werden, wird aggressiver homosexuell; die Hormone haben seine Aggressivität gesteigert, aber nicht die Richtung seines Geschlechtstriebes geändert.

Die erfolgreiche Behandlung der Homosexualität beruht darauf, dem Patienten zum Verständnis zu verhelfen, *wie* er sich verhält, damit er die Rolle des anderen Geschlechts spielen kann, und *weshalb* er sich für diese Verhaltensweise entscheidet. Wir würden nicht nach *dem* Grund suchen, weshalb er homosexuell ist, sondern nach den vielen, vielen Gründen, die diese Verhaltensweise zu der von ihm bevorzugten Methode des Überlebens machen.

Bisher haben wir die Drüsenerkrankungen besprochen, bei denen eine mangelhafte Zufuhr bestimmter Hormone vorliegt. Es gibt auch so etwas wie eine übermäßige Zufuhr – und ein typisches Beispiel dafür ist der als Thyreotoxikose oder Kropf oder Basedowsche Krankheit bezeichnete Zustand.

Die auffallendste Erscheinung bei diesem Zustand sind die Augen, die aussehen, als ob sie aus dem Kopf springen würden. Das bedeutet auch das griechische Wort „exophthalmisch“ – die Augen sind draußen. Bei diesem abstoßenden Zustand der Augen beobachten wir auch einen schnellen Puls, schnelleren Atemrhythmus, eine allgemeine Beschleunigung aller körperlichen Funktionen. Der Patient hat gewöhnlich einen ungeheuren Appetit, nimmt jedoch trotz gesteigerter Nahrungsaufnahme ab. Er neigt dazu nervös, reizbar, schnell aufgeregt zu sein. Im frühen Stadium der Krankheit zeigt er sich sehr kräftig und energisch, doch später wird er rasch erschöpft.

Es heißt, daß das Leiden durch eine überaktive Schilddrüse „verursacht“ wird, und die gewöhnliche Behandlung besteht darin, ein

Medikament zu verabreichen, das die Schilddrüsenfunktion einschränkt, oder einen großen Teil der Drüse zu entfernen.

Wir wollen einen Augenblick abschweifen, um zu erörtern, was geschieht, wenn davon gesprochen wird, daß eine Krankheit „eine Ursache“ hat. Wenn *eine* Ursache – nur *eine* Ursache – für eine Krankheit besteht, gibt es folglich nur eine Behandlung. Was ist aber, wenn diese Behandlung nicht so gut anschlägt?

Wenn von „einer Krankheit“ gesprochen wird, können wir auch die Tendenz beobachten, unser Verhältnis auf diese Krankheit zu beschränken. Wenn wir mit anderen Worten von einer toxischen Schilddrüse sprechen, befassen wir uns nur mit den verschiedenen Anzeichen und Symptomen, die die Gesamterscheinung des Zustandes bestimmen. Dabei neigen wir dazu, Beziehungen zwischen diesen Anzeichen und Symptomen und anderen Zuständen in der Umwelt des Patienten zu ignorieren.

Das hört sich kompliziert an, nicht wahr? Wir wollen ein Beispiel bringen: Wenn ein Arzt jemand mit herausstehenden Augäpfeln sieht, denkt er zuerst an die Basedowsche Krankheit und sucht nach den anderen Symptomen, die zu dieser Krankheit gehören. Wenn ein Psychosomatiker hervorstehende Augäpfel sieht, denkt er an die Gründe für das Hervorstehen der Augen. Er stellt Fragen wie: In welchem emotionellen Zustand treten jemandes Augen hervor? Während der Furcht? Während des Zorns? Während des Kummers? Während der sexuellen Erregung? Verhält sich die Person so, als ob sie zornig oder furchtsam wäre? Falls dies so ist, unter welchen Umständen hat sie diese Emotionen? Sind diese Umstände gewöhnlich in ihrem Alltagsleben anzutreffen? Welche Erlebnisse hat diese Person gehabt, die sie gelehrt haben, daß glotzäugig zu sein das Mittel ist, um zu überleben?

Wenn wir diese Fragen stellen, finden wir Zugang zu den Möglichkeiten, andere Beziehungen zwischen dem Symptom und dem gesamten Leben der Person herzustellen. Wir sind nicht gezwungen zu folgern, daß die *einzige* Art, Thyreotoxikose zu behandeln, darin besteht, die Schilddrüsenfunktion einzuschränken oder die

Schilddrüse herauszuschneiden. Und mitunter ist der Patient fähig, der Notwendigkeit des chirurgischen Eingriffs zu entgehen.

Ein bemerkenswerter Fall von Basedowscher Krankheit war Doris. Ihre Augäpfel traten sehr stark hervor, und zwar so sehr, daß man einen schmalen Streifen des Weißen zwischen der Iris und dem oberen Augenlid sehen konnte. Sie sah aus, als ob sie erschreckt wäre – und sie verhielt sich auch so. Oft kicherte sie nervös und unglücklich, und mitunter lachte sie ohne ersichtlichen Grund.

Einer der ersten Schritte war, ihr beizubringen, wie sie absichtlich mit den Augen „glotzen" konnte. Zuerst glaubte sie nicht, daß es möglich wäre, aber einige Übungen vor dem Spiegel zeigten ihr, daß es durchaus gelang. Als sie lernte, das glasige Starren hervorzubringen, stellte sie fest, daß sie es viel seltener tat.

Als nächstes kam eine Untersuchung der Umstände, die geeignet waren, zu dem glotzäugigen Zustand zu führen. Sie fand, daß Umstände, die sie „erschreckten" oder sie „verrückt machten", gewöhnlich das Hervortreten ihrer Augen bewirkten. Sie lernte unterscheiden zwischen: erschrocken oder zornig *gemacht* zu werden und erschreckt oder zornig zu *werden*. Es gelang ihr, sich absichtlich und freiwillig zornig oder erschreckt zu verhalten und, wenn sie es tat, ihre Augen heraustreten zu lassen. Mit dieser zunehmenden Fähigkeit, gewollte Emotionen zu haben, wurde sie immer weniger das unwillige Opfer jener Leute, die nach ihrer Ansicht „machten", daß sie in solcher Weise reagierte. Sie lernte, mit anderen Worten, wie sie ihre Reaktionen wählen und eine der Situation entsprechende Reaktion hervorbringen konnte.

Es dauerte nicht sehr lange, bis ihr Zustand sich in einem Maße verbesserte, daß eine früher für unvermeidlich gehaltene Operation nun unnötig war. Ihre Augen treten jetzt allmählich zurück. Gelegentlich kommt es zu einem Rückfall, wenn sie einer Situation gegenübersteht, die sie noch nicht begriffen hat, aber diese Fälle vermindern sich. Mit dieser ersichtlichen Veränderung der inneren Sekretion der Schilddrüse sind Veränderungen bei anderen inneren

Sekretionsfunktionen eingetreten. Früher hatte sie östrogene weibliche Hormone in großen Dosen genommen, aber nun ist sie fähig, gänzlich darauf zu verzichten.

Ein weiteres Drüsenleiden, das in die Kategorie der psychosomatischen Krankheiten zu gehören scheint, ist die Diabetes. Jede Art emotioneller Belastung ist geeignet, sich durch eine Zunahme des Zuckergehalts in der Blutbahn und im Urin bemerkbar zu machen. Es besteht der Zwang, übermäßig zu essen, und eines der frühen Anzeichen von Diabetes ist eine rapide Gewichtszunahme.

Bis jetzt ist es unmöglich zu sagen, daß Diabetes durch Psychotherapie „kuriert" werden kann. Nichtsdestoweniger ist von zahlreichen Fällen berichtet worden, bei denen eine Abnahme der Heftigkeit der Symptome zu verzeichnen war. Für jeden Diabetiker könnte es daher ein guter Gedanke sein, die Psychotherapie als zusätzlichen Weg zur bestmöglichen Gesundheit zu erwägen.

Hautkrankheiten

Die Frage „Warum Hautkrankheit?" ist schwer zu beantworten. Es läßt sich leicht einsehen, daß es schwierig werden könnte, jemand beizubringen, wie man zu einer Hautkrankheit kommt, eben im Verlauf des Prozesses, durch den er erlernen soll, sie nicht zu haben. Aber man *kann* unterwiesen werden, die Empfindungen einer juckenden oder schmerzhaften Dermatitis hervorzubringen. Es mag nicht gelingen, die Hautverletzungen der Ekzeme hervorzubringen, jedoch kann man sich der damit verbundenen Empfindungen erinnern.

Hier ist ein Vorschlag, der den Mechanismus der Hautreizbarkeit erklären könnte: Wir wollen annehmen, daß jemand zu einer gewissen Zeit an einer gewissen Stelle seiner Haut eine Empfindung hatte und gleichzeitig andere Anblicke, Geräusche usw. wahrnahm. Immer wenn diese Anblicke oder Geräusche wieder erlebt werden, besteht die Neigung, sie mit den Hautempfindungen zu assoziieren. Wenn man diese Art Hautempfindung haben *muß*, kann man sie vermittels einer Art Hautausschlag bekommen.

Und hier eine weitere Möglichkeit: Wir erwähnten zuvor, daß wir alle emotionell auf bestimmte Reize reagieren und daß wir durch die Erfahrung lernen, einen Reiz mit einer emotionellen Reaktion zu assoziieren. Auch haben wir gesagt, daß die Energie der Emotionen nach einem Auslaß verlangt; wenn sie nicht in irgendeiner Form der körperlichen Tätigkeit entladen werden kann, wird sie auf weniger wünschenswerten Wegen hervortreten.

Wie können wir dieses Prinzip auf die Hautkrankheit anwenden? Wir könnten uns eine chronisch zornige Person vorstellen, die sich wie ein vor einem Ausbruch stehender Vulkan vorkommt. Ihr ist beigebracht worden, ihren Zorn nicht zu zeigen – und diese eingedämmte Kraft bricht schließlich durch die Haut aus. Es ist interessant festzustellen, daß Hautzustände oft als „Eruptionen" oder „Ausbrüche" bezeichnet werden. Könnte es sein, daß unsere volkstümliche Bezeichnung genauer ist, als wir wahrhaben wollen?

Diese Erklärung schien auf Bettys Fall zuzutreffen, die eine heftig brennende, nässende Entzündung an der Stelle bekommen hatte, die einst von einem Babylätzchen bedeckt gewesen war. Als sie aufgefordert wurde, den Zustand der Haut zu beschreiben, sagte sie: „Sie sieht so erregt aus. Eine Zeitlang trocknet sie aus, dann beginnt sie wieder zu tränen. Das ist die einzige Veränderung, die eingetreten ist."

Eine eingehendere Befragung enthüllte, daß ihr Gatte kürzlich seine Stellung gewechselt hatte, worüber sie zornig wurde und dann viel weinte. Nach weiterer Befragung schränkte sie diese Erklärung ein und sagte, daß sie sich zornig fühle und ihr nach Weinen zumute sei, aber daß sie nichts dergleichen tue, weil sie meine, daß ein solcher Gefühlsausbruch unpassend für einen Erwachsenen sei.

Der Therapeut forderte sie auf, über den Zustand ihrer Haut nachzudenken, ihn nachzuempfinden und sich dann so zu verhalten, als ob sie zornig wäre – primitiver, ungehinderter Wut freien Lauf zu lassen. Dies tat sie einige Augenblicke lang und berichtete dann, daß ihre Haut nun weniger reizbar sei, als dies seit Tagen der Fall gewesen wäre. Dann wurde sie aufgefordert, Traurigkeit wegen des Zustandes ihrer Haut vorzutäuschen. „Ich brauche das nicht vorzutäuschen“, antwortete sie, „ich bin bereits traurig darüber.“

„Welches Gefühl verursacht Ihre Haut jetzt?“

„Sie beginnt wieder zu jucken. Oh, warum mußten Sie das ändern? Ich fühlte mich so wohl.“

Dann schlug der Therapeut vor, sie solle sich so verhalten, als ob sie weine. Sie tat dies, aber nach wenigen Augenblicken veränderte sich das vorgetäuschte Weinen in wirkliche Tränen und Schluchzen. Als der Ausbruch nachgelassen hatte, berichtete sie wiederum, daß sich ihre Haut besser befinde.

Es geschieht nicht oft, daß jemand so dramatisch reagiert wie Betty. In ihrem Fall war die Beziehung zwischen ihren unterdrückten Emotionen und deren Ausdruck durch die Haut ganz offensichtlich, auch heilte ihre Haut nicht völlig infolge dieser Demonstration. Dazu waren zahlreiche Aussprachen über alle möglichen Beziehungen zwischen der Dermatitis und ihrem Alltagsleben erforderlich.

Muskel- und Knochenerkrankungen

Eines der noch nicht enthüllten medizinischen Geheimnisse ist die Arthritis. Die Untersuchung ihrer Ursachen und die Suche nach wirksamen Behandlungsweisen sind das Lebenswerk von vielen Forschern. Die zur Behandlung der Arthritis verwendeten Medikamente könnten eine meterlange Liste ausfüllen – und keines davon ist länger als nur vorübergehend wirksam. Die Anwendung von Cortison und ACTH scheint verheißungsvoll zu sein. Die verschiedenen Typen der Arthritis sind klassifiziert und umklassifiziert worden; aber die Klassifizierung von Krankheiten mag für den Arzt interessant sein, für den Patienten ist sie keine große Hilfe. Die Liste der angenommenen Ursachen ist endlos – Bakterien, Viren, Nahrungsmittel, Vitaminmangel, Drüsenstörungen, „Herdinfektion“ –, aber die Behandlungen, die darauf abzielen, diese Zustände zu ändern, haben nicht annähernd soviel Erfolg, wie wir es wünschten.

Die Mehrheit der an Arthritis Leidenden geht gewöhnlich dazu über, Aspirin zu nehmen und auf ihr gutes Glück zu vertrauen. Sie lernt „mit ihrer Krankheit zu leben". Sie versucht sich mit dem Gedanken zu trösten, daß es schlimmer sein könnte, und sie wird belehrt, den Stillstand des Krankheitsverlaufs als einen großen Erfolg zu betrachten.

Wir wollen die Arthritis-Rheumatismus-Gruppe der Krankheiten von einem anderen Gesichtspunkt aus betrachten. Wir wollen versuchen herauszufinden, was man zustande bringt, wenn man Arthritis hat. Um sie zu erörtern, wollen wir einen extremen Fall der Periarthritis betrachten. Wir sehen, daß die Gelenkskapseln zu formlosen Massen von Kalkablagerungen werden; der Patient verliert oft den Gebrauch seiner Hände, die flossenartig entstellt werden. Oder die Krankheit kann die Wirbelsäule befallen, so daß sie völlig steif wie ein Stock wird. Oder die Knie können davon betroffen werden, so daß sie auf das Zwei- oder Dreifache ihrer normalen Größe anschwellen und steif und unbiegsam werden.

Zusammenfassend kann gesagt werden, daß der Patient in einen bewegungslosen Zustand gerät. Und warum sollte er sich bewegen?

Eine in einem Chicagoer Krankenhaus angestellte Untersuchung von Arthritisleidenden zeigt, daß sie eine ziemlich charakteristische Verhaltensweise haben. Sie neigen dazu, oppositionell und aggressiv zu werden, scheinen jedoch unfähig zu sein, diese Gefühle zum Ausdruck zu bringen. In ihrer Kindheit und Jugend waren sie gewöhnlich außerordentlich an sportlichen Wettkämpfen interessiert, aber wenn die Pflichten des Erwachsenendaseins sie daran hinderten, auf diese Weise Dampf abzulassen, entwickelte sich die Gelenkversteifung rapid.

Wir könnten sogar sagen, daß der Arthritisleidende sich fürchtete, Gefühle zu erkennen zu geben, die ihn dazu veranlassen könnten, gegen andere zu kämpfen, und daß er steif wurde, um sicherer zu sein, daß es nicht geschehen würde.

Hier muß ganz offen ausgesprochen werden, daß wir nicht wissen, ob die Psychotherapie Heilung bei einer vollentwickelten Arthritis versprechen kann. Wir wissen nicht, ob die steifen Gelenke ihre volle Bewegungsfreiheit wiedererlangen können. Wir wissen nicht, ob die Kalkablagerungen wieder abgebaut werden können.

Die psychosomatische Betrachtungsweise verfügt noch nicht über einen ausreichenden Erfahrungsschatz, jedoch wurden bei den beobachteten Fällen einige bestimmte Tendenzen festgestellt. Wenn diese Tendenzen entsprechend den in diesem Buch erwähnten Grundsätzen behandelt wurden, verspürten die Patienten – was bemerkenswert war – eine Milderung ihrer Beschwerden. Wir geben diese Beobachtung an den Leser weiter, nicht als endgültig abschließende Feststellung, sondern zur weiteren Überlegung.

Wie wir bereits erwähnten, ist die charakteristische Eigenschaft der Arthritis die Bewegungslosigkeit – und doch sehen wir, daß sie sich bei tatkräftigen Leuten entwickelt. Der frühere Sportler neigt viel mehr dazu, steife Gelenke zu bekommen, als sein früherer Mitschüler, der ihn vom Zuschauerplatz aus anfeuerte.

Wenn wir diese einst tatkräftigen, jetzt unbeweglichen Arthritiskranken näher betrachten, stellen wir fest, daß ihre Tatkraft einen ziemlich eigenartigen Verlauf genommen hatte. Sie schien zwangsläufig gewesen zu sein, als ob die Betroffenen getrieben worden wären, ihre Kräfte zu verausgaben. Wenn kein Zwang zur Betätigung besteht, treibt sich der Arthritisleidende selbst an – und dies selten zu seinem eigenen Vorteil.

Unter den Arthritispatienten bemerken wir die vollkommene Hausfrau, die Wohlfahrtshelferin, das Vereinsvorstandsmitglied, den Philantropen. Sie arbeiten schwer, um etwas für andere zu tun. Für sich selbst tun sie nichts. Fast scheint es, als ob sie Furcht hätten, das zu tun, was sie möchten – das zu bekommen, was sie haben möchten.

Wir wollen nochmals das Tier betrachten, das Furchtverhalten verkörpert – das wenig entwickelte Opossum. Wenn es in eine bedrohliche Lage kommt, stellt es sich tot; es wird steif und kalt und bleibt so, bis die Gefahr vorüber ist. Es scheint, als ob der Arthritispatient „Opossum spiele". Vielleicht wird er kalt und steif bei dem Versuch, einer eingebildeten Gefahr zu entgehen, einer Gefahr, die nur in seiner eigenen geistigen Verfassung besteht. Diese Art Gefahr geht natürlich nicht vorüber. Daher wird er fortschreitend steifer – so unbeweglich wie möglich, ohne völlig zu sterben. Natürlich aber kann die eingebildete Gefahr in Wahrheit vorübergehen. Derartige Gefahren verschwinden schnell und völlig, wenn der Betroffene sich ihrer Irrealität bewußt wird.

Und hier ist ein weiterer Aspekt in bezug auf die Arthritis: der Gedanke, daß die Persönlichkeit des Arthritiskranken so starr und unbeweglich ist wie seine Gelenke. Oft bemerken wir eine Tendenz zur kompromißlosen Haltung, wobei alle anderen den Ansichten und Wünschen des Arthritiskranken zustimmen müssen: „Ich sage, es ist so – und so muß es eben sein." Häufig wird dies hinter der falschen Fassade des scheinbaren Einverständnisses verborgen mit dem Thema: „Nimm keine Rücksicht auf mich – geh nur, damit du dein Vergnügen hast, ich bleibe eben hier." Und unter dem Deckmantel der Liebenswürdigkeit befindet sich ein Kern der trotzigen Verärgerung und – wie es ein Schriftsteller ausdrückte – „eine stahlharte fixe Idee".

Wir können dies an Daves Fall aufzeigen. Zu der Zeit, als er den Arzt zuerst konsultierte, war er Anfang Vierzig; ein dynamischer und tatkräftiger Mann trotz seiner steifen Wirbelsäule. Er war aktiv im Geschäfts- und öffentlichen Leben und jener Männertyp, dessen man sich versicherte, wenn eine Sammlung für die Gemeindekasse oder eine Spendenaktion für das Krankenhaus veranstaltet wurde. Bemerkenswert war, daß er jedes Komitee beherrschte, in das er aufgenommen wurde, ob er dessen Vorsitzender war oder nicht. Er hatte seine eigenen Gedanken, wie etwas getan werden sollte, und brachte es fertig, sich mit absoluter Hartnäckigkeit durchzusetzen. Wenn jemand versuchte, Dave zu überzeugen, eine Meinung oder ein Vorurteil zu ändern, rannte er gegen eine Wand an, die so unnachgiebig war wie die Knochen von Daves Rücken.

Auch hatte Dave eine sonderbare Eigenschaft der Besitzgier. Er verhielt sich, als ob er Vergnügen am Eigentum an sich statt an dessen Gebrauch habe, und er versuchte, seine Besitztümer zu vermehren. Sobald er etwas besaß, gab er es nicht wieder auf, auch wenn er keine weitere Verwendung dafür hatte. Dabei imitierte er die Haltung des sprichwörtlichen Neidhammels.

Es war weiter bemerkenswert, daß Dave sehr wenige Freunde hatte, mit denen er auf der gleichen Stufe des gegenseitigen Entgegenkommens stand. Seine Bekannten waren alle jene Art Leute, die bereit waren, ihm zu gehorchen, ihm nachzugeben, ihm zu schmeicheln und ihn zu loben – kurz, Leute, die nicht versuchten, ihn zu ändern.

Zusammenfassend können wir sagen, daß Dave eine Kombination von Konservativismus, Besitzgier und Selbstaufopferung war. Wie hätte er diese Kombination besser beweisen können, als mit Arthritis behaftet zu sein und daran festzuhalten?

Die ihm zuteil werdende Behandlung folgte den bereits aufgezeichneten Linien: zuerst eine größere Kenntnis seiner eigenen Empfindungen, dann das Bewußtsein, die mit der Arthritis einhergehenden Empfindungen willkürlich auslösen zu können. Hatte er das Gefühl der Steifheit in seinem Rücken? Wie konnte er das Gefühl der Steifheit in seinem Rücken hervorrufen? Konnte er das Gefühl der Steifheit steigern? Wie konnte er es tun?

Auch das „Warum" seiner Krankheit wurde in Betracht gezogen. In welchen Situationen hatte sich sein Rücken versteift? Während diesem Aspekt nachgegangen wurde, kamen einige interessante Einzelheiten an den Tag. Er erinnerte sich (und es wurde von seiner Mutter bestätigt), daß immer dann, wenn er als Kind enttäuscht wurde, seine gewöhnliche Dramatisierung darin bestand, steif zu werden und sich zu weigern, sich von der Stelle zu rühren, bis ihm nachgegeben wurde. Außerdem war er ein sehr furchtsames Kind, häufig bekümmert, was geschehen könnte; und wenn er furchtsam wurde, versetzten ihn seine Ahnungen in Spannung.

Dave befindet sich noch in Behandlung. Wir können daher nicht sagen, wie das Endergebnis seines Falles aussehen wird. Es ist jedoch bemerkenswert, daß er viel weniger behindert ist, daß sein Rücken biegsamer zu werden beginnt und viel weniger schmerzt.

Andere Krankheiten

Arthritis ist nicht der einzige Zustand, der auf die Beweglichkeit der Gelenke einwirkt. Es gibt einen weiteren Zustand, bei dem die Muskeln oder die Sehnen (die die Muskeln mit den Knochen verbinden) betroffen sind. Die gewöhnliche Bezeichnung für diesen Zustand ist „Muskelrheumatismus"; die Mediziner nennen ihn gewöhnlich chronische Fibrositis.

Er tritt auf infolge heftiger Muskelanspannung, oder wenn die Muskeln längere Zeit nicht beansprucht wurden. Der betroffene Muskel schmerzt, wenn er beansprucht wird. Daher wird er nicht beansprucht – worauf er noch mehr schmerzt und noch weniger brauchbar wird.

Es gibt noch einen anderen Zustand, der der Arthritis in ihren Wirkungen gleicht, aber einen völlig anderen Ausgangspunkt hat. Es ist die Schleimbeutelentzündung; die Entzündung jenes kleinen Beutels, der wie ein Polster zwischen einem Gelenk und dem darüberlaufenden Muskel liegt. Wenn man den etwa einen Finger breit unterhalb der Knochenspitze der Schulter liegenden Muskel berührt, spürt man den subkromialen Schleimbeutel, der am häufigsten entzündet ist.

Schleimbeutelentzündung am Schultergelenk ist ein ziemlich schmerzhafter und entnervender Zustand; wer damit behaftet ist, vermag seinen Arm nur wenige Zentimeter anzuheben.

Bei allen diesen Zuständen bemerken wir einen psychosomatischen Aspekt der Beschwerden. Im allgemeinen sind Leute, die an solchen bewegungshindernden Leiden erkranken, ziemlich ängstlich. Wie wir zuvor erwähnten, besteht bei der Angst eine erhebliche Muskelspannung, so, als ob der davon Befallene zugleich eine Bewegung machen und nicht machen möchte.

Dies wurde in Johns Fall festgestellt, der einen „gelähmten" Arm hatte. Er bezeichnete ihn als „gelähmt", aber dies war nicht das wirklich zutreffende Wort. Ungefähr zwei Jahre bevor er einen Psychosomatiker konsultierte, hatte er bemerkt, daß sein rechter Arm gelegentlich schmerzte und allmählich schwächer und weniger gebrauchsfähig wurde. Mit jedem Monat, der vorüberging, nahm die Bewegungsfähigkeit des Ellbogengelenks ab, so daß er seinen Arm weder ganz beugen noch ausstrecken konnte. Wenn er seine rechte Hand in die Tasche stecken wollte, mußte er sie mit seiner linken Hand ergreifen – als ob es die einer anderen Person wäre – und hineinstecken. Noch konnte er schreiben, aber nur mit größter Schwierigkeit.

Untersuchungen durch Neurologen und Knochen- und Gelenkfachärzte hatten keinen Grund für Johns Leiden ergeben. Sie stimmten alle darin überein, daß nichts Krankhaftes an dem Arm war, außer daß er nicht richtig funktionierte. John sagte dazu: „Ich wußte das schon die ganze Zeit."

Seine Allgemeinerscheinung gab einen Hinweis auf die Gründe für sein Unvermögen: er war ein Bild der Angst. Er atmete oberflächlich, seufzte oft und saß auf der Stuhlkante, als ob er jeden Moment aufspringen und bei der geringsten Herausforderung davonlaufen würde. Wenn er sich leicht entspannte, schien er in die apathische Haltung zu versinken, die in der Sprache der Körperbewegungen besagt: „Ach, was hat es für einen Zweck – ich gebe es auf."

Die Psychotherapie verhalf John (man beachte, daß es John und nicht der Arzt war) dazu, dies folgendermaßen zu erklären: Seine Haltung gegenüber seinem Vater sei von großer Achtung und Verehrung bestimmt und zugleich äußerst furchtsam gewesen. Sein Vater sei ein strenger Zuchtmeister gewesen und habe ihn häufig geschlagen, und doch sei er andererseits auch wieder durchaus freundlich und verständnisvoll gewesen.

John erinnerte sich an eine Szene, da er als junger Mann nahe darangewesen war, seinen Vater zu schlagen, und dann bemerkt hatte, daß er sich fürchtete, dies zu tun. Es wurde ihm vorgeschlagen, zu versuchen, die nie zur Ausführung gekommene Handlung zu ergänzen und vorzutäuschen, seinen Vater ins Gesicht zu schlagen. Er führte die Schlagbewegung verschiedene Male mit zunehmender Heftigkeit und Stärke vor und brach dann in Tränen aus. Als das Weinen schließlich aufhörte, fand er, daß er seinen Arm frei und leicht bewegen konnte.

Wir meinen, daß es für diese schnelle Wiedererlangung des Gebrauchs seines „gelähmten" Arms keine einfache Erklärung gibt. Eine Möglichkeit ist, daß Johns Angst mit seinem Entscheidungsunvermögen, ob er seinen Vater schlagen oder nicht schlagen solle, zu tun hatte. Er wollte beides gleichzeitig tun – was unmöglich gewesen wäre – und schloß den Kompromiß, keines von beidem zu tun, mit dem Ergebnis dieser Pseudolähmung. Als er innerlich erkannte, daß er einen Schlag versetzen konnte, und den nie stattgefundenen Angriff vorspielte, entdeckte er, daß er schlagen konnte, wenn er es wollte. Nach dieser Entdeckung bestand kein Lähmungsbedürfnis mehr.

Man beachte, daß dies nur eine mögliche Erklärung ist; es kann auch andere geben. Wir können jedoch feststellen, daß die Maßnahme, die John nun zu ergreifen fähig war, genügte, um ihm zu dem Entschluß zu verhelfen, aufzuhören, seinen eigenen Arm zu lähmen.

Wir vermuten, daß ziemlich viele Muskel- und Knochenerkrankungen in einem gewissen Sinn eine Art selbstgeschaffener Lähmung sind. Es dürfte auch im Bereich der Wahrscheinlichkeit liegen, daß die Erkenntnis des Betroffenen, für das Weiterbestehen seines Leidens eine gewisse Verantwortlichkeit zu haben – und zwar, wenn er sagen und denken und fühlen kann, daß er kein Krüppel zu sein braucht –, sehr wohl seine Genesung herbeiführen kann.

Bei Angstzuständen besteht Spannung. Gewöhnlich bezeichnen wir sie als „nervöse Spannung“, aber die Spannung besteht in den Muskeln. Wenn sich die Muskeln bewegen, verschwindet die Spannung. In Johns Fall wurde dieser durch den Gebrauch seiner Muskeln und das Wissen, daß er sie gebrauchen konnte, in die Lage versetzt, den Teufelskreis der Spannung und Gebrauchsunfähigkeit zu durchbrechen.

Nebenbei bemerkt ist Muskellähmung nicht die einzige Art von Funktionsstörung, die durch die Angst bewirkt wird. Taubheit ist eine weitere, wobei sich der Betroffene so verhält, als ob er es vorziehe, nicht zu hören. Wir alle sind Leuten mit verringerter Hörfähigkeit begegnet, die sich glatt weigern, ein Hörgerät zu benutzen – und ihre Weigerung läßt uns vermuten, daß sie sich fürchten zu hören.

Jeder Taube sollte sich daher eingehend mit diesen Fragen beschäftigen: Was würde mit mir geschehen, wenn ich etwas hörte? Wessen Stimme möchte ich nicht hören wollen? Was sind die Vorteile, nichts zu hören? Was die Nachteile?

Noch eine letzte Bemerkung über psychosomatische Krankheiten und ihre Behandlung: In unseren Darlegungen haben wir nur jene Fälle erwähnt, die erfolgreich abgeschlossen werden konnten. Wir haben dies absichtlich getan, weil wir meinen, daß man aus solchen Fällen mehr lernen kann.

Das heißt nicht, daß die Psychotherapie immer erfolgreich ist. Sie ist es nicht. Über die Funktionsweise der menschlichen Geist-Körper-Einheit muß noch viel gelernt werden. Wir wissen noch nicht alles, was man wissen müßte, und solange dies noch nicht der Fall ist, werden wir sowohl Mißerfolge wie Erfolge haben.

Es ist jedoch viel, was wir wissen. Und indem wir unsere gegenwärtigen Kenntnisse so wirksam anwenden, wie wir nur können, verbessern wir unsere Chancen, zu weiteren Einsichten zu gelangen.

Noch eine weitere absichtliche Unterlassung ist zu erwähnen: Wir haben nicht alle Krankheiten aufgeführt, die teilweise oder völlig „psychosomatisch“ sind. Wir meinen, wenn wir es getan hätten, wäre nur der Umfang des Buches vergrößert und nichts der Belehrung hinzugefügt worden, die wir zu übermitteln suchen.

Wir wollen von einem neuen Weg berichten, auf dem man herausfinden kann, was die Menschen so menschlich macht. Wir wollen dem Leser die Möglichkeit geben, selbst etwas herauszufinden, ohne ihn mit dem Wissen darüber vollzustopfen. Wir hoffen, daß er in der Lage sein wird, auf Grund der hier erörterten Prinzipien zu eigenen Schlußfolgerungen zu gelangen.

Kapitel 7

Die Sprache des Lebens

Die Bedeutung der Kommunikation · Verschiedene Arten der Kommunikation Mißbräuchliche Kommunikation · Wie wir den größten Nutzen von der Kommunikation haben

Wer bis hierher gelesen hat, wird sich ein ziemlich gutes Verständnis dafür erworben haben, wie und warum man krank wird. Auch haben wir versucht, einige der Methoden aufzuzeigen, die bei der psychosomatischen Behandlung verschiedener Krankheiten angewandt werden.

Nun wird es notwendig, ein wenig zurückzugehen und abermals über Theorien zu sprechen. Wir tun dies, um das Bild des Menschen abzurunden und zu zeigen, welche lebenswichtige Rolle die Kommunikation bei unserer Sicht des Menschen als Ganzheit spielt.

Die Bedeutung der Kommunikation

Wenn wir eine Liste der Eigenschaften aufstellen würden, die den Menschen von den niedriger stehenden Tieren unterscheiden, müßten wir die Kommunikation mit an die Spitze der Liste setzen. Wohl stimmt es, daß Tiere einschließlich der Insekten verschiedene Mittel haben, um Informationen weiterzugeben. Zum Beispiel haben die Bienen eine Art Tanz, der besagt: Ich habe in der und der Entfernung in dieser oder jener Richtung einen Nahrungsvorrat entdeckt. Leute, die mit Schimpansen gearbeitet haben, berichten, daß diese faszinierenden Tiere eine bestimmte Knurr- und Kreischsprache mit bestimmten Antworten auf jede Art „Wort" haben. Und jeder, der mit einem Hund gejagt hat, lernt das „Wau-wau-wau" erkennen, das bedeutet: Ich folge irgendeiner Spur.

Tiere scheinen imstande zu sein, im begrenzten Sinn des Wortes zu „sprechen“. Aber nur der Mensch hat gelernt, über das Sprechen und über das Sprechen vom Sprechen zu reden, und so weiter bis zu fast unendlichen Graden der Abstraktion. Und diese Fähigkeit, mit Worten sich mitzuteilen, hat dem Menschen gestattet, das beherrschende Lebewesen auf diesem unserem Planeten zu werden und sich zugleich jener unrealistischen Art des Betragens, die wir Neurose nennen, hinzugeben.

Verschiedene Arten der Kommunikation

Wir haben die Fähigkeit des Menschen, sprechen und sich mitteilen zu können, behandelt. Auf den ersten Blick scheinen Kommunikation und Sprechen zwei Vokabeln zu sein, die dasselbe bedeuten.

Aber die Sprache ist nicht das einzige Mittel der Kommunikation. Sie ist ein Mittel, das uns Menschen vorbehalten ist; aber das heißt nicht, daß wir uns daneben nicht auch auf andere Weise mitteilen könnten. Soweit wir wissen, steht uns jedes Kommunikationsmittel zur Verfügung, das die niedriger stehenden Tiere haben. Das wird leicht übersehen; es ist unter der Wörterflut verborgen, die einen so großen Teil unseres Lebens ausmacht.

Diese anderen Kommunikationsmittel könnten mit Sprachen verglichen werden – mit anderen Sprachen, die wir verstehen, auch wenn wir uns dieser Fähigkeit weniger bewußt sind. Wir alle verstehen die Sprache des Geruchs. Wir wissen, was wir empfinden, wenn wir an einer Blume riechen, und wir wissen, daß dieser Geruch anders ist, als wenn wir Müll riechen. Und dann gibt es die Sprache der Berührung – die Vermittlung von fühlbaren Wahrnehmungen. Wir wissen, daß ein Unterschied besteht zwischen der Berührung unseres Gesichts durch einen Friseur oder durch jemand, den wir lieben; wir wissen, daß sich Seide anders als Sackleinwand anfühlt. Alle Dinge, mit denen wir in Kontakt kommen, übermitteln uns eine Nachricht.

Wir kennen die Sprache der Wörter – und wir kennen auch die Sprache der wortlosen Töne. Es gibt den Gesang der Vögel, das Brausen des Meeres, das Geplätscher eines Waldbachs, den Wind in den Bäumen, die Musik – nichts davon ist Wort, aber es sind alles Kommunikationen, ein Teil unserer Alltagssprache.

Wir sollten nicht die Sprache des Geschmacks übergehen, mit der wir zwischen Wein und Wasser, zwischen Eiscreme und eingemachten Essiggurken unterscheiden. Wir wissen sogar, daß Liebe, Furcht und Sorgen mit einem besonderen Geschmack einhergehen. Es gibt noch eine andere Sprache, die der Bewegungen. Immer, wenn wir einen Golfball voll treffen oder wenn wir beim Schwimmen unsere Arme sich im Wasser bewegen fühlen, geht eine Art körperliche Kommunikation vonstatten.

Alle diese Sprachen gibt es und außerdem noch andere. Sprache braucht nicht gesprochen zu werden. Wenn wir es uns recht überlegen, sind unsere Worte nur Symbole für diese wirklichen Empfindungen. Unsere Empfindungen sind die Sprache des Lebens – und Worte sind die Sprache, um über das Leben zu sprechen. Worte sind nur zusammengestellte Buchstaben, Töne, die wir mit unserem Mund hervorbringen; Worte sind schwarze Zeichen auf weißem Papier oder von der Luft getragene Schallwellen. Wir akzeptieren sie als Symbole, genauso wie wir Geld als Symbol unserer Arbeit akzeptieren; aber das Symbol ist niemals das, was es repräsentiert.

Für einen Blinden ist eine verbale Beschreibung einer schönen Szene bedeutungslos; für jemanden, der nie geliebt hat, ist ein Liebeslied nur irgendeine Melodie. Worte sind ein Mittel des Austauschs; aber sie können niemals den wirklichen Empfindungsreichtum ersetzen.

Wir haben viele Sprachen der Empfindungen; von noch größerer Verschiedenartigkeit sind die gemischten Empfindungen. Tatsächlich sind Empfindungen niemals allein vorhanden – innerhalb des gesamten Menschen vereinigen sie sich zu einem dauernden Chor.

Eine unserer Sprachen, eine Vereinigung von vielen, die schlecht verstanden wird, ist die Sprache des Gefühls. Diese Sprache signalisiert den Zustand des Wohlbefindens oder den des Krankseins. Wir wissen zum Beispiel, daß wir uns glücklich oder traurig oder verliebt oder zornig fühlen können; kurz, wir wissen, daß wir Gefühle haben.

Die Gefühlssprache wird in unserer Gesellschaft mit erheblichem Mißtrauen betrachtet. Sie wird mißverstanden und gewöhnlich verurteilt. Von frühester Jugend an ist vielen von uns beigebracht worden, nicht „unsere Gefühle zu zeigen", und mit Beispielen wurde uns bewiesen, daß „gefühlvoll zu sein" nicht die Art ist, wie man sich benimmt.

Wegen dieser Haltung gegenüber dem Gefühl werden wir es ziemlich ausführlich behandeln und zu zeigen versuchen, daß die Gefühlssprache ein höchst lebenswichtiger Teil unseres Lebens ist und daß wir lernen können, sie besser zu gebrauchen.

Wir wollen zunächst betrachten, wie sich die Gefühle entwickelten, und beobachten, wie ein einzelliges Lebewesen wie die Amöbe überlebt.

Sie hat ein Mittel, um auf Veränderungen in der wässerigen Umwelt zu reagieren, in der sie lebt. Wenn bestimmte chemische Veränderungen eintreten, wird sie sich auf den Punkt der größten Stärke dieser Veränderung zubewegen, denn diese chemische Veränderung bedeutet Nahrung. Bei anderen chemischen Veränderungen wird sie sich von deren Ursprung entfernen, denn diese chemischen Veränderungen bedeuten Gefahr.

Innerhalb unseres Körpers haben wir ein Kommunikationssystem, das ähnlich zu funktionieren scheint. Wir haben Gruppen von Zellen, deren Funktion darin besteht, Veränderungen in der inneren Umwelt zu bewirken, dem Körper zu helfen, das zu bekommen, was er will, oder dem, was er nicht möchte, zu entgehen oder es zurückzuweisen. Das Funktionieren dieser Zellen kann zahlreiche und gründliche Veränderungen in der in sich abgeschlossenen wässerigen Umwelt innerhalb unseres Körpers hervorrufen. Die Temperatur dieser Umwelt kann durch die Arbeitsweise einer Gruppe von Zellen verändert werden, die Schilddrüse genannt werden. Die Süßigkeit (d. h. der Zuckergehalt) wird durch die Arbeitsweise der Bauchspeicheldrüse und des Nebennierenmarks verändert. Die Härte des Knochenbaus des Körpers kann von den Zellen der Nebenschilddrüsen gesteuert werden, die den Kalziumstoffwechsel regeln.

Zweifellos wird der Leser aus dieser Beschreibung erkennen, daß wir von der inneren Sekretion sprechen, zu der einige unterschiedliche Drüsen beitragen, deren Aufgabe die Herstellung chemischer Informanten zu sein scheint. Als Reaktion auf bestimmte Reize beschleunigen die Drüsen die Produktion dieser chemischen Substanzen, die Hormone genannt werden, und bringen sie in den Blutkreislauf, durch den sie nach allen Teilen des Körpers befördert werden.

Dies ist eine Form der Kommunikation, jedoch eine ziemlich unspezifische. Die Informationen, die übermittelt werden, richten sich nicht an einen besonderen Teil des Körpers, sondern an alle Körperteile, die fähig sind, sie zu empfangen. Norbert Wiener, der Verfasser von „*Kybernetik*“, bezeichnet sie als Informationen „an die zuständige Stelle“. Um eine weitere Analogie zu verwenden: Die von den Hormonen übermittelten Informationen sind wie Rundfunksendungen.

Es gibt außerordentlich viele verschiedene Aspekte der inneren Sekretion, die erörtert werden können; im Rahmen dieses Buches wollen wir jedoch die innere Sekretion nur insoweit behandeln, als sie sich auf die Emotionen bezieht.

Wir werden im Hinblick auf unser Gesprächsthema den Begriff der Emotion ziemlich einseitig definieren und auf eine ganze Menge Dinge, die auch unter den Begriff der Emotion fallen, nicht eingehen. Um somit die Emotion zu definieren, wollen wir sagen, daß sie ein Gefühlszustand ist, der auf Veränderungen im Blutspiegel durch verschiedene Hormone zurückzuführen ist und dem augenscheinlichen Zweck der Stärkung gewisser körperlicher Reaktionen dient.

Wir wollen den dritten Teil dieser Definition betrachten, wonach uns die Emotionen befähigen, mit größerer Stärke und größerer Wirksamkeit zu reagieren. Man beachte, was geschieht, wenn man eine Tür zu öffnen versucht, die sich gewöhnlich leicht öffnen läßt und die plötzlich klemmt. Man wendet dieselbe Energie auf, die gewöhnlich erforderlich ist, um die Tür zu öffnen; die Tür klemmt und man „wird verrückt". Dieser Vorgang des „Verrücktwerdens" schließt gewöhnlich Stirnrunzeln, Verstärkung der Spannung der Kiefermuskeln und einen fast unbeschreibbaren Komplex von Empfindungen ein, den wir als das Bewußtsein der größeren Muskelkraft erkennen.

Man versuchte einmal die Tür zu öffnen; sie klemmte, aber nun verfügt man über mehr Energie, um die Tür trotz des Klemmens aufzustoßen.

Wir kommen nun zum zweiten Teil der Definition der Emotion – zu dem Teil, der die Hormone betrifft. Bei diesem Einsatz der Energie scheinen die Wirkungen auf dem plötzlichen Ausstoß einer Adrenalin genannten Substanz aus dem Nebennierenmark zu beruhen. Dies bewirkt einen schnelleren Herzschlag, eine Erweiterung der kleineren Bronchialäste, eine Zunahme des Blutzuckergehalts, eine gesteigerte Durchblutung der Muskeln und so fort.

Mit anderen Worten: eine Veränderung im Allgemeinzustand des Körpers ist eingetreten, die den größeren Krafteinsatz gestattet. Darüber hinaus sind wir uns dieser Veränderungen bewußt; wir können sie erkennen und bezeichnen, weil sie uns mitgeteilt werden.

Und dies bringt uns schließlich zum ersten Teil der Definition, daß die Emotion ein Gefühlszustand ist. Wir erkennen das Auftreten von Emotionen, weil damit eine Form der Empfindungen verbunden ist. Es ist eine aus zahlreichen Elementen bestehende Form, von denen jedes eine besondere Bedeutung für den Betroffenen hat. Es gibt genügend Elemente, die allen gemeinsam sind, so daß wir einen gewissen Grad des Verständnisses aufbringen können. Wenn ein anderer sagt: „Ich bin zornig“, kann man von seiner eigenen Erfahrung des Zorns auf viele Gefühle schließen, die er hat. Aber *mein* Zorn ist nicht der Ihre oder der irgendeines anderen; es gibt sowohl Unterschiede als auch Ähnlichkeiten.

Im allgemeinen sagt jemand, daß er zornig ist, wenn er einiges oder alles von dem folgenden fühlt: Spannung der Kiefermuskeln, Spannung der Stirnmuskeln und der Muskeln um die Augen, die die als „Stirnrunzeln“ oder „finsterer Blick“ bezeichnete Miene hervorruft, Mundöffnen, so daß die Zähne entblößt werden, eine Neigung der Hände, die Haltung von Fäusten oder Krallen einzunehmen, eine Steigerung des Herzschlags, eine Zunahme der Atemgeschwindigkeit und die Tendenz des Körpers als Ganzes, sich dem zornverursachenden Objekt zu nähern.

Alle diese Verhaltensweisen einschließlich der Empfindungen, die uns jene bewußt werden lassen, legen die Annahme nahe, daß wir hier die Körperteile zum Zweck der Überwindung eines Hindernisses mobilisieren.

Es muß nochmals betont werden, daß eine Emotion eine *Form* von Verhaltensweisen und Empfindungen ist. Die zahlreichen Elemente, die einigen unterschiedlichen emotionellen Zuständen gemeinsam sind, scheinen zur Verwirrung zu verleiten. Zum Beispiel ist beim Zorn eine erhöhte Atemgeschwindigkeit vorhanden; bei der sexuellen Betätigung ist es ähnlich. Dies heißt *nicht,* daß Sexualität dasselbe wie Zorn wäre, obwohl sich manche Leute so verhalten, als ob dies so sei. Gleichermaßen falsch wäre es zu sagen, daß sowohl ein Stuhl wie ein Pferd vier Beine haben und man daher auf beide in gleicher Weise reagieren sollte.

Ein weiterer Punkt bezüglich der Emotion: Wenn die Körperenergien durch einen emotionellen Zustand mobilisiert werden, scheint es, als ob diese Energien ausgelöst, freigelassen oder zum Ausdruck gebracht, in irgendeiner Form nutzbar gemacht werden müßten. Jede Emotion scheint ihren charakteristischen Auslösungsmechanismus zu haben. Wir können den Zorn durch aggressive Handlungen, wie Beißen oder Schlagen oder Treten oder Kratzen, auslassen. Wir können Furcht durch Weglaufen oder Frösteln oder durch Lachen oder Zornigwerden und daraufhin Auslassen des Zorns freisetzen. Wir können die „Abscheu“ genannte Emotion durch Wegstoßen, durch Erbrechen, durch Darmentleerung oder Schreien auslassen. Wir können die Furcht in der Erwartung unseres eigenen Todes durch Weinen abreagieren. Und wir können schließlich die Emotionen, genannt „Sex“ oder „Liebe“ oder „Gernhaben“ – und sie alle scheinen Abstufungen der gleichen Aktivität zu sein –, durch Steigerung der Kontaktstärke mit dem Objekt unserer Zuneigung freisetzen.

Es scheint axiomatisch zu sein, daß eine Emotion, sobald sie erregt worden ist, durch irgendeine Maßnahme ausgedrückt werden *muß*. Wenn die entsprechende Handlung nicht zur Ausführung kommen kann, wird die emotionelle Kraft auf andere Weise Auslaß finden. Wenn man zornig wird und seinen Zorn nicht durch direkten Kontakt beim Kämpfen oder Holzhacken oder durch Boxhiebe auf den Sandsack ausdrücken kann, wird dieser während eines langen, langsamen und gewöhnlich schmerzhaften Prozesses über Kopfschmerzen, Stirnhöhlenkatarrh, Asthma, Durchfall und so fort ausgelassen werden. Wenn man sich verliebt, ohne die Möglichkeit zu haben, das Verlangen nach Kontakt durch Liebkosungen zum Ausdruck zu bringen, kann man gezwungen sein, es durch Zerstörungskontakt auszudrücken – durch Schlagen, beißende Bemerkungen oder durch Abgleiten in einen Zustand der Passivität.

Das Auslassen des Zorns hat noch einen weiteren Aspekt: Man braucht ihn nicht notwendigerweise am Objekt des Zorns auszulassen. Man kann ihn an einem leblosen Objekt auslassen, während man vortäuscht, daß es die Person sei, die ihn erregte.

Manche Leute tun dies die ganze Zeit über, ohne sich darüber Rechenschaft abzulegen. Zum Beispiel ärgern sie sich über ihren Chef; aber sie sagen nichts zu ihm. Statt dessen warten sie, bis sie nach Hause kommen, und brüllen ihre Frau an oder schelten ihre Kinder aus. Bei dieser Art Ersatzlösung neigt man jedoch dazu, etwas anderes zu empfinden als Zorn, z. B. Beschämung über die eigene Ungerechtigkeit. Richtet man seinen Zornausbruch auf ein Kissen, kann er ebenso wirksam und weniger störend für die Familie sein. Wichtig ist, sich des wirklichen Objekts seines Zorns voll bewußt zu sein.

Der Leser wird bemerkt haben, daß wir bei dieser Erörterung der Sprache der Emotionen kalt und tatsachengerecht verfuhren. Nun sind Emotionen wohl Tatsachen, *kalt* aber sind sie nicht. Wir bedienen uns eines Vokabulars, um über Emotionen zu sprechen, aber die Vokabeln geben nicht die Empfindungen wieder. Emotionen können warm sein – wir können die Wärme der Freundschaft, die Hitze des Zorns, das Feuer der Leidenschaft spüren. Wir können kühl darüber sprechen, ohne ihre Temperatur zu mindern.

Trotz aller Bemühung um wissenschaftliche Genauigkeit können Emotionen, wörtlich beschrieben, nie völlig verstanden werden. Sie existieren als Gefühle, und die Vokabeln, die wir verwenden, um darüber zu sprechen, werden im Vergleich mit der Wirklichkeit immer graue Schatten bleiben.

Und während wir uns mit der „Unaussprechlichkeit" der Emotionen befassen, können wir auch einen weiteren Aspekt der Gefühle erwähnen, der häufig übersehen wird: ihre „Ansteckungskraft". Hat der Leser jemals bemerkt, wie alles freundlicher wird, wenn eine glückliche Person das Zimmer betritt? Hat er jemals beobachtet, wie das Vergnügen einer Gesellschaft durch die Anwesenheit einer furchtsamen Person gedämpft wird? Hat er jemals einen anderen kennengelernt und sofort gewußt, daß er ihn gernhaben wird?

Es scheint nicht darum zu gehen, was diese Personen sagen oder tun oder wie sie aussehen; ihre Anwesenheit allein genügt, eine Information zu vermitteln. Man mag es Telepathie, ein „Fluidum" oder sonstwie nennen – es bleibt ein realer Faktor innerhalb der menschlichen Beziehungen. Wir können es erkennen und uns aneignen; zunächst jedoch müssen wir unsere eigenen Gefühle kennenlernen.

Aber wir wollen auf etwas zurückkommen, das ein wenig konkreter ist – auf die andere Form der Kommunikation, die sich in unserem Körper vollzieht. Wir meinen natürlich das Nervensystem und seine Funktion als eine innere „Sprache".

Das Nervensystem ist eine komplizierte Einrichtung, die uns besondere Informationen verschafft. Vermöge seiner Funktion erhalten wir spezifische Daten von bestimmten Körperteilen und übermitteln spezifische Kommandos an diese. Man spürt eine Fliege auf der Nase; das Nervensystem leitet die Nachricht weiter: Dort ist jetzt eine Störung. Die Nachricht wird im Gehirn aufgenommen und verarbeitet. Die entsprechenden Muskeln werden mit Energie versorgt, um die Art Bewegung auszulösen, die am besten geeignet ist, die Störung zu beseitigen.

Wenn dieser Integrationsprozeß der Wahl einer angemessenen Reaktion ins Leere geht, werden wir wahrscheinlich jenes bizarre Verhalten sehen, das wir Psychose oder Neurose oder psychosomatische Krankheit nennen. Angenommen, man versuchte, sich der Fliege an der Nasenspitze zu entledigen, indem man die Nase abschneidet oder mit einem Stück Bleirohr darauf schlägt oder das Haus anzündet. Ein solches Verhalten würde – gelinde gesagt – als exzentrisch bezeichnet werden müssen.

Aber man beachte, daß man auf einen bestimmten Reiz in einer Weise reagieren würde, die wirksam wäre; nur wäre sie *zu* wirksam, viel wirksamer, als sie zu sein brauchte. Und weshalb geschieht das? Wegen gewisser früherer Erfahrungen, durch die man lernte, daß der Reiz der Fliege auf der Nase furchtbar gefährlich ist und heldenhafte Reaktionsmethoden erfordert.

Mit diesen Ausführungen soll eines hervorgehoben werden: Jedes Verhalten, wie bizarr oder verrückt es auch sein mag, hat einen Zweck und beruht auf gewissen Erfahrungen, durch die – wir irrig auch immer – gelernt wurde, daß es notwendig sei. Wenn wir das Problem der Funktionsstörungen so betrachten, können wir viel öfter eine Lösung finden, als wenn wir darüber hinweggehen mit der Bemerkung: „Nun, manche Leute machen es eben so."

Um es anders auszudrücken: „Verrücktes" Verhalten jeden Grades ist nicht unvernünftig, wenn es im Licht der Erfahrungen der betreffenden Person betrachtet wird. Unvernünftig ist jedoch, daß die Person handelt, als ob es die *einzige* Art wäre, in der sie reagieren könnte. Die Spanne von der geistigen Gesundheit bis zum Irrsein oder vom Wohlbefinden bis zur Krankheit besteht aus Wahlmöglichkeiten; jede zusätzliche Wahlmöglichkeit, die sich anbietet, bringt den Betroffenen der Gesundheit näher.

Wir können somit das „geisteskranke" oder „exzentrische" Verhalten als eine Art Funktionsstörung der Kommunikation bezeichnen. Die Nachricht „Hier ist eine kleine Störung" ist entstellt worden und lautet: „Hier besteht Lebensgefahr." Die Nachricht wurde korrekt übermittelt, aber bei der Interpretation ist etwas falsch gelaufen.

Der Leser mag bemerkt haben, daß wir nichts über die Erinnerung sagten. Dafür gibt es zahlreiche Gründe. Einer davon ist, daß die Erinnerungsfunktion eine so komplizierte und schlecht verstandene Sache ist. Die Mediziner sind noch immer uneinig darüber, an was sich jemand erinnern kann, unter welchen Umständen er erinnerungsfähig ist und wie lange er sich erinnern kann.

Zum Beispiel arbeitete ein Forscher mit einer Reihe von Patienten, die infolge von Kopfverletzungen bewußtlos waren. Während ihrer Bewußtlosigkeit berührte er sie auf verschiedene Arten und sagte einige Dinge zu ihnen. Nachdem sie ihr Bewußtsein wiedererlangt hatten, fragte er sie, ob sie sich an etwas erinnern könnten, das ihnen während der Bewußtlosigkeit angetan oder gesagt wurde. Wie erwartet werden konnte, antworteten sie: „Nein – nichts." Dann hypnotisierte er sie – und während des Hypnosezustands waren sie fähig, sich zumindest an Teile der Worte und Handlungen zu erinnern.

Wir meinen, daß dies ein bedeutendes Experiment war. Es wirft verschiedene Fragen auf, die gestellt werden könnten. Speichert eine Person „Erinnerungen“ an ihre Sinneswahrnehmungen, auch wenn sie bewußtlos ist? Was ist Bewußtsein, und wie unterscheidet es sich von Bewußtlosigkeit? In welchem Alter beginnt dieses Speichern von „Erinnerungen“? In welchem Alter können wir beginnen, uns dieser gespeicherten Tatsachen zu erinnern?

Wir versprechen nicht, diese Fragen in diesem Buch zu beantworten. Sie werden gestellt, um zu zeigen, daß sie gestellt werden können, daß wir noch nicht alle Antworten kennen, daß vielleicht auch einige Antworten, die wir heute geben, sich morgen als unrichtig erweisen könnten.

Bei der Behandlung der Erinnerung als Teil der Kommunikation können wir jedoch folgendes anführen: Man kann die Sprache der Erinnerungen auf verschiedene Art hören. Man kann sie hören, als ob die Erinnerung ein Diktator wäre, der sagt: „So hast du es früher gemacht; so mußt du es auch jetzt machen.“ Oder man kann auf die Erinnerung hören, als ob sie ein Ratgeber wäre, der sagt: „Dies ist die Art, wie du es früher gemacht hast; willst du es jetzt nicht besser machen?“

Damit wollen wir sagen, daß „Erinnerungen“ an Sinneswahrnehmungen, an Formen der Sinneswahrnehmungen und an unsere Reaktionen darauf irgendwo und irgendwie gespeichert werden. Auch gibt es Kommunikation mit den Erinnerungen; wir können später zu „erinnernde“ Nachrichten senden, und wir können umgekehrt Nachrichten wieder aus dem Speicher empfangen. Wir können auch – und dies ist bei psychosomatischen Krankheiten wichtig – Erinnerungen, von denen wir nicht wissen, daß wir sie haben, nutzbringend verwenden. Wie aus den angeführten Fällen hervorging, ist das „Warum“ der Krankheit gewöhnlich in diesen Erinnerungen enthalten.

Bisher haben wir zumeist über die Kommunikation gesprochen, die im Inneren des Menschen vor sich geht – über Informationen, die entweder von den verschiedenen Sinnesorganen übermittelt oder die den verschiedenen Ausführungsorganen wie zum Beispiel den Muskeln zugeleitet werden.

Nun wollen wir die Kommunikation behandeln, die zwischen einem Menschen und der übrigen Welt, besonders der Welt anderer Leute, vor sich geht.

Wenn wir einen unserer Freunde fragen würden, wie er kommuniziert, würde die Antwort wahrscheinlich lauten: „Durch Sprechen und Schreiben natürlich." Das stimmt – aber es ist sicher nicht die ganze Wahrheit. Es ist wahrscheinlich weniger als ein Drittel der Wahrheit. Genauer dürfte es sein, wenn man sagt, daß wir vermittels unserer Handlungen kommunizieren. Wir betätigen uns mit unseren Stimmbändern, aber wir betätigen uns auch mit unseren Gesichtsmuskeln, mit unseren Drüsen, mit unserem ganzen Körper. Und es gibt keine Kommunikation, wenn nicht eine Wechselwirkung zwischen dem einen, der die Information sendet, und dem anderen, der sie empfängt, besteht. Es ist ein zweigleisiger Prozeß.

Wir handeln – und kommunizieren auch – auf drei verschiedenen Ebenen: der verbalen, der emotionellen und der der Aktion. Man kann seine Liebe der Person, die man liebt, vermitteln, indem man die Worte „Ich liebe dich" gebraucht. Man kann dies auch durch seine Gefühle der geliebten Person gegenüber zum Ausdruck bringen – durch Wärme, durch die Bereitschaft, Kontakte herzustellen oder aufzunehmen. Man kann aber auch die Liebe durch Handlungen beweisen – indem man das tut, was die geliebte Person gern mag.

Wie man sehen kann, überschneiden sich diese drei Ebenen erheblich, und sie sind tatsächlich nicht voneinander getrennt. Wir führen die Trennung nur verbal durch, um zu zeigen, daß es neben der Sprache auch andere Kommunikationsmittel gibt. Auch weisen wir auf diese drei Ebenen hin, weil sich manche Leute so verhalten, als ob keine Verbindung zwischen ihnen bestünde.

Immer, wenn jemand etwas sagt und etwas anderes tut, wird angedeutet, daß ein Konflikt in ihm vorgeht. Er handelt, als ob in ihm zwei Personen wären – eine, die redet, eine andere, die tätig wird – und als ob keine mit der anderen in Verbindung stünde.

Kommunikation – das ist ein komplexer Begriff. Der Mensch hat viel vermittels der Kommunikation erreicht; aber er hat auch kaum die Oberfläche berührt. Unsere Zivilisation hat die Telegraphie, das Telephon, Rundfunk, Fernsehen hervorgebracht – aber was tun wir hinsichtlich unserer eigenen innerpersönlichen Kommunikationen? Wir können einen Radarstrahl vom Mond reflektieren lassen, aber der Mensch wird, wie draußen im Raum, verlassen sein, wenn er es verabsäumt, auf die Sprache des Lebens zu lauschen.

Wir können die Sprache des Lebens wiederentdecken; wir können in sie eingeweiht werden. Und in der Sprache des Lebens können wir unsere größeren Möglichkeiten finden.

Mißbräuchliche Kommunikation

Wie wir sagten, ist die Kommunikation das Mittel zur Beschaffung oder zur Weitergabe von Informationen. Wenn wir Informationen erhalten, erwarten wir, daß sie genau sind, daß wir uns darauf verlassen können, daß wir uns nicht schaden, wenn wir sie verwenden. Wir erwarten, daß unsere Informationen folgerichtig, unzweideutig sind. Wenn sie nicht klar und prägnant sind, werden wir verwirrt.

Wir erwarten auch, daß die uns auf den verschiedenen Ebenen übermittelten Informationen folgerichtig sind. Aber sind sie das?

Nehmen wir den Fall von Bobbie, einem vierjährigen Jungen. Er fragt seine Mutter, ob er hinaus zum Spielen gehen kann. Sie ist an diesem Tag etwas nervös und antwortet daher bissig: „Nein – du bleibst zu Hause."

„Aber warum darf ich nicht?"

„Weil ich es nicht will. Nun sei ruhig. Ich streite mich nicht darüber."

Bobbie verzieht sein Gesicht und beginnt zu weinen.

„Höre auf zu heulen!“ schreit seine gereizte Mutter. „Du darfst nicht hinausgehen, und dabei bleibt es!“

Bobbie heult lauter – und seine Mutter schlägt ihn. „So – das wird dich lehren, nicht zu weinen. Nun setze dich und benimm dich ordentlich.“

Bobbie setzt sich verwirrt und bestürzt. Er ist zornig, verängstigt, traurig und trotzig, alles zugleich. Er blickt finster und denkt daran, was er tun wird, wenn er größer ist. Er ist spannungsgeladen und zappelt auf seinem Stuhl, ungewollt dem Druck seiner emotionellen Energie nachgebend.

Seine Mutter schämt sich etwas, weil sie sich so gehen ließ, versucht sich aber einzureden, daß ihre Maßnahme gerechtfertigt war. Sie sieht, wie die Unruhe ihres Sohnes zunimmt, und gibt schließlich nach.

„Nun kannst du hinausgehen, Schätzchen. Zuerst aber will ich dir noch etwas sagen. Du weißt, daß Mutter dich lieb hat – aber sie möchte nicht, daß du ein Heulbaby wirst. Und du mußt lernen, das zu tun, was ich dir sage. Mutter weiß am besten, was gut für dich ist.“

Das hört sich wie eine ziemlich gewöhnliche häusliche Auseinandersetzung an, nicht wahr? Wir wollen sie jedoch vom Standpunkt der Kommunikation betrachten und sehen, was Bobbie aus dem Erlebnis gelernt haben könnte.

Erstens, wie folgerichtig war die Information, die er bekam? Er sah, daß Mutters Gesicht gerötet war, und er hörte, wie sie ihn anschrie; aus früheren Erfahrungen wußte er, was dies bedeutete: Mutter war zornig. Sie verhielt sich auch zornig, als sie ihn schlug. Diese Information ist ziemlich folgerichtig. Aber dann mußte er sie in Einklang bringen mit den Worten: „Mutter liebt dich – Mutter möchte nicht, daß du ein Heulbaby wirst – Mutter weiß, was gut für dich ist“ und so fort. Und zuerst war es gefährlich, hinausgehen zu wollen, dann wurde es plötzlich harmlos.

Wenn Bobbie das, was seine Mutter sagte, buchstäblich nehmen müßte – und wir wissen, daß Kinder ziemlich buchstäblich auffassen –, könnte er aus diesem Erlebnis lernen, daß Geliebtwerden auch Geschlagenwerden bedeutet; daß Fragen zu stellen zur Bestrafung führt; daß Bestrafung „das Beste" ist. Es ist ziemlich verwirrend. Und die Verwirrung hätte vermieden werden können, wenn die Mutter ihre Worte mit ihren Handlungen besser in Einklang gebracht hätte.

Eine noch einseitigere Form der mißbräuchlichen Kommunikation ist es, wenn jemand seine eigenen Gefühle mißdeutet. Der Arzt sieht das so oft. Der Patient sagt: „Ich fühle mich scheußlich – ich habe überall Schmerzen und gäbe weiß ich was dafür, wenn es mir besser ginge", und während seines kleinen Vortrags deutet er mit seinen Handlungen an, daß er stolz ist, krank zu sein, daß seine Krankheit wertvoll ist und daß er an ihr festhalten wird.

Oder ein anderes Beispiel ist die Person, der es Freude zu machen scheint, ein Märtyrer zu sein. Sie atmet schwer, stöhnt und seufzt dann: „Es ist in Ordnung – kümmern Sie sich nicht um mich."

„Schwindeln" diese Leute? Bedeutet diese Verhaltensweise, daß die Krankheit nur eingebildet ist? Nein, bestimmt nicht. Es deutet vielmehr darauf hin, daß sie nicht gelernt haben, das wörtlich auszudrücken, was sie in ihrem Körper fühlen. Die Bedeutungen ihrer Kommunikationen sind verwirrt: sie sprechen von Dingen mit *einer* Bedeutung; sie tun Dinge mit einer *anderen.* Gerade diese Verwirrung führt zu einer Veränderung dessen, was sie empfinden – aber sie empfinden nicht das, von dem sie sagen, sie empfänden es. Hört sich das nicht verwirrend an? Es ist die Art der Verwirrung, die zu den Fehlern bei den Lernformen führte, die wir etwas weiter oben behandelten – Fehler, die nie die Möglichkeit hatten, berichtigt zu werden.

Wir haben beobachtet, daß sich die Patienten viel besser zu fühlen scheinen, wenn ihre Kommunikationen entwirrt werden. Sie verstehen sich nicht nur selbst besser, sondern sie sind auch für andere verständlicher – und damit können sie mit anderen Leuten in engeren Kontakt kommen.

Wir wir den größten Nutzen von der Kommunikation haben können

Wenn man will, kann man einige Experimente machen, die dazu verhelfen, diesen Kommunikationsprozeß besser zu verstehen. Einige dieser Experimente werden im letzten Kapitel behandelt werden; aber auf ihren Zweck wollen wir schon hier hinweisen.

Man kann mehr über die von den verschiedenen Körperteilen kommenden Informationen lernen und – wenn dies geschieht – die Maßnahmen ergreifen, die der empfangenen Information angemessen sind. Zum Beispiel kann man sich der Sinneswahrnehmungen des Gesichtssinns, des Gehörs-, Geschmacks-, Geruchs- und Tastsinns bewußter werden. Wenn man dies tut, wird man finden, daß die Erfahrungen viel bedeutungsvoller werden. Man wird fähig sein, mit jeder Erfahrung etwas Neues zu entdecken. Es wird weniger wahrscheinlich sein, daß man sagt: „Ach, es ist Tag für Tag dasselbe. Wie langweilt mich doch meine eintönige Arbeit."

Wenn man es recht bedenkt, gleichen sich zwei Ereignisse nie völlig und nichts ist immer dasselbe. Jeder Augenblick des Lebens bringt neue Sinneswahrnehmungen und neue Gefühlserlebnisse; wird man sich dieser Sinneswahrnehmungen bewußt, kann man erkennen, daß sie neu sind. Wenn man seine Sinneswahrnehmungen ignoriert, neigt man dazu, an so vielen guten Dingen des Lebens vorüberzugehen – an den einfachen kleinen Freuden, die den Unterschied zwischen Glück und Langeweile darstellen.

Natürlich sind nicht alle unsere Sinneswahrnehmungen lustbetont. Es gibt auch so etwas wie Schmerz, Sorge und Enttäuschung. Auch dieser Gefühle kann man sich bewußt werden und – wenn man es tut – damit fertigwerden. Wenn man sich traurig fühlt und das Gefühl der Traurigkeit abstreift und sich sagt: „Ich will das alles vergessen", wird die Traurigkeit bleiben. Wenn man sich seiner Sorgen bewußt wird und sich dann sorgenvoll *fühlt,* sorgenvoll ***handelt,*** sorgenvoll *ist,* besteht eine bessere Aussicht, daß die Sorgen verschwinden werden. Die Aufgabe, Sorgen zu haben, ist gelöst und erledigt, anstatt ein quälender Faktor zu sein, der sich in jedes Erlebnis drängt.

Man sollte auch bedenken, daß man als Organismus bestimmte Bedürfnisse hat und daß man diese Bedürfnisse kennenlernen kann, wenn man sich seiner internen Kommunikationen bewußt ist. Ein Beispiel dafür ist der oft festgestellte krankhafte Zustand, der als pervertierter Appetit bezeichnet wird. Da gibt es die unter schwangeren Frauen verbreitete Gewohnheit, Putz von der Wand abzulösen und ihn zu essen. Zuerst fanden die Ärzte das scheußlich – bis sie erkannten, daß während der Schwangerschaft ein erhöhter Bedarf an Kalzium besteht und daß dies eine Art war, den Bedarf zu decken. Die niedriger stehenden Tiere verhalten sich ähnlich: Eine Kuh, die nicht genügend Salz mit ihrem Futter bekommt, kann es erhalten, wenn sie die Wäsche von der Leine frißt, oder der Hund, gewöhnlich ein Fleischfresser, wird bei bestimmten Krankheitszuständen Mengen von Gras fressen.

Wir können uns mit anderen Worten unserer Bedürfnisse bewußt sein – und wir haben dieses Bewußtsein nur so lange, wie wir unsere eigenen Empfindungen nicht ignorieren.

Wir können auch unsere Kommunikationen mit anderen Leuten verbessern; wir können dies tun, indem wir bewußter werden. Der Leser wird zweifellos beobachtet haben, daß er ziemlich gut weiß, wie sich jemand fühlt, dem er begegnet. Wenn dieser zuversichtlich, sicher und glücklich ist, kann man das leicht an der Art, wie er spricht und sich gibt, erkennen; auch wenn er furchtsam und ängstlich ist, kann man das feststellen. Mit der Verbesserung des Bewußtseins kann man einen Schritt weiter gehen und erkennen, daß dies die Gefühle des *anderen,* nicht die eigenen, sind und daß man je nach Laune davon beeinflußt werden kann oder nicht.

Angenommen, Sie treffen jemand, der erschrocken und abwehrbereit ist, so abwehrbereit, daß er jeden angreift, der ihm zu nahe kommt. Sie können seine Furcht spüren – und wenn Sie wie die meisten Leute sind, können Sie reagieren, indem Sie gleichfalls furchtsam werden, ohne zu wissen weshalb. Aber Sie können auch etwas anderes tun. Indem Sie sich seiner Furchtsamkeit bewußt sind und diese erkennen, können Sie die am geeignetsten erscheinende Maßnahme ergreifen, um seine Furcht zu verringern. Wenn Sie dies tun können, werden Sie finden, daß Sie nicht im geringsten furchtsam sind. Es ist wahrscheinlich, daß Sie nicht einmal daran denken, daß Sie sich vor dem Fremden fürchten könnten. Auch er wird sich weniger furchtsam fühlen, weil er Ihren Mangel an Furcht empfindet.

Schließlich kann man seine Kommunikationsfähigkeiten verbessern, indem man sagt, was man meint. Das ist natürlich nicht immer möglich; unsere gesellschaftlichen Konventionen erfordern häufig den Gebrauch der kleinen Notlüge. Aber wir empfehlen, daß jeder, sooft er kann, seine Worte in Einklang mit seinen Gefühlen bringt. Wenn man sich unglücklich fühlt, versuche man zu sagen, daß man es ist, anstatt: „Alles ist in Ordnung." Wenn Sie die Kochkunst Ihrer Frau oder den neuen Wagen Ihres Freundes oder die Frisur Ihrer Sekretärin gut finden, dann sagen Sie ihnen, was Sie empfinden, was und wie sehr es Ihnen gefällt, anstatt nichts zu sagen oder es bei einem schwächlichen Lob wie „Ziemlich gut" oder „Ich glaube, es ist in Ordnung" bewenden zu lassen.

Man sollte auch versuchen, offener über seine Abneigungen zu sprechen. Wenn Ihre Gattin irgendwelche ärgerlichen Angewohnheiten hat, könnten Sie darüber mit ihr sprechen, anstatt das Gefühl der Verärgerung in sich zu verschließen. Denken Sie jedoch daran, daß Sie bereit sein müssen, auch etwas über die ärgerlichen Dinge zu hören, die Sie tun; die Kommunikation funktioniert am besten, wenn sie zu einer zweigleisigen Einrichtung wird.

Wir glauben, daß es ein faszinierendes Experiment sein wird, die Kommunikationskanäle in Ihnen selbst und zwischen Ihnen und den Menschen und Dingen um Sie herum zu erschließen. Wie jedes Experiment dürfte es zuerst nicht sehr leicht sein. Sie könnten es beunruhigend finden oder spüren, daß Sie nicht „ankommen". Es kann mitunter soweit kommen, daß Sie am liebsten sagen möchten: „Ach, zum Teufel damit!", und in die alte Art des unvollkommenen Lebens zurückfallen. Das ist zu erwarten.

Aber man sollte weitermachen – im eigenen Tempo, den eigenen Bedürfnissen und Wünschen entsprechend. Allmählich wird man die Sprache des Lebens fließender beherrschen, verständnisvoller sein für die Freuden, die das Leben bietet.

Kapitel 8

Wie das Erlernte genutzt werden kann

Übungen zur Selbsterkenntnis · Wie Schmerzen ohne Betäubungsmittel überwunden werden können · Wie man glücklicher sein kann

Nachdem Sie bis hierher gelesen haben, können Sie sehen, daß einige dieser Prinzipien auf Sie selbst anwendbar sind. Sie werden bestimmt erkennen, daß Sie irgendwelche fixierten Reaktionsformen haben, und vielleicht können Sie sich sogar erinnern, wie Sie sie erlernten. Vielleicht erziehen Sie Ihre Kinder dazu, auf die gleiche Weise zu reagieren, selbst wenn Sie sagen, daß ein solches Verhalten dumm oder „schlecht" sei. Und vielleicht möchten Sie etwas dagegen unternehmen.

Natürlich wirft dies die Frage auf, ob es ein guter Gedanke ist, wenn man in seinen eigenen Denkprozeß hineinpfuscht. Heißt dies nicht, sich auf das Gebiet des Arztes zu begeben? Besteht da nicht eine gewisse Möglichkeit, daß etwas schiefgeht?

Wer irgendwelche Zweifel an der Ratsamkeit der Durchführung irgendeiner dieser Übungen hegt, sollte besser davon Abstand nehmen. Wer sich fragt, ob es ratsam ist oder nicht, sollte sich mit seinem Arzt beraten. Wir vermuten, daß der Arzt wahrscheinlich „freie Fahrt" geben wird, da er wissen wird, daß die in diesem Buch aufgezeigten Prinzipien in keiner Weise der medizinischen Fachliteratur widersprechen. Nichtsdestoweniger ist es eine gute Idee, dies von ihm überprüfen zu lassen.

Übungen zur Selbsterkenntnis

In diesem Buch ist zuvor ausgeführt worden, daß man in Augenblicken der Spannung dazu neigt, eine ziemlich starre Verhaltensweise zu zeigen. Ein Mann sieht Blut und wird ohnmächtig –

jedesmal. Für einen anderen mag es erforderlich scheinen, wenn er mit seinem Vorgesetzten spricht, Magenschmerzen zu bekommen – wiederum jedesmal.

Wir können sagen, daß diese Reaktionsweise aus einer Verwechslung zwischen dem, was hier und jetzt vorgeht, und dem, was sich vor geraumer Zeit ereignete, resultiert. Es *war* einmal, daß jemand Blut sah und fühlte, daß er ohnmächtig werden würde; aber damals sah er bestimmte Dinge, roch etwas Bestimmtes, hörte bestimmte Geräusche und Worte, hatte bestimmte Empfindungen. Es besteht eine Ähnlichkeit zwischen dem, was dort und damals geschah, und dem, was hier und jetzt geschieht – und das ist der Anblick des Blutes. Es bestehen aber auch zahlreiche Unterschiede – unterschiedliche Umstände, unterschiedliche Umgebungen, unterschiedliche Lebensalter, unterschiedliche Sinneswahrnehmungen.

Doch der Betreffende verhält sich so, als ob er sich der Unterschiede nicht bewußt wäre. Statt dessen reagiert er, als ob eine einzige Sinneswahrnehmung, der Anblick des Blutes, die zwei völlig verschiedenen Situationen zu einer einzigen machten. Und daher wird er wieder ohnmächtig. Dieses Wissen ist nicht auf der Ebene des Denkens vorhanden, wo man sich an alle Einzelheiten erinnert und darüber sprechen kann, aber es ist nichtsdestoweniger existent.

Es hat sich herausgestellt, daß man die Wahrscheinlichkeit einer „jederzeitigen“ Reaktion herabsetzen kann, wenn man sich der gegenwärtigen Wahrnehmungen bewußt wird. Wenn dies geschieht, scheint man mehr Information zur Unterscheidung zwischen dem einstigen Erlebnis und dem gegenwärtigen zu erwerben – und wenn dies der Fall ist, wird man fähig sein, die Wahl zwischen dem Ohnmachtsanfall und seiner Vermeidung zu treffen. Wenn man nicht den Unterschied zwischen zwei Stühlen zu sehen vermag, macht es schließlich nichts aus, welchen man nimmt. Wenn ein Unterschied zwischen ihnen besteht, ist etwas vorhanden, das eine Wahl ermöglicht.

Wie stärken wir dieses Bewußtsein der Gegenwart? Es ist sehr einfach – und gleichzeitig ziemlich schwer.

Zunächst wollen wir feststellen, daß es der Konzentration ähnelt. Es ist bekannt, daß man bei einer äußerst interessanten Tätigkeit dazu neigt, seine Aufmerksamkeit auf diese und auf sonst nichts zu konzentrieren. Vielleicht liest man, während der Rundfunkempfänger eingeschaltet ist. Falls das Buch das ist, was man „gut" nennt, ist es wahrscheinlich, daß man nicht weiß, ob die aus dem Lautsprecher kommende Musik Bach, Boogie oder Bebop ist. Mit anderen Worten: Der Brennpunkt der Aufmerksamkeit (oder des Bewußtseins) ist *auf* das Buch, *fort* vom Rundfunkapparat gerichtet.

Man vergleiche das mit dem legendären Mann, der jedesmal ohnmächtig wird, wenn er Blut sieht. In dieser Situation ist seine Aufmerksamkeit völlig auf das Blut, fort von allem anderen gerichtet. Und wir weisen darauf hin, daß viel weniger Möglichkeiten für ihn bestehen, zusammenzubrechen und ohnmächtig zu werden, wenn er den Brennpunkt seiner Aufmerksamkeit verlagert.

Es ist offensichtlich, daß dies keine überraschende Neuigkeit ist. Wir alle scheinen instinktiv zu wissen, daß die Ablenkung der Aufmerksamkeit ein wirksames Mittel zur Veränderung des Verhaltens einer Person ist. Für die meisten wird jedoch neu sein, daß man dies als praktische Übung in Übereinstimmung mit gewissen spezifischen Prinzipien und mit voraussagbaren Ergebnissen tun kann. Wenn man in Augenblicken übt, in denen ein Minimum an Spannung besteht, wird man darüber hinaus ein Mittel erlernt haben, um mit einem unvorhergesehenen Ereignis fertigzuwerden, falls es eintreten sollte.

Hier ist nun die erste Übung: Man wähle eine Zeit und einen Ort mit geringstmöglicher Ablenkung und angemessener Sicherheit vor Störungen. Ein gutes Beispiel wäre, sich im verdunkelten Zimmer bei geschlossener Tür aufs Bett zu legen.

Nun gut – man liegt da, alles ist friedlich und ruhig. Dann beginne man, alle Sinneswahrnehmungen festzustellen, die man hier und jetzt haben kann. Man könnte versuchen aufzuzählen, was man alles feststellen kann, wobei man so leise mit sich selbst sprechen sollte, daß man es nur allein hören kann. Es würde eine gute Idee sein, dabei die Wörter „*hier*" und „*jetzt*" in jedem Satz zu verwenden, damit man seine Aufmerksamkeit auf das konzentrieren kann, was tatsächlich „*hier*" und „*jetzt*" ist.

Es könnte sich etwa so anhören: „*Hier* und *jetzt* kann ich den Druck an meinem Rücken und der Rückseite meiner Beine spüren, wenn ich auf dem Bett liege. Meine Beine sind *hier* und *jetzt* gekreuzt, und mein linker Fußknöchel liegt auf meinem rechten. *Hier* und *jetzt* sind meine Arme an meinen Körperseiten entlang ausgestreckt, und ich kann das Gewebe der Bettücher mit meinen Fingern fühlen. *Hier* und *jetzt* kann ich das Geräusch des Dampfes im Heizkörper hören."

Während man dies tut, wird man sich wahrscheinlich einiger Empfindungen bewußt werden, die nicht auf gegenwärtige Erregungsfaktoren zurückzuführen sind. Man könnte ein Jucken im Gesicht verspüren. Wird das Gesicht von etwas gekitzelt, vielleicht von einer Feder oder einer Falte in der Decke? Falls nicht, beachte man, daß es sich um eine Reaktion handelt, die *nicht* auf einen angemessenen gegenwärtigen Erregungsfaktor zurückzuführen ist, und wende sich wieder der Aufzählung dessen zu, was wirklich *hier* und *jetzt* ist.

Man beobachte, wie lange man auf diese Weise fortfahren kann, bevor man durch unangemessene Sinneswahrnehmungen abgelenkt wird, bevor man von der Bewußtseinsübung der Gegenwart abschweift. Die meisten berichten, daß sie dies beständig nur etwa während einer Minute tun können, daß ihre Gedanken abschweifen oder daß sie nervös werden oder einschlafen, wenn sie versuchen, dies länger aufrechtzuerhalten. Wenn das geschieht, braucht man nicht entmutigt zu sein. Statt dessen kann man feststellen, daß dies eine anspruchsvolle Übungsart ist, viel interessanter als etwas so Leichtes, wie von einem Balken herabzufallen. Man wird finden, daß mit jedem Versuch das Bewußtsein des Hier und Jetzt gesteigert ist.

Das ist die erste Übung: einfach lernen, seine Aufmerksamkeit auf alle Empfindungen, eine nach der anderen, zu konzentrieren, die man in einem bestimmten Augenblick und als Ergebnis der Erregungsfaktoren dieses Moments wahrnehmen kann.

Die zweite Übung – und es dürfte am besten sein, zumindest zehn- oder zwölfmal die erste zu versuchen, bevor man zur zweiten übergeht – bezieht sich auf die Empfindungen, die *nicht* auf gegenwärtige Erregungsfaktoren zurückzuführen sind. Wir wollen annehmen, daß der Leser eine Versteifung seiner Nackenmuskeln festgestellt hat. Ist ein Erregungsfaktor für diese Spannung vorhanden? Ist sie durch die Lage seines Kopfes verursacht? Drückt das Kissen auf seinen Nacken?

Achten Sie darauf, daß sie nach dem Erregungsfaktor und nicht nach Ursachen suchen, die rational oder als rational wirkend zu erklären sind. Versuchen Sie die Empfindung nicht abzutun, indem Sie sagen: „Ach, das sind nur die Schmerzen, die ich immer habe!“ oder: „Ich glaube, ich bin nur müde und nervös und kann mich nicht entspannen!“ Schließlich haben Sie es sich wahrscheinlich die ganze Zeit über vernunftmäßig erklärt – und Sie konnten feststellen, daß Sie dadurch die Schmerzen in Ihrem Nacken nicht überwunden haben. Registrieren Sie statt dessen einfach, daß Sie eine solche Empfindung haben, und gehen Sie dann dazu über, sich damit zu befassen. Versuchen Sie die Spannung in der betreffenden Muskelgruppe um den Nacken zu erhöhen – und entspannen Sie sich dann. Steigern Sie die Spannung nochmals – und entspannen Sie wieder. Versuchen Sie eine rhythmische Übung der Spannung und Entspannung durchzuführen und beachten Sie, was geschieht.

Vielleicht wird die Spannung völlig oder fast völlig verschwinden; dann nochmals – vielleicht wird sie nicht verschwinden. Wenn sie nicht verschwindet, dann versuchen Sie die Genickmuskelspannung auf andere Körperteile auszudehnen. Versuchen Sie mit den

Unterarmmuskeln dasselbe zu tun wie mit den Nackenmuskeln – und halten Sie den Rhythmus eine Weile durch. Beziehen Sie dann auch die Muskeln der Beine, der Schultern, der Brust, des Bauches, der Hüften und des Gesichts in die Übung ein. Versuchen Sie, mit anderen Worten, die begrenzte Spannung in eine Spannung des ganzen Körpers zu verwandeln – und fahren Sie fort, sie rhythmisch zu steigern und abklingen zu lassen.

Über kurz oder lang werden die Muskeln erschöpft sein, und Sie werden wahrscheinlich feststellen, daß es immer schwieriger wird, die Spannung zu erzeugen und immer leichter, die Muskeln zu entspannen. Wenn Sie bis dahin kommen, dann hören Sie auf; es ist das Ende der Übung.

Nachdem Sie mit dem zweiten Schritt vertraut sind und die Muskelspannung mit Leichtigkeit – und, wie wir voraussagen, zum Wohle Ihres allgemeinen Körperzustands – durchführen können, könnten Sie feststellen, daß etwas anderes eintritt. Sie könnten beobachten, daß gewisse Gefühlszustände diese verschiedenen Arten der Muskelspannung begleiten – und das ist der dritte Schritt zum Bewußtwerden.

Bei diesem dritten Schritt sollen Sie nicht nur etwas ausführen, sondern *zum Ausdruck bringen*. Wir wollen annehmen, daß Sie das Spannen der Nackenmuskeln üben und daß die Spannung auf die Halsmuskeln überzugehen scheint. Sie werden sich bewußt, daß Sie sich fühlen, als wenn Sie einen Klumpen im Halse hätten – genauso, als ob Sie weinen müßten. Wenn dies der Fall ist, dann versuchen Sie, die Tränen kommen zu lassen. Versuchen Sie zunächst nicht, sie herauszupressen; fahren Sie einfach mit Ihren Spannungs-Entspannungs-Übungen fort, versuchen Sie weder zu weinen noch die Tränen zurückzuhalten.

Es ist wahrscheinlich, daß Sie hier in einen Konflikt mit sich selbst geraten, besonders wenn Sie ein Mann sind. In unserer Gesellschaft werden die meisten männlichen Kinder dazu erzogen, unempfindlich zu sein, keine Gefühle zu zeigen und sich zu schämen, wenn sie so eine „Schwäche" wie Tränen bemerkbar werden lassen. Der Ausdruck des Zorns mag eben noch akzeptabel sein, obwohl auch hierin auf alle von uns erheblicher Druck ausgeübt wird, damit wir uns „nicht gehen" lassen.

Wenn Sie bemerken, daß dieser Konflikt entsteht, beachten Sie bitte folgendes: Wenn Sie wollen, können Sie weinen, aber Sie brauchen es nicht. Das bloße Bewußtsein, daß Sie sich fühlen, als ob Sie weinen wollten, genügt oft, um die chronischen Spannungen verschwinden zu lassen. Aber wenn Sie andererseits weinen, brauchen Sie sich dessen nicht zu schämen. Es scheint, daß Weinen *eine* – nicht die einzige – Methode zur Auslösung der Energie gewisser Emotionen ist. Sie können auch auf andere Weise geäußert werden.

Dies bringt uns zu einer weiteren Form der emotionellen Spannung und des emotionellen Ausdrucks – des Zorns. Angenommen, Sie üben wieder die Spannung der Nackenmuskeln; Sie haben diese Spannung auf Ihre Arme übergehen lassen und werden sich bewußt, daß Sie Ihre Fäuste ballen wie im Zorn. Wenn dies geschieht, dann versuchen Sie den Zorn in irgendeiner Form von Aktivität auszulassen, wie durch Einschlagen auf das Bett oder Zerknautschen des Kopfkissens. Erkennen Sie gegebenenfalls, daß Sie eine ungewöhnliche Art der Energie entwickeln, die Sie befähigt, ungewöhnlich zu reagieren – und wenn Sie es wollen, dann tun Sie es.

Vielleicht wollen Sie nicht. Vielleicht denken Sie, daß es für einen erwachsenen Mann oder eine erwachsene Frau dumm ist, auf einem Bett zu liegen und aus keinerlei ersichtlichem Grund darauf einzuschlagen. Das stimmt – es ist dumm. Zorn ist eine Kraft zur Überwindung von Hindernissen, und hier ist kein Hindernis zu überwinden.

Aber wir wollen es auf andere Weise betrachten. Vielleicht ist da ein Hindernis – Ihr eigener Wunsch, weder Zorn noch ein anderes Gefühl zum Ausdruck zu bringen. Auf diese Weise scheint das Denkvermögen zu funktionieren: Wir stellen ein Hindernis vor uns auf, dann stellen wir ein zweites Hindernis auf, das uns hindern soll, uns mit dem ersten zu befassen, und dann ein weiteres, das uns abhalten wird, mit der zweiten Behinderung in Kontakt zu kommen, und so fort. Die Kraft, die uns hilft, diese Sperren auf unserem Lebensweg zu überwinden, scheint immer dieselbe zu sein – und wir nennen sie gewöhnlich „Zorn".

Früher oder später werden Sie somit lernen, daß es klug ist, körperlich aktiv zu werden, wenn Sie das Zorngefühl in sich erkennen. Man kann das Bett schlagen oder das Kopfkissen knautschen; den gleichen Zweck verrichtet ein langer, aufmunternder Spaziergang oder Holzhacken oder auf ein Klavier einhämmern. Sicher, Sie können auch Ihre Frau schlagen oder Ihre Kinder verprügeln – aber welche Reaktionen würden Sie bei ihnen hervorrufen?

Wir sind natürlich dabei, uns auf ein Gebiet zu begeben, das kompliziert ist und von der großen Mehrheit der Leute nicht recht verstanden wird. Wenn wir uns mit Emotionen befassen, behandeln wir das gesamte System der Triebkräfte, Bewertungen, Wünsche und Strebungen, die uns Menschen eigen sind.

Alle Emotionen können nicht einfach zusammen behandelt werden; aber wir können eine nach der anderen behandeln. Es scheint tatsächlich, daß die Behandlung der Emotionen auf einer einfachen und primitiven Ebene, auf der man jede Sinneswahrnehmung untersucht, die zum Gesamtbild beiträgt, ein viel besseres und wirksameres Vorgehen ist, als der Versuch, alles auf einmal zu verstehen.

Wir empfehlen daher, zunächst nicht zu versuchen, herauszufinden, auf wen oder warum man zornig ist. Statt dessen versuche man, das Bewußtsein seines Zorns zu steigern, wobei man die sich einstellenden Empfindungen, bis sie zu einem als Zorn erkennbaren Ganzen werden, beachtet und lernt, daß man ihn nicht zurückzuhalten braucht.

Dies gilt auch für die anderen Emotionen und ihre Auslösung. Zum Beispiel ist es bei der Furcht eine große Hilfe, zu erkennen, daß man sich nicht vor seiner Furcht zu fürchten braucht. Man kann sich fürchten und die Empfindungen bemerken, die dabei aufkommen. Dann kann man diese Empfindungen steigern, bis sie sich auf irgendeine Art äußern, etwa durch Gänsehaut, durch Zittern, Zähneklappern oder durch Zusammenkrümmen des Körpers. Das Wissen, daß man dies tun *kann,* wenn man will, scheint von der Erkenntnis begleitet zu sein, daß man es nicht zu tun braucht, wenn man nicht will.

Wenn man diese Übungen vornimmt, ist es jedoch ratsam, sich nicht mit dem bloßen Vorsagen der Worte „Ich kann zornig werden" oder „Ich kann weinen" zu begnügen. Ein solches Daherreden genügt nicht, wenn es nicht mit der entsprechenden körperlichen Aktivität einhergeht.*

Es ist zu hoffen, daß der Leser nunmehr erkennt, daß die Praxis dieser Übungen deren Durchführung erfordert – nicht nur bloßes Lesen darüber.

In einem gewissen Sinn ist die Beschreibung dieser Methoden ein „How to do", ähnlich „Wie man Golf spielt" oder „Wie man Tropenfische züchtet", und Golfspielen erfordert Aktivität, nicht nur „Buchweisheit".

Man wird auch feststellen, daß man diese Übungen nicht häufiger zu verrichten braucht, als man ausgehen muß, um einen Satz Golfschläger oder ein Aquarium zu kaufen. Es könnte sogar sein, daß man sich über das Fehlen des Zwangs freut, daß man das Gefühl hat, nichts weiter wegen des aus der Lektüre dieses Buches Erlernten tun zu müssen. Schließlich gibt es so viel Zwang in unserer jetzigen Gesellschaft – weist uns der Werberundfunk nicht

---

* Diese Übungen – oder vielmehr Experimente mit dem eigenen Bewußtsein – sind nur die Grundstufen eines Systems, das von Dr. Frederick Perls und seinen Mitarbeitern Dr. Ralph Hefferline und Dr. Paul Goodman erarbeitet wurde. Wer interessiert ist, diese Art der Selbstergründung weiterzuverfolgen, dem wird empfohlen, deren Buch „Gestalt Therapy: Excitement and Growth in the Human Personality" (Julian Press, New York, 1951) zu lesen. Den Verfassern bringe ich meine Dankbarkeit zum Ausdruck für ihre Erlaubnis, dieses Material zu benutzen.

darauf hin? –, daß das Bewußtsein der eigenen Fähigkeit, Entscheidungen zu treffen, belebend sein könnte.

Vielleicht besteht kein Interesse, diese Übungen zu machen; das zu entscheiden liegt am Leser. Aber es gibt einen Aspekt dieser Übungen, der äußerst nützlich ist: die Kontrolle über die Schmerzen.

Wie Schmerzen ohne Betäubungsmittel überwunden werden können

Es wäre gut, wenn dieser Abschnitt mit einer klaren Definition des Schmerzes begonnen werden könnte. Es scheint jedoch keine gute, alles einschließende Definition zu geben. Schmerz ist einer jener Begriffe, von denen jeder glaubt, sie zu verstehen; es ist ein so gewöhnliches Wort, daß selten jemand an die Notwendigkeit denkt, es zu definieren. Es könnte sogar sein, daß es nicht definiert werden kann; jede Definition stellt einen Versuch dar, Übereinstimmendes zu sagen, und es gibt nur wenig Übereinstimmendes in der Beschaffenheit des Schmerzes. Darüber hinaus ist der Schmerz ein einzigartiges persönliches Erlebnis, und es ist offensichtlich, daß niemand die Empfindungen eines anderen haben kann.

Um begreiflich zu machen, worüber wir sprechen, wollen wir sagen, daß wir das Wort „Schmerz" verwenden, um auf eine Empfindung oder eine Gruppe von Empfindungen einzugehen, die Funktionsstörungen von Körperteilen oder des gesamten Körpers begleiten. Falls wir sagen können, daß der Schmerz einen Zweck erfüllt, würden wir ihn als Warnsignal bezeichnen – eine Empfindung, die uns aufmerksam macht, daß eine Funktion irgendwie beeinträchtigt ist. Daher ist der Schmerz ein Zeichen, daß etwas unternommen werden sollte; er schließt ein, daß die Überlebensmöglichkeiten des Organismus herabgesetzt werden, wenn nichts unternommen wird.

Angenommen, man hat Zahnschmerzen. Das bedeutet, daß etwas geschehen ist, das den Zahn nicht so gut funktionieren läßt, wie es möglich wäre, und daß man dies besser ergründet, damit etwas dagegen unternommen werden kann. Außerdem läßt der Schmerz nicht erkennen, was zu tun ist; er weist nur darauf hin, daß etwas unternommen werden sollte.

An dieser Stelle können wir eine Feststellung über den Schmerz treffen: Sobald der Schmerz seinen Zweck erfüllt hat, ist es nicht mehr notwendig, daß man ihn hat! Das ist eine Feststellung, über die sicherlich viel gestritten werden kann. Wie kann die Unrichtigkeit dieser Feststellung bewiesen werden? Wie kann nachgewiesen werden, daß genügend Gründe für diese Feststellung bestehen?

Hier ist ein Experiment, das man an sich selbst oder an einem anderen vornehmen kann: Sobald man eine kürzlich erlittene Verletzung bemerkt (wir wollen hoffen, daß es eine geringfügige ist), sollte der Verletzte versuchen, die damit verbundene Empfindungsreihe zu wiederholen und zum Ausdruck zu bringen. Angenommen, Ihre Frau hat sich den Arm verbrannt, als sie eine heiße Kasserolle aus der Ofenröhre nahm. Sie veranlassen sie, sich niederzusetzen und Ihnen alles darüber zu erzählen. (Es scheint zu helfen, wenn damit die Aufforderung verbunden ist, die Augen zu schließen; geöffnete Augen erhöhen das Bewußtsein des Gegenwärtigen, Sie aber fordern sie in einem gewissen Sinn auf, sich mit Dingen zu befassen, die gegenwärtig *waren.*)

Wenn sie Ihnen über ihr schmerzhaftes Erlebnis berichtet, dann versuchen Sie, sie zu veranlassen, den Schmerz mit allen anderen Empfindungen, die sie in diesem Augenblick hatte, in Zusammenhang zu bringen: Was hörte sie im Augenblick der Verbrennung? Fordern Sie sie auf, sich vorzustellen, daß sie diese Geräusche wieder höre und den Schmerz wieder spüre. Was erblickte sie, als sie sich verbrannte? Fordern Sie sie auf, sich vorzustellen, daß sie auf die Ofentür, das heiße Gefäß, den Topflappen in ihrer Hand blickt – und wieder den Verbrennungsschmerz fühlt. Fragen Sie sie nach den Anblicken, den Geräuschen, den Gerüchen, dem Geschmack, der Körperhaltung und -bewegung – einschließlich dem, was sie dabei sagte – und lassen Sie sie jede dieser Empfindungen mit der Empfindung des Verbrennens in Zusammenhang bringen.

Eine weitere Empfindung, über die sie nachdenken sollte, ist ihre emotionelle Reaktion: War sie erschrocken? – Zornig? – Freute sie sich?

Vielleicht mag es sonderbar anmuten, anzunehmen, daß sich jemand freuen könnte, verletzt zu werden, aber es ist eine Möglichkeit, die übersehen werden könnte. Wenn jemand voraussagt, daß er sich verletzen wird, und sich dann verletzt, hat er eine gewisse Befriedigung, daß die Voraussage „eingetroffen" ist. Es ist so, als ob der Betroffene sagen würde: „Ich sagte, daß ich mich verletzen würde, und es geschah, und nun bin ich froh darüber."

Dieser Prozeß, die verschiedenen Empfindungen außer der der Verbrennung mit letzterer in Zusammenhang zu bringen, ist zumindest sechs- bis zehnmal oder so lange, bis keine weitere Assoziation sich einstellt, zu wiederholen. Anders ausgedrückt: Sie versuchen Ihrer Frau zu helfen, sich an *alle* Empfindungen in diesem Augenblick, einschließlich des Schmerzes, nacheinander zu erinnern und ihr zu der Erkenntnis zu verhelfen, daß diese Empfindungen an sich nicht schmerzhaft sind.

In der großen Mehrheit aller Fälle verschwindet der Schmerz der Verletzung fast völlig und wird sich wahrscheinlich nicht wieder einstellen. Es scheint auch, daß Verletzungen, die auf diese Art behandelt werden, schneller und mit weniger Komplikationen verheilen, als wenn sie auf konventionellere Weise mit Salben, schmerzstillenden Mitteln usw. behandelt werden.

Ein gutes Beispiel für diese Methode findet sich in „New Ways in Discipline" von Dr. Dorothy W. Baruch (Whittlesey House, New York, 1949). Sie berichtet von einem kleinen Jungen, der sich verletzt hatte. Statt die gewöhnlichen Bemerkungen wie „Weine nicht", „Sei keine Heulsuse" zu machen, sagte seine Mutter: „Setz dich und erzähle mir alles darüber." Nachdem er seiner Mutter alles erzählt hatte, sagte der Junge: „Jetzt tut es nicht mehr weh."

Es hat einige Fälle gegeben, von denen berichtet wird, die Methode sei erfolglos gewesen. Wenn das so ist, stellt sich gewöhnlich heraus, daß nicht *alle* möglichen Empfindungen erwogen wurden oder daß sich unter ihnen eine befand, die nach Ausdruck verlangte.

Vielleicht ist es nicht verfehlt, an dieser Stelle etwas zu beschreiben, was ich selbst beobachtete. Meine elfjährige Tochter spielte am vergangenen Unabhängigkeitstag mit einer Fackel, wobei das brennende Ende auf ihren Unterarm fiel. Es war ihr beigebracht worden, so wie vorstehend beschrieben, ihre gesamte Aufmerksamkeit den Verletzungen zuzuwenden, und sie versuchte dies. Sie sagte, daß der Schmerz nicht nachlasse, und es war leicht zu erkennen, daß sie deshalb verärgert war.

„Ich habe alles getan, so wie du es mir sagtest, und trotzdem schmerzt es weiter“, sagte sie, und der Ton ihrer Stimme war voll deutlicher Entrüstung über alle und über den Schmerz besonders.

Ich schlug vor, sie solle versuchen, an einen Grund für ihre Verbrennung zu denken – an irgendeinen Grund, wie einfältig er auch sein möge. „Nun, ich könnte mich verbrennen, wenn ich auf mich selbst zornig wäre“, antwortete sie.

Darauf forderte ich sie auf, sich so zu verhalten, als wenn sie *wirklich* zornig auf sich sei. – Was würde sie tun? Sie antwortete, daß sie sich selbst schlagen würde, und ich forderte sie auf, dies einige Male zu tun. Sie tat es und sagte dann: „Das ist dumm.“

Dann forderte ich sie auf, auf etwas anderes als sich selbst zornig zu werden; sie saß in diesem Augenblick gerade auf dem Fußboden und beschloß, ihren Zorn an diesem „auszulassen“. Sie tat es, indem sie mit ihren Händen auf ihn einschlug. Ein paar Schläge, dann lachte sie. Als ich sie nach dem Schmerz fragte, sagte sie: „Es ist alles vorüber“ und verließ fröhlich singend das Haus.

Man beachte bitte, daß dieses Verfahren für *kürzlich* erlittene Verletzungen empfohlen wird, für solche, die offensichtlich vor etwa einer Stunde verursacht wurden. Wir raten zur Vorsicht, dies bei Schmerzen zu versuchen, die nicht vor kurzem und durch äußeren Einfluß verursacht wurden, wie etwa Kopfschmerzen, Magenschmerzen und ähnlichen. In einem solchen Fall kann der Versuch den Patienten in Situationen bringen, bei denen ärztliche

Hilfe erforderlich werden könnte, um ihn daraus zu befreien. Wenn es sich um einen Schmerz handelt, der *nicht* kürzlich entstanden ist, ist es sicherer, die zuvor beschriebene „Bewußtmachungsmethode“ anzuwenden. Wenn natürlich ein Schmerz unverhältnismäßig lange andauert, ist ärztlicher Rat angebracht.

Man kann also, wie wir sehen, feststellen, wie und warum der Schmerz begann, wenn es sich um eine kürzlich erlittene Verletzung handelt. Wenn ein Schmerz offensichtlich nicht kürzlich verursacht wurde, wird es wahrscheinlich besser sein, die Versuche darauf zu beschränken, *wie* der Schmerz hervorgerufen sein könnte, und das „Warum“ jemand zu überlassen, der in den Methoden gut geschult ist.

Begründet wird dieser Rat damit, daß gelegentlich starke Schmerzen verursacht werden, wenn man versucht, sich an lange vergangene Erlebnisse zu erinnern. Damit kann sich ein qualifizierter Therapeut ohne weiteres befassen, eine Erörterung seiner Methoden geht jedoch über den Rahmen dieses Buches hinaus.

Es gibt eine Reaktion, die bezeichnend ist für Leute, die Schmerzen so behandelt haben: nach einer Weile scheinen sie die Furcht vor Schmerzen zu verlieren.

Jeder Arzt, jeder Zahnarzt oder jede Krankenschwester, alle, mit deren Arbeit das Zufügen von Schmerzen verbunden ist, wissen sehr wohl, daß die meisten Leute mehr unter ihrer Furcht vor Schmerzen als unter den Schmerzen selbst leiden. Da ist der Mann, der nicht gerne zum Zahnarzt geht. Er sitzt starr auf dem Stuhl, bereit aufzuspringen, vor der leichtesten Berührung zurückschrekkend. Er hat noch keine Schmerzen gehabt; aber seine Erwartung der Schmerzen hat ihn mehr verstört, als dies der Zahnarzt tun könnte.

Hier ist ein weiteres Experiment, das Sie versuchen könnten: Wenn Sie das nächstemal Schmerzen zu erwarten haben, dann versuchen Sie herauszufinden, was „Schmerz“ bedeutet. Wir wollen wieder an eine Behandlung beim Zahnarzt denken. Der Zahnarzt ist für die meisten Leute bereits ein solches Schreckgespenst, daß er ein gutes Beispiel abgibt. Wenn Sie bei ihm auf dem Stuhl sitzen und darauf warten, daß er zu bohren beginnt, dann denken Sie daran, was Sie empfinden werden, wenn Ihr Zahn behandelt wird. Wenn das Bohren beginnt, dann konzentrieren Sie sich auf Ihr Gefühl vom Bohrer in Ihrem Mund: Fühlt er sich heiß an? Kalt? Wie ist das Geräusch? Spüren Sie das Vibrieren? Wie halten Sie Ihre Kinnlade? Wo sind die Hände des Zahnarztes? Können Sie seinen Spiegel so deutlich spüren wie den Bohrer? Beachten Sie, auf was Sie blicken. Konzentrieren Sie, mit anderen Worten, Ihre Aufmerksamkeit auf Ihre Sinneswahrnehmungen selbst und nicht auf Ihre Auslegung derselben oder auf Ihre an die Empfindungen, die Sie haben, geknüpften Erwartungen.

Sie könnten diesen Gedanken erwägen: *Furcht beruht auf Erwartung*. Wenn ein Ereignis bevorsteht und Sie ziemlich gut wissen, daß etwas geschehen wird, dann neigen Sie dazu, ziemlich ruhig zu sein. Wenn Sie sich in einer Lage befinden, von der Sie nicht wissen, was daraus werden wird, wenn Sie nicht voraussagen können, was geschehen wird, dann neigen Sie dazu, furchtsam zu werden.

Ein weiterer kleiner Trick zur Linderung der Stärke des Schmerzes sollte erwähnt werden. Er ist uralt, jede Mutter kennt ihn fast instinktiv: Ablenkung der Aufmerksamkeit. Wenn jemand sich unbehaglich fühlt, bemerken wir, daß seine Aufmerksamkeit beträchtlich auf den Schmerz gerichtet ist. Er wird eine Weile über irgend etwas sprechen, dann wird das Gespräch wieder auf sein Unbehagen zurückkehren. Er wird die überreichten Blumen betrachten und dann wieder seine Aufmerksamkeit auf das richten, was ihn bedrückt.

Alles, was seine Aufmerksamkeit von den Schmerzen ablenkt, wird diese verringern. Eine Art, dies zu tun, ist, ihn in einer wichtigen Sache um Rat zu bitten; das Erzählen von Witzen eine weitere, und noch eine andere Art der Ablenkung besteht darin, das Gespräch auf ein gefühlvolles Thema zu bringen.

Eine Krankenschwester in einem Krankenhaus im Mittelwesten beherrschte die Methode meisterhaft. Trotz der Tatsache, daß sie sich offensichtlich nicht bewußt war, was sie tat, war sie so erfolgreich damit, daß jeder Arzt sie hinzuziehen wollte, wenn er einen wirklich kranken Patienten hatte. Die Patienten verabscheuten sie von Herzen: „Die macht mich so furchtbar wütend – ich werde mir Mühe geben, so bald wie möglich gesund zu werden, damit ich sie vom Hals habe", hieß es über sie.

Der Leser wird bemerkt haben, daß wir bei diesen Ausführungen die Verwendung von Medikamenten nicht erwähnt haben. Wir haben von Infektionen gesprochen, aber keine Antibiotika erwähnt; wir haben vom Schmerz gesprochen, jedoch nicht von Aspirin; wir haben die „Nervosität" erwähnt, ohne auf die Verwendung von Beruhigungsmitteln einzugehen. Es waren absichtliche Unterlassungen, aber das bedeutet nicht, daß die Verwendung von Medikamenten „schlecht" wäre. Wir wollen in diesem Buch einfach versuchen, darauf hinzuweisen, daß es *andere* Methoden gibt, die sich auch als nützlich erwiesen haben. Es sind Methoden, die von der Fähigkeit des Kranken abhängen, selbst seine Reaktionen zu regulieren, anstatt davon, ihm etwas Neues zu geben, auf das er passiv reagieren soll.

Wie man glücklicher sein kann

Wenn man weiß, wie man seine Reaktionen manipulieren kann, ist man selbstgenügsamer und weniger ein potentielles Opfer irgendwelcher unerwünschter Veränderungen in seiner Umwelt.

Und was meinen wir mit „seine Reaktionen manipulieren"? Wir wollen uns jemand betrachten, der chronisch zornig ist. Alles „macht ihn wütend" – seine Frau, sein Chef, seine Kinder, das Wetter, die politische Lage. Er sagt das auch – und man bemerkt, wie er es sagt: „Es *macht* mich wütend."

Er spricht, als ob er keine Wahl habe; seine Kinder lärmen, und sie veranlassen – sie *zwingen* – ihn, eine Empfindungsweise zu verspüren, die er als „Wut" bezeichnet. Aber zwingen sie ihn dazu?

Muß er so, und nur so reagieren? Ist es nicht möglich, daß er in dieser Lage wählen könnte?

Wir meinen es. Aber was kann er tun, um den Zustand zu erreichen, in dem er zwischen Zornigsein und Nichtzornigsein wählen kann?

Wir meinen, der erste Schritt ist, die Art des Sprechens über solche Situationen zu überprüfen. Statt des Ausdrucks „Es macht mich wütend" wäre zu erwägen: „Meine Kinder lärmen, und ich werde zornig."

Bemerken Sie den Unterschied? Die erste Feststellung weist auf eine Reaktion hin, die aufgezwungen wird, die zweite, daß dies *seine* Reaktion ist. Und wenn es seine eigene Reaktion ist, dann kann er sie ändern, falls er es wünscht. Wie wir schon zuvor ausgeführt haben, ist die Reaktion das Ergebnis zahlreicher vergangener Erfahrungen, durch die gelernt wurde, daß das Geschrei der Kinder das Zeichen zum Hervorholen der Schallplatte „Zorn" und ihres Abspielens war.

Das ist der erste Schritt: das Bewußtsein einer Reaktionsform auf einen Reiz. Der nächste Schritt ist der Versuch einer anderen Reaktion – irgendeiner Reaktion, wie lächerlich auch immer, wenn sie nur anders ist. Angenommen, Sie gehörten zu jenen Leuten, die „wütend werden", wenn die Kinder lärmen, dann verhalten Sie sich das nächstemal, wenn sie ihre hellen Stimmen erheben, so, als ob Sie weinten. Natürlich ist das keine vernünftige Reaktion eines Erwachsenen, aber versuchen Sie es, nur so zum Ausprobieren. Geben Sie auch eine gute Vorstellung; versuchen Sie sich selbst vorzumachen, was für ein guter Schauspieler Sie sein können. Dann beachten Sie, was aus Ihrem Zorn wird.

Sind Sie zorniger? Weniger zornig? Stellen Sie es nur fest, damit Sie sich daran erinnern und es mit früheren Reaktionsformen vergleichen können.

Wenn die Kinder das nächstemal fröhlich zu lärmen beginnen, dann täuschen Sie vor, sich zu fürchten. Machen Sie die Furchtvorstellung zu einer Gesamtreaktion des Körpers: erschauern und erzittern Sie, als wenn Sie wirklich erschreckt wären. Was geschieht jetzt? Nach etwa einer Woche der willkürlichen Reaktionsversuche, die sich von der üblichen Form unterscheiden, werden Sie wahrscheinlich feststellen, daß Ihre Toleranz dem Lärm gegenüber gewaltig zugenommen hat – so sehr, daß Sie ihn nicht mehr als Lärm empfinden.

Hier ist eine weitere Abwandlung dieses „Reaktionsveränderungs"-Vorschlags: Angenommen, ein Mann und seine Frau finden, daß sie sich oft streiten. Sie haben gar nicht die besondere Absicht, aber offenbar gehen so viele Kleinigkeiten, die der eine Teil tut, dem anderen auf die Nerven. Und so zanken sie ständig miteinander, wechseln einige barsche Worte, und der gegenseitige Unwille glimmt fast täglich neu auf.

Eine Art, den Unwillen abzubauen und die Atmosphäre zu reinigen, besteht darin, daß sie sich jeden Tag einige Minuten lang zanken, dann im gegenseitigen Einvernehmen das Gezänk wiederholen, wobei nun der Mann alles das sagt, was seine Frau geäußert hat, und sie die gleichen Bemerkungen macht, die ihr Mann von sich gab. In den meisten Fällen führen wenige Minuten der vertauschten Rollen zur Erkenntnis der Lächerlichkeit des ganzen Streitens, und die über der Szene liegende Spannung löst sich in Lachen auf.

Diese zwei Arten der Reaktionsveränderung könnten gut als „Vorrichtungen" bezeichnet werden – sie erscheinen wie die etwas mechanische Anwendung einer Formel. Diese Formel wirkt nicht *immer,* aber sie wirkt genügend oft, um einen Anwendungsversuch zu rechtfertigen.

Wir wollen sehen, wie die Formel in unsere bisher skizzierte Darstellung paßt. Um unsere These nochmals zu umreißen: Jede Erfahrung wird gebildet aus einer sehr komplexen Ganzheit von Empfindungen; die Empfindungen sind die Elemente, aus denen die Erfahrung besteht, ebenso wie die Bausteine die Elemente sind, aus denen ein Gebäude besteht. Wenn wir versuchen wollten, ein ganzes Gebäude auf einmal zu beseitigen oder zu verändern, würde das außerordentlich schwierig sein. Wir können es leichter verändern, wenn wir einen Stein nach dem anderen entfernen.

Gleichermaßen ist es nicht leicht, die gesamte Form sofort zu verändern, wenn es sich um eine komplexe Verhaltensform handelt. Viel leichter ist es, diese Teil um Teil – das heißt, eine Empfindung nach der anderen – zu verändern. Die Gesamtpersönlichkeitsstruktur wird viel anpassungsfähiger, wenn eine einzige Reaktionsempfindung verändert wird oder wenn die Rollen vertauscht werden, so daß die individuell verschiedenen Reaktionsempfindungen zum Ausdruck kommen.

Die Sache mit den Gebäuden und Bausteinen, mit der Persönlichkeit und den Empfindungen ist eine Analogie. Sie drückt einen Gedanken aus durch Vergleich mit einem anderen. Keine Analogie sollte mit der Wirklichkeit verwechselt werden. Wir *können* jedoch etwas besser verstehen, wenn wir es mit zahlreichen anderen Dingen vergleichen; dies ist tatsächlich, wie wir zuvor sagten, das, was wir mit Verständnis meinen. Wir wollen daher eine weitere Analogie bringen und hoffen, daß die Sache dann klarer wird.

Wir wollen eine Raupe betrachten, die einen Baum hinaufkriecht. Sie kommt an einen Ast, an dem sie sich zu entscheiden hat. Sie kriecht nach rechts oder nach links. Überall, wohin sie kriecht, gelangt sie an einen weiteren Entscheidungspunkt, dann nochmals, dann wiederum, bis sie den belaubten Teil des Baumes erreicht, wo sie ihre Nahrung findet. Jede von ihr getroffene Entscheidung ergibt, daß sie sich an einer anderen Stelle des Baumes befindet. Eine Wendung nach rechts schließt die Entdeckung der linken Seite des Baumes aus und so fort.

Wir weisen darauf hin, daß unsere Empfindungen – unsere Gefühlsregungen der Liebe, des Hasses, der Freude und der Sorge sowie die Gefühle, die unsere Sinneswahrnehmungen begleiten – Signale für Entscheidungen sind. Sie sind auch Anzeichen dafür, daß wir eine Entscheidung getroffen haben. Wenn man so wie die Raupe findet, daß man in seiner Tendenz, Entscheidungen zu treffen, zu starr ist, gleichsam sich ständig auf dem Stamm nach rechts wendet, dann kann man diese Tendenz ändern, indem man gegenüber seinen eigenen Gefühlen aufmerksamer ist. Wenn man weiß, vor einer Verzweigung zu stehen, kann man die jeweils besser erscheinende Entscheidung treffen. Wenn man sich der Empfindungen nicht bewußt ist, die signalisieren: „Hier ist eine Stelle, an der du wählen kannst", verhält man sich, als ob man keine Wahl hätte.

Sie können wählen – und mit jeder Wahl erschließen Sie sich ein neues Feld des tätigen Wirkens. Sie brauchen nicht Tag für Tag die gleiche Wahl zu treffen. Tatsächlich treffen Sie auch *nicht* die gleiche Wahl; immer ist die Situation neu, in der Sie Ihre Entscheidungen treffen. Das Bewußtsein des Wählens, des Tätigwerdens ist es, das uns das Lebensgefühl gibt.

Die Erkenntnis, daß man wählen kann, daß man die Kraft hat, Entscheidungen zu treffen, ist eine Seite des Glücks. Der zweite Gedanke, den wir vermitteln wollen, ist, daß Glück und Selbsterkenntnis Hand in Hand gehen.

Wir haben dies bereits ausführlich besprochen, als wir gewisse eigenartige Krankheitsformen behandelten, aber die Implikationen sind so wichtig, daß eine allgemeine Erörterung nicht verfehlt sein würde.

Wir können uns selbst erkennen, indem wir unsere Empfindungen besser kennenlernen. Je weiter die Skala und der Fächer unserer Empfindungen reichen, um so mehr ist an uns.

Wenn wir den Horizont unserer Empfindungen erweitern, werden wir besser wissen, was in dem gewaltigen Universum vorgeht, von dem wir ein Teil sind. Wir werden erfahren, daß wir nicht in einem verhärteten Gehäuse tief eingeschliffener Empfindungen zu leben brauchen. Wir werden erfahren, daß wir unsere Nachbarn nicht zu fürchten brauchen.

Wenn wir unsere Empfindungen so nutzen, wie sie genutzt werden können, vermögen wir jedem Tag freudig entgegenzublicken. Jeder Tag wird neu und lebenswert sein! Jeder Tag wird uns Freude bringen – etwas wirklich Wesentliches und Wichtiges, wie eine neue Bekanntschaft, oder auch die Freude an der bloßen

Schönheit der Welt um uns. Wir können die von uns geliebten Menschen berühren, sie eng umschlungen halten und die süße Wärme ihrer Liebe spüren. Wir können das Heranwachsen unserer Kinder beobachten und die Erfindungskraft bewundern, mit der sie zu leben lernen. Wir können fühlen, wir können lachen; auch weinen können wir.

Ja sogar Sorgen können erkannt und verstanden werden. Wenn die Sorgen erkannt und durchlebt werden, so wie sie durchlebt werden sollten, mit Tränen, derer man sich nicht schämt, werden sie vorübergehen und uns um so erfahrener machen. Wir werden finden, daß nur die verdrängten Sorgen uns verwunden und mehr Sorgen hervorbringen können; Leid, das mitgeteilt und von einem Freund geteilt wird, wird weniger leidvoll.

Jeder Augenblick im Leben hat seine ganz besondere Intensität. Wir können ihn empfinden und ihn uns für immer zu eigen machen – oder wir können unsere Augen und Ohren verschließen, alle unsere Sinne abstumpfen, bis unser Leben zu einer trüben, grauen Verhöhnung des Lebens wird.

Wir können lernen, lebensvoller zu sein, wissend, daß es kein leichtes Wagnis ist, aber erkennend, daß der Preis die aufgebotenen Anstrengungen aufwiegen wird. Es gibt Erlebnisse, die uns, wenn wir uns ihnen überlassen, zum allmählichen Selbstmord verleiten können – aber das braucht nicht zu geschehen. Wir können die Energien dieser Erfahrungen aufnehmen und sie wieder in den Fluß des Lebens einmünden lassen. Das Leben kann lustvoll und sehr schön sein. Wir hoffen, daß es sich auch Ihnen so zeigen möge.

Namen- und Sachregister